イラストで見る昭和の消えた仕事図鑑

文＝澤宮優
イラスト＝平野恵理子

原書房

目次

情報通信の仕事……64

製造・小売りの仕事……74

飲食店の仕事……152

サービス・その他の仕事……164

広告・公衆浴場・娯楽・獣医・葬儀・著述・物品賃貸・郵便局・理容・労働者派遣・事業サービス・修理・洗濯・廃棄物処理業など

はじめに――失われた仕事の言い分

昭和の仕事の声なき声

まずここで、本書で取り上げた「昭和の仕事」の定義を述べておきたい。ひとつは、主に昭和の時代に見られた庶民の仕事で、現在は消えてしまったもの。仕事によっては、人力車などのように、昭和初期にはすでに姿を消してしまったものも含む。もうひとつは消えつつある仕事で、現在でも細々と続いているものの、最盛期が昭和の時代にあったものである。また、生業としては消えてしまったが、地域のイベントなどで行われている紙芝居屋なども紹介した。

つまり昭和を象徴するか、昭和に消えた仕事、昭和に全盛期を迎えた仕事などすべてひっくるめて「昭和の仕事」と私は呼ぶことにした。

本書を書くにあたって改めて気がついたのは、ここで取り上げた仕事は、今や時代の中に埋もれ、見つけることが困難な存在になってしまったことだった。

どれもが、ある時代に流行したものの、利便性のある新しい仕事に取って代わられ、その後は行方不明のように誰もが見向きもしなくなった。そのまま今日に至っているというのが現状である。

現在では当時の記録も少なくなり、証言者も減って、どのような仕事だったのか内容もわからなくなったものもある。昭和の仕事というのは殆どがそのような宿命にあるようだ。だが今の時代には何の役にも立たないこれらの仕事にも、彼らなりの言い分があったのではないか。これらの声なき声に耳を澄ますことで、今働くということの別の見方が生まれて来るのではないか。

確かにここで挙げた仕事は、取って代わられたものの大義名分に、反論できる余地はない。あるとすれば愚痴や泣きごとや嘆きである。しかし、そうであっても奪われた仕事や、それを生業とした人たちの声なき声を聞かなくてよいだろうか。合理化を求めひたすら早く便利なものを求める姿勢に、私たちが見落とした大事なものを教えてくれるようにも思う。

現代という時代の最先端にある仕事の全ても、いずれは昭和にあった仕事のように消えゆく運命にある。今、隆盛を誇る仕事も、もっと利便性の高い低賃金の仕事に取って代わられるにちがいない。

声なき声とは何だろうか。それは本書を読まれた読者の方のそれぞれのお考えにゆだねたいが、これらの仕事には、今よりももっと人間の匂いと体温があったと私は思っている。

マニュアルにとらわれた無機質な人と人の関係ではなく、仕事を通してぬくもりや感情を交換する関係をベースに、昭和の仕事は成り立っていた。それは仕事に関わる人もお客も孤独ではなかったことを意味する。今より不便で、効率も悪かったが、そこには人がいた。人を介して仕事が成立していた。だから人を大事にした。人を大事にする精神は、同じようにモノも大事にした。昭和を生きた人たちはおしなべて「勿体《もったい》ない」という言葉を使った。品物を大事に使い、故障すれば修理して使い、簡単に新しいものと替えることをしなかった。そこに昭和を支える精神があったと言えるだろう。

そんな精神を高度経済成長が一気に消し去り、今日に至る利便性重視の世界を作り上げていった。

高度経済成長が奪ったもの

「勿体ない」という言葉から連想するのは、「辛抱」だ。

あの時代は今のように天職や適職を論じる余裕はなかった。まず食べていかなければならないという経済的な貧しさがあった。人が生計を立てる。これが人が働くことの第一義である。今では職種も増えたが、そのような選択肢のない時代、仕事とは食べるために働くという要素が強かった。やりがいとか、適職という言葉が入りこむ余地は殆どなかった。高くはない賃金で、過酷な条件でも辛抱して働かなければならなかった。

貧しいがゆえに、法の網を潜り抜けて人を騙したりする、詐欺や違法もどきの商売もあった。これはどの時代も変わらないが、そのような仕事を辿ってゆくと、その時代特有の哀しみが見えてくる。

やがて時代は昭和三十年代後半から高度経済成長を迎え、貧しさから徐々に脱却していく。カラーテレビ、冷蔵庫、洗濯機などが登場し、町にはモノが溢れた。

その繁栄が著しいほど、今まで活躍した人たちが消えてゆくことになる。とくにこの時代は顕著だった。

川に鉄筋の橋が架かると、それまで対岸まで人を乗せていた渡し船の人たちはどこへ行ってしまったのだろう。傘が安価で簡単に買えるようになると、傘の修理をして生計を立てた人はどうなったのだろう。いつも夕方に子供たちを楽しませてくれた紙芝居のおじさんたちは、テレビの登場でどこへ行ったのだろう。

私の家の傍には、駐車場付きの大きなコンビニがある。二十年前に引っ越したばかりのとき近所には、果物屋、豆腐屋、酒屋、文具屋、お菓子屋など小売店が並んでいたが、大型スーパーやコンビニの登場で、すべてが姿を消した。たしかに生活は便利である。だが、さまざまな小売店があった頃は、店の人たちとの会話が生まれ、地域社会が形成され、町に活気があったことは事実だ。今は、コンビニの周りにだけ人が集まり、町は静まり返っている。もちろんコンビニに人のつながりはない。ただしモノは簡単に手に入る。

果たしてそれでいいのか、それはいいことなのか、昭和の仕事を概観するたびに、考えてしまうことである。

ある放浪詩人が就いた仕事

私が、昭和にあった仕事に関心を持ったのは、放浪の詩人と呼ばれる高木護（昭和二年生）と出会ってからである。熊本県出身の彼は、私と同郷という誼《よしみ》もあり、彼の伝記『放浪と土と文学と』（現代書館）を描く機会に恵まれた。また雑誌〈アエラ〉の「現代の肖像」（平成十六年二月十三日号）でも高木のことを書いた。彼は戦後すぐから、日本が高度経済成長に入った昭和三十八年頃まで、九州一円を放浪しながら、約百二十種類の仕事に就いていた。その殆どは、肉体労働を中心とした現在では消え去ったものであった。主なものを挙げれば、ドブロク屋、紙芝居屋、炭焼き、易者、樵、孟宗竹出し、バラス砕石工場経営、タブシバ工場共同経営、山師、のり竹屋、座元、三輪車助手、乞食見習い、沖仲仕、人夫、三助、拾い屋、書生、オンボウ、ボロ選別工……などである。なかには生業と言えないものもあるが、これだけの仕事遍歴を追ってゆくうちに、何とも言えない、この時代に生きた人々の人生の哀しみを感じた。

高木の就いた仕事を軸にして、さらに高木が幼少時代に見聞きした仕事を洗い出して、まとめたのが平成二十二年に刊行した『昭和の仕事』（弦書房）である。この本では、働く人の人生を描くことに重きを置いた。本書は、この『昭和の仕事』の姉妹編にもあたり、仕事そのものを詳しく描こうと努めた。広く昭和の時代（一部は明治、大正にもまたがっているが）に庶民が従事した仕事を百十五種類網羅し、細かい仕事の内容、給与などのデータも加味することで、内容を深く描写している。さらに、当時隆盛を誇った仕事が何によって消え去る運命になったのかも考慮に入れ、執筆したつもりである。

同時にもう一人の著者である、実力派イラストレーターの平野恵理子氏によるイラストを入れることで、ビジュアルからも総合的に理解できるように努めた点に大きな特徴がある。

仕事の分類は、現行の「日本標準産業分類」（平成二十五年〔二〇一三年〕十月改定）を基準にした。

図鑑形式だから、どこからでも興味のあるページを十分に楽しめる構成にしてある。

読者の皆様には、百十五種類の今はなき、または消えつつある仕事の声に耳を澄ませていただければ幸いです。昭和という時代の側面を見ることで、現代を、未来を生きるヒントを掴みとってくだされば著者としてこの上もなく光栄に存じます。

なお、本書の作成にあたり、次の皆様から貴重なご助言、ご示唆をいただきました。厚くお礼を申し上げます。紀田順一郎様、石井孝雄様、黒木聖司様、麦島勝様、高木護様、早瀬輝美様、佐藤健士様、熊本市博物館、その他多くの方のご助言をいただきました。また原書房編集部　相原結城さんのご尽力に心から謝意を表します。

平成二十八年二月八日　　澤宮優

昭和における「賃金・物価」の遷り変わり

醤油

1.8ℓ当たりの年平均小売価格	
昭和５年	57銭
昭和13年	62銭
昭和24年	56円10銭
昭和33年	154円80銭
昭和40年	197円10銭
昭和50年	448円

※昭和33年以降は2リットル当たりの価格。

水道料金

東京の月額基本料金	
昭和３年	93銭（１戸５人まで）
昭和18年	90銭（同上）
昭和24年	65円（同上）
昭和31年	120円（同上）
昭和41年	140円（口径25mm以下）
昭和50年	300円（口径13mm）

※一般家庭用・専用栓の基本料金。

地下鉄乗車賃

営団地下鉄の普通大人乗車賃	
昭和６年	5〜10銭
昭和16年	5〜20銭
昭和25年	10円
昭和31年	20円
昭和41年	30円
昭和52年	80円

※昭和25年、31年は全線均一制、以降は最低（初乗り）運賃。

初任給（月収）

小学校教員	
昭和６年	45〜55円
昭和16年	50〜60円
昭和24年	3,991円
昭和32年	8,000円
昭和40年	1万8,700円
昭和50年	7万3,216円

※諸手当を含まない基本給。昭和33年以降は小学校教諭２級普通免許状を有する教員を対象とする。

日当・日給

東京の大工の平均的賃金	
昭和６年	2円20銭
昭和16年	3円30銭
昭和24年	333円
昭和32年	640円
昭和40年	2,000円
昭和50年	7,000円

お米

一升（約1.5kg）	
昭和６年	23銭
昭和16年	60銭
昭和24年	143円
昭和32年	115円
昭和40年	160円
昭和50年	339円

参考文献：『物価の世相100年』岩崎爾郎著、読売新聞社、昭和57年
『続・値段の明治大正昭和風俗史』週刊朝日編、朝日新聞社、昭和56年
『明治・大正・昭和・平成　物価の文化史事典』森永卓郎監、展望社、平成20年

編集部作成

赤帽

あかぼう

国鉄の主要駅で乗降客の手荷物を運ぶ人のこと。明治時代に山陽鉄道がサービスとして取り入れ、大正中期から赤い帽子を被り、赤帽という文字を貼るようになったため、「赤帽」と呼ばれるようになった。

赤帽とは通称で、正式には「手廻《てまわり》品運搬人」と呼ぶ。海外の駅やホテルなどで客の荷物を運ぶ人をさす「ポーター」と同じ意味である。赤帽は、駅の構内入り口から待合室や列車まで、あるいはその逆の区間で荷物を運搬した。彼らは駅職員ではなく、構内営業を許された民間業者だった。彼らの組織は赤帽組合（もしくは手荷物運搬人組合）と言い、赤帽の株を持った個人営業者で成り立っていた。

その始まりは明治二十九年十一月に山陽鉄道（現JR山陽本線）でサービスの一環として取り入れたことによる。姫路駅、岡山駅、尾道駅、広島駅、宮島駅、徳山駅、三田尻駅に配置された。

当時の格好は無帽で法被《はっぴ》に股引姿。足には草履を履いていた。法被の背中には「荷運夫」と大きく書かれていた。料金は荷物一個につき二銭だった。やがて全国の主要な駅に常駐されるようになる。市販の時刻表には赤帽がいる駅が表示されていた。

大正の中期以降には、赤蛇腹の帽子の正面に「赤帽」の白抜き文字を貼り、濃紺のダブルのスーツ、ニッカボッカ形のズボンを着用するようになった。戦後は赤帽子の正面に「手廻品運搬人」（戦後は「PORTER《ポーター》」の文字が銀色で縫いこまれた）の文字が貼られ、濃紺のシングルのスーツに、半長のズボン、黒い靴を履く姿になった。昭和二十七年には大阪府の湊町駅（現在のJR難波駅）に女性の赤帽が配置された。

客は電話で駅に着く時間を指定したり、駅員に声をかけて赤帽を呼んだ。彼らは構内の詰所に待機し、構内放送や客からの連絡で動いた。赤帽の信頼は大きく、天皇家の荷物を運んだり、アメリカ大統領、俳優、歌手など著名人の荷物も担当した。

しかし、新幹線網が発達し、日帰りの客が増えたことと、高速道路が整備されたため宅配業者が増えて手荷物も軽くなったことで、赤帽を使う人は減少した。平成十二年に上野駅で、翌十三年に東京駅で、平成十九年三月に岡山駅で赤帽が廃止され、日本の駅から最後の赤帽が消えた。

data

【東京駅の赤帽の人数】32名（昭和48年）、17名（昭和54年）、4名（平成13年）

【料金】手荷物1個につき25円（昭和34年）、200～500円（昭和50年代）

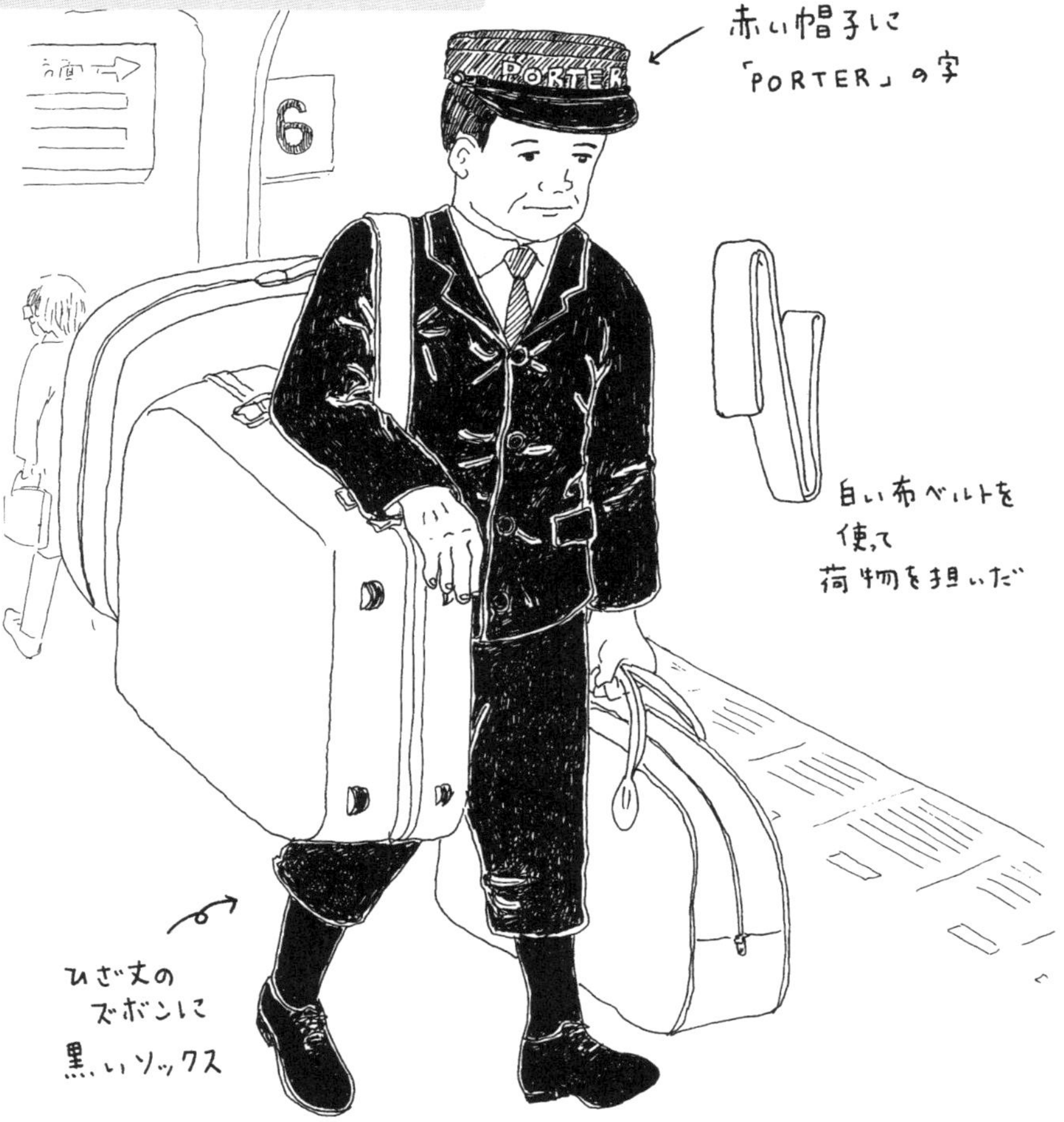

◆大阪駅の「白帽」たち

昭和3年11月には大阪駅で「白帽」が誕生した。赤帽が荷物持ちであるのに対して、「白帽」は女性が務め、幼児、病人の世話をした。ただし、見も知らない人に幼児を預けることへの不安、病人を抱え上げるには男手が必要だという理由で、すぐに廃止されてしまった。

【参考文献】：『思い出背負って　東京駅・最後の赤帽』山崎明雄著　栄光出版社　平成13年／〈中央公論〉昭和8年5月号掲載「汽笛と共に四十年」大角鉞著

馬方（馬子）

うまかた（まご）

馬に荷物や人を乗せて商売をする人。馬引き、馬子、馬追いとも言う。戦前まで車はそれほど普及していなかったので、とくに山間部に行くときは、金を払って荷車を馬に運ばせていた。

馬を引いて、人や荷物を運ぶ労働者。人足とも言う。戦後は都市部で車が見られたが、まだ山間部では少なかった。山道は整備されておらず、細い道が多かったので、馬か牛に荷車を引かせて運んだ。同じ運搬でも馬の業者を馬方、牛の業者を牛方と言う。馬や牛を使わず背負子《しょいこ》で人が荷物をかついで歩くのは「ボッカ（歩荷）」と言う。馬方は馬子とも呼ばれ、駄賃持ち（駄賃取り）と言うこともあった。個人経営で、自分で馬を飼って運搬をする者もいたが、一方で多くの馬を飼い、馬方を雇い、運送業として経営する人もいた。運送料金は駄賃（駄馬による運送料）と言った。馬は駄馬が多く、他の農業などで使う馬よりも質が悪かった。

馬子はすでに律令時代に見られ、朝廷への貢納物を運んでいた。江戸時代になって交通量も増し、一般の荷物運びも多くなると馬方、馬引き、馬追いと呼ばれるようになり、活躍した。信濃や甲斐などの山岳地帯は、川も急流で運搬に向かないので、農民が副業で馬方を行ったが、専業化して元禄時代には中馬《ちゆうま》と呼ばれた。近代になり馬車が開発されると、荷馬車が生まれた。馬方は、大量の木材運搬や、米俵、酒樽、醬油樽などを荷馬車で運んだ。また中国山地、東北地方の三陸沿岸部から内陸部にかけては牛を引く牛方が重宝された。

馬方の活躍が可能になった背景には、行商人の存在がある。たとえば富山では「飛騨ブリ」と言う魚が獲れ、これを行商人が馬方に運ばせ、飛騨山脈を越えて長野県へ持って行った。この道を「ウマッコミチ」と呼んだ。

馬方が所属する団体は「部屋」と呼ばれた。大正から昭和初期には東京深川の伊藤部屋、砂川の因泥部屋が有名だったが、収入は不安定、労働力も流動的で、身許が確かでない者も多かった。その中で優れた馬方は「金筋」と呼ばれた。大手の部屋は得意先も決まっていたが、中小の部屋は得意先の開拓など苦労も多かった。

戦後になり、山間部の道路も整備されバイク、トラックも走るようになると、馬方は減っていった。

data

【昭和4〜5年頃の主な交通手段】

荷馬車37万台、二牛車9万4,000台、トラック500台、三輪車300台、オートバイ1,400台、乗用車0台

◆ 行きがけの駄賃

「行きがけの駄賃」という言葉は、馬方が荷物を問屋に取りに行くついでに、通りがかりの他の荷物を運び、駄賃（駄馬による運送料）を貰ったことからそう呼ばれた。

【参考文献】：『えひめ、人とモノの流れ（えひめの記憶――「ふるさと愛媛学」調査報告書）』愛媛県生涯学習センター　平成20年／『近代日本職業事典』松田良一著　柏書房　平成5年

円タク・輪タク

えんたく・りんたく

ともにタクシーを意味する語だが、円タクは自動車、輪タクは自転車である。現代は四輪自動車によるタクシーが当たり前になっているが、戦前戦後はタクシーと言ってもいろいろな形態があった。

自動車によるタクシーの原型は明治四十五年、東京市有楽町で生まれた。料金メーターを設置し「辻待ち自動車」と呼ばれ、新橋、上野を拠点として営業した。一マイル六十銭、以後一マイルごとに十銭が加算された。その後、東京駅や地方でもタクシーは普及したが、料金体系がばらばらだったので、大正十三年に大阪市内を一円均一で走るタクシーが現れた。二年後には東京にも現れ、これらを「一円タクシー」略して「円タク」と呼んだ。

一方、輪タクは、終戦直後、燃料不足で車を走らせることができなかったため、昭和二十二年二月に新宿で発明された。自転車の後部に車体をつけて運んだ。車体はリヤカーを改造し、ジェラルミンで作られた壁で覆われた。自転車を意味する「銀輪」と「タクシー」を結びつけた合成語で「輪タク」と名付けられた。二人乗りで営業当初の二キロ十円（十月に値上げ）という乗車賃は、当時のバス、都電が五十銭であることを考えると、高級な乗り物だった。やがて全国に普及し、地方の各駅には輪タクが何台も常駐する姿が見られた。客がいないときは、夜の女のポン引きとなり、女性と客を乗せて日劇の周囲をゆっくり回り、十五分で二百円を取った。

じつは輪タクは、似たような形で大正時代初期に「人働車《じんどうしゃ》」と呼ばれ走っていた。昭和十年代にも、日中戦争でガソリン消費規制が強まって自動車を使うことができなくなったため、輪タクが走っていたときがあった。

戦後は地方で「厚生車」あるいは「人力タクシー」とも呼んだ。厚生車の名称は、人力車を復活（更生）させたという意味からきているらしい。事実、厚生車の運転に従事するのは、タクシーの登場により失職した人力車の車夫が多かった。戦後は診療の鞄を抱え、血相を変えた医師が、厚生車に乗る場面がよく見られた。

しかし戦後の復興が進むと、自動車によるタクシーが主流となり、自転車によるタクシーは姿を消した。ただ秋田などでは昭和四十年代初頭まで見られた。

（図上）フォードＡ型・4ドアセダンの円タク。
（図下）人力で走る輪タク。さまざまな形の輪タクが存在したが、この図の輪タクは客室にジュラルミンを使用し、客室を置く車体はリヤカーを改造、自転車は普通のものだった。都電やトラックなどといっしょに道路を走行した。

data

● 円タク

【乗車料金】大阪市内や東京市内1円（大正13年～昭和元年）、70銭（昭和16年）、100円（昭和39年）

● 輪タク

【乗車料金】2キロ20円、1キロごとに10円加算（昭和22年10月）

【営業台数】全国で1万3,000台（昭和23年）

【日収】手取り300～400円（昭和24年）

◆ 自転車タクシーのはじまり

「光は新宿より」というキャッチフレーズで、新宿に闇市の商店を広めた関東尾津組が、大正期に走っていた人働車を参考に、ジュラルミン製箱車を使った自転車タクシーを発明したのが始まりである。

【参考文献】:『昭和――二万日の全記録　第10巻　テレビ時代の幕あけ』講談社　平成2年／『昭和――二万日の全記録　第8巻　占領下の民主主義』講談社　平成元年／『昭和――二万日の全記録　第1巻　昭和への期待』講談社　平成元年／『【写真ものがたり】　昭和の暮らし4　都市と町』須藤功著　農山漁村文化協会平成17年

沖仲仕

おきなかし

貨物船と港の間で荷物の揚げ下ろし、運送をする人。港湾労働者の別称。特殊な設備を持たない昭和期の在来型貨物船は荷揚げ荷下ろしには多くの肉体労働者を必要とした。

仲仕は、荷物の揚げ下ろし、運送を行う労働者のことで、仲間衆も意味する。北九州市では「ゴンゾ」と呼ぶ。戦前までの船は、港の近くに泊まると、船の倉庫から荷物を揚げて、艀《はしけ》と呼ばれる小船に載せて陸に運んだ。この作業を船内荷役と言い、沖仲仕が行なった。陸上で荷物を待ち、艀から荷物を取り上げるのを陸仲仕（沿岸仲仕とも）と言った。北九州の若松港では、伝馬船で大型船に移動し、石炭荷役を行った。

沖仲仕の特徴は、問屋の主人と親方、子方など独特の関係で結ばれていた点である。大きな船から荷物が下ろされ、陸まで運ぶには十数人で集団を組む。そのため統率をする小頭や小親分がいた。このシステムは元請け（大親分）から下請けまでのピラミッド構造になっており、元請けの下に大世話役、取締（中親分）がいて、その下に多くの下請けが作られていた。実際に現場を担当する小頭、小親分のいる集団は下位の下請けであった。沖仲仕を雇う力のない最下層の下請けは、手配師を通じて日雇いの作業員を募った。このような上下関係のため、労働者の賃金が搾取されることもあった。

高度成長期を例にあげれば日本の六大港（東京、横浜、名古屋、大阪、神戸、関門）では一港あたり平均二百近い沖仲仕の事業者数があったが、多くが中小企業で、過当競争も起こった。

沖仲仕の仕事は肉体的にも過酷で、しかも海上で行うため、危険を伴う。高賃金ではあるが、明日の保証はない。そのため潮の匂いのする荒くれ男たちが集まって仕事をする風景が見られた。戦後になってコンテナが登場し、米軍から譲られたフォークリフト、クレーンが荷役を行うようになると、艀の姿は減った。

昭和四十年代までは人による肉体労働が中心だった沖仲仕の仕事も、以後、港湾が整備され、大型コンテナ船が増えてくると、大型クレーンなど機械を操作する業務に変わった。大型車両を貨物船に積みこむウインチマン（クレーンの操作をする人）、これらに指示を与えるデッキマン、車にワイヤーをかける作業員などがいて、十人ほどで船内荷役を行っている。なお、現在「沖仲仕」は、「港湾労働者」と表現される。

data

【賃金】沖仲仕の平均額

日給536円（昭和30年）、日給1,102円（昭和38年）

女性は男性の7割程度の報酬で、月収4,000〜5,000円

【労働日数】月に15日ほど　朝7時から夕方5時まで勤務

【最盛期の艀の数】2,000隻（1港あたり）

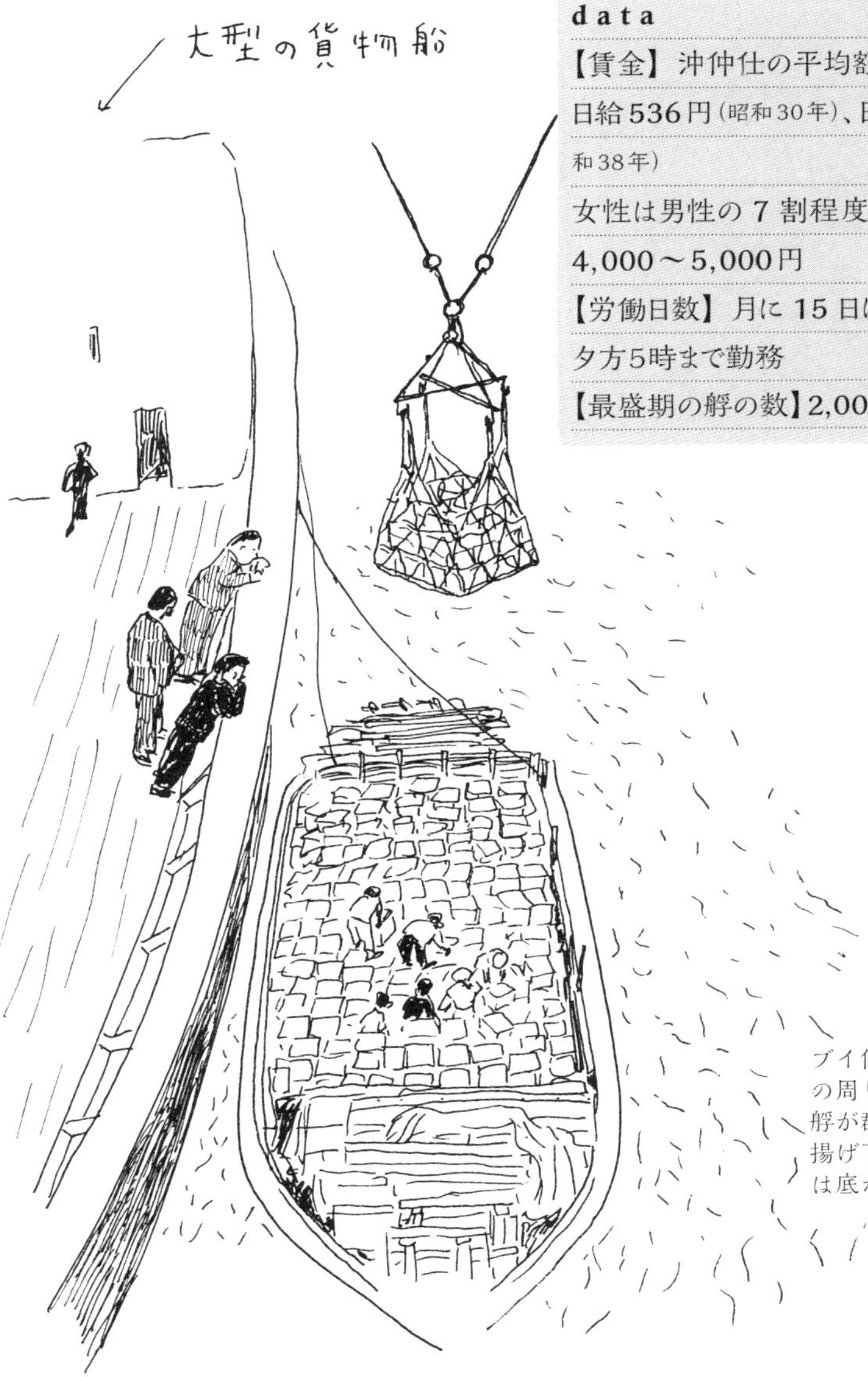

ブイ係留された貨物船の周りにはたくさんの艀が群れを成し、荷の揚げ下ろしをした。艀は底が平たい。

◆ 沖仲仕を描いた名作

沖仲仕の生活を描いた小説に火野葦平の『花と竜』がある。北九州の若松港で石炭仲仕の親分だった父玉井金五郎を描いた作品で、かつての荒々しい沖仲仕の仕事が描かれている。

【参考文献】：『昭和 39 年度　運輸白書』運輸省／『横浜港物語みなとびとの記』横浜開港 150 周年記念図書刊行委員会　平成 21 年／〈週刊朝日〉昭和 26 年8月19日号掲載「生活の歌　沖仲仕」

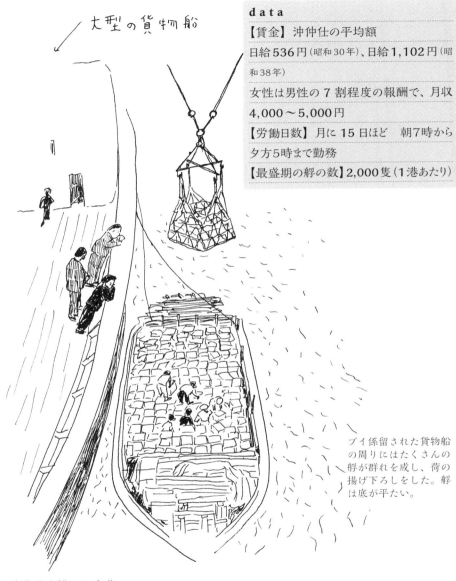

押し屋（立ちん坊）

おしや（たちんぼう）

坂の下に立ち、車力屋が上り坂で大八車を押すのを後ろから支えて手伝い、金銭を得る。ほとんどが家もなく、木賃宿で物乞い同然の暮らしをしており、大八車を押すことで一日の稼ぎを得た。

立ちん坊は、都内であれば、吾妻橋、両国橋、千住坂本王子道、板橋街道、目白、新宿、湯島、九段坂下、赤坂見附坂下、新橋、日本橋など人通りの多い場所に立って、車力屋や野菜などを市場に運ぶ農夫に声を掛けて、大八車を押すのを手伝った。押すことで賃金を貰う。

いつも汚い恰好で、道端で手を懐に入れて車力屋が来るのを待った。彼らは車力屋の依頼に応じて十町、二十町の距離を、車の後ろから押した。

とくに坂道は車力屋が一人で押すのも難儀なので、立ちん坊の助けは大いに役だちもした。

立ちん坊は常に何人かで立っているので、依頼があれば先を争って仕事を得ようとし、値段も競った。

彼らは家もなく、多くが冬は浅草の木賃宿で過ごし、夏は上野公園、浅草公園の休憩椅子の上、墓地、神社の床下などで夜を過ごした。

貧窮にあるために、朝飯にありつけない者もいるので、明け方から市場の近くに立ったり、問屋の軒下に立って仕事を求めた。そこで仕事にありついた者は飯屋に行き、ありつけなかった者は、日暮れまで立ち続けることになる。午後にはあまり仕事はないから、その日の飯に困ることになる。

この世界も組織化されていて、車力の通る台数や依頼状況を見て、この場所には十人、あそこは五人というふうに立つ人数を決めていた。欠員が出ても、誰もがそこに入れるわけではなく、紹介状を必要とした。

大正末から昭和初年頃まで立ちん坊は各地で見られたが、貨物自動車の台頭により、車力屋や立ちん坊の仕事は次第に奪われた。

たとえば、本所四つ目の漬物市場から神田多町の青物市場まで車を引けば一円五十銭の収入があったが、自動車は荷車五台分の荷物を一台で運び、運賃は五円。大きな荷物は自動車に取られ、立ちん坊も中途半端な荷物を押すしかなく、収入も減り、存在意義を失っていった。

data

【日収】35歳で平均65銭（明治末）

多いときは数時間で50～70銭

大正期で月収平均12円（月20日労働）

【料金】1里を押して6銭（明治末）

◆ 立ちん坊の前歴

立ちん坊になる以前は大きな店を経営していたり、腕のいい職人だったりしたが、放蕩の末に身を持ち崩し、家族からも見放された者が多くいた。

【参考文献】：『明治物売図聚』三谷一馬著　立風書房　平成3年／『日本の下層社会』横山源之助著　岩波文庫　昭和24年／〈神戸新聞〉大正11年4月24日付掲載「どん底の生活　ひどい底の底の又底」

押し屋（列車）

おしや（れっしゃ）

国鉄などでラッシュのときに電車からはみ出した乗客の背中を押して車中に詰めこむ作業員。昭和三十年十月に新宿駅で学生アルバイトに作業をさせたのが始まり。旅客整理係学生班とも言う。

国鉄などのラッシュ時に、車両に乗った人の体がはみ出していると、背中を押したり、荷物を押したりしてドアが閉まるようにするのが押し屋の仕事である。これは専業職というより、学生のアルバイト作業員の仕事として行われた。国鉄にとって初めての大学生アルバイト職員だった。

昭和三十年十月二十四日に押し屋が誕生したが、これは時代も高度経済成長に向かい、列車での混雑度も以前とは比べものにならないほど大きくなったためである。これまでは駅職員だけで対応できたが、客を捌《さば》ききれなくなったのが押し屋誕生の実情である。

国鉄の場合は、旅客整理係の学生班が担当した。

通常、客を押すときは手で背中を押すが、車内の混雑が激しいときは、それだけでは効果がない。押し屋はドアに向かって背中向きになり、両手で左右の扉を摑み、足を踏ん張って背中を使って、はみ出た乗客を車内に押す。ただラッシュ時は乗客も殺気立っているため、無理に押したり、外に出したりすることで、怒鳴られたり、殴られたりするときもある。なかには強く押した瞬間、自分も車内に入ってしまい、そのまま扉が閉まって乗ってしまったケースもあった。

通常、車両のドア一か所につき一人の押し屋が立つが、季節によっても押し屋の人数は違ってくる。冬はコート着衣で乗客の服装も厚く、込み具合が増すため、通常より多くの押し屋が投入された。

彼らは乗客が車内に入ったことを確認して、車掌に知らせる。扉が閉まると、体や服の一部、荷物が出ていないかを確認する。出ていれば、中に入れる。ときには両手で扉を開けることもある。

この作業は日本独特のもので「プッシュマン」という名で新聞に書かれて海外に紹介されたこともある。私鉄でも押し屋は見られたが、国鉄では昭和六十年六月一日から順次廃止され、駅員が行うようになっている。

data

【1日あたりの押し屋の人数】

冬130人、夏60人（昭和30年頃・新宿駅）

◆ 押してもダメなら……

すべて押すだけではないのがこの作業の特色で、ときにはどうしても乗りこもうとする客を制止したり、ドアの外に体が出ている人を引きずり下ろすこともあった。これらの作業を「はがし屋」と言うが、押し屋と兼業で行った。

【参考文献】：「新宿駅ホームに『押し屋』——昭和毎日」毎日新聞社ホームページ
http://showa.mainichi.jp/news/1955/10/post-324b.html　平成27年3月24日付

三輪タクシー

さんりんたくしー

三輪自動車によるタクシー。昭和二十四年に大阪で広まった。当時の四輪タクシーの乗車賃八十円に比べて五十円と安く、四輪タクシーの約半分の料金なので「半タク」とも呼ばれた。

自転車後部に客用の座席をつけた「輪タク」も三輪タクシーと呼ばれたが、ここでは三輪自動車によるタクシーについて述べる。三輪自動車は、車輪三つで走行する自動車で、通常は前に一輪、後部に二輪がつく。海外では自動車が作られた当初から存在したが、日本では第一次世界大戦後に見られるようになった。オートバイとスタイルが似ており、後方に荷台があり、二輪で安定させた。昭和に入ると、オートバイ型から脱却が進み、オート三輪と呼ばれるオートバイを改良したものが流行った。エンジン付きの三輪車は軽トラックのような貨物車として活躍した。その代表例にダイハツ製のミゼットがある。だが乗用車として使われた例は少なかった。

昭和二十四年に大阪でオート三輪のトラック部分（シャシ）に、簡易の乗用車のボディを載せた三輪タクシーが走った。オートリキシャとも呼び、エンジン音が爆音だった。

四輪車タクシーの代用タクシーであるが、複数の人を乗せられるうえ、当時の四輪車のタクシーの乗車賃八十円に比べて五十円とほぼ半額だったので、「半タク」とも呼ばれ、中京、京阪でよく走った。明和自動車の744ccの「アキツ」が使われた。四輪車よりも小回りが利き、狭い市街地を通ったりするには便利だった。

やがて、三輪自動車そのものが、乗り物の高速化にともない、昭和三十年代にすたれていった。速さには不慣れで、カーブでは転倒しやすく、四輪車の技術革新に負けるという欠点があったためである。三輪タクシーも四輪車の代用の範疇から抜け出すことができず、早々と姿を消した。

三輪タクシーは昭和の風景の代名詞と言えるかもしれないが、その姿は東南アジア、南アジア、エジプトのカイロなどで今も見ることができる。タイやカイロでは「トゥクトゥク」と呼ばれ、庶民の交通手段として利用されている。タイでは、日本で使われた「ミゼット」などのオート三輪を使ったのが始まりである。

data

【料金】50円（昭和20年代・大阪）

【年間生産台数】三輪車3,827台、小型四輪車998台（昭和21年）

◆ 小説の中の三輪タクシー

花《はな》登《と》筐《こばこ》の小説『どてらい男《やつ》』は大阪の商社「山善」の創業者、山本猛夫をモデルにした小説だが、彼が新規事業としてオート三輪を小型の三輪タクシーに改造し、マスコミで話題になるエピソードが出てくる。

【参考文献】：『昭和——二万日の全記録　第10巻　テレビ時代の幕あけ』　講談社　平成2年／「ナイル.com：（33）三輪タクシー」毎日新聞　2014年10月16日付 http://mainichi.jp/feature/news/20141016mog00m030014000c.html

車力屋

しゃりきや

大八車などで荷物を運ぶ人。メッセンジャーとも呼んだ。戦後、リヤカーやトラックの出現で姿が見られなくなっていった。

荷物を運ぶ車引き労務者のこと。引っ越し荷物や商店の貨物などを荷車で運んだ。近世になると城下町が整備され、道路も広くなり、運ぶ荷物も増加したため、荷車が二輪車に改良され、これまでよりも多くの荷物を運ぶことができるようになった。近世から昭和まで、関東では「大八車」、関西では「べか車」が使われた。大八車は車輪が大きく、車台は簀子《すのこ》で、大量の荷物を運ぶことができた。名は代八車から転じたもので、八人の代わりの仕事ができるという意味があった。

べか車は、大阪の道が狭いために小さく作られ、車台は板であった。これらを運ぶ人を関東で「車力」、関西で「仲仕」と呼んだ。

戦前、重い荷物は大八車、小さい荷物は小車と用途によって車を使い分けていた。大八車は引っ越し荷物を運び、本屋の書物、牛乳屋のビンを運ぶ際は、小車の上に長持を置いて、そこに入れた。

車力屋は、車宿と呼ばれる商店に雇われている者（常雇人夫）、日雇いの者、北陸から出稼ぎに来ている者、自ら車を所有（車持）し独立して行う者など様々であったが、みな体は強かった。日本橋を中心として万世橋まで二百八十キロほどの重さの荷物を大八車に載せて、一日に六回から七回往復した。常雇であれば、仕事の安定はあったが、車の借り賃などを取られ、一日の収入の二割から二割五分を引かれた。荷物は深川で米穀、神田、芝、浅草で煉瓦、材木、薪などを運んだ。

後に大八車に前輪をつけて、馬に引かせる荷馬車も登場した。

終戦直後まで地方によっては大八車による荷物運びは見られ、地方の平野部でも商家が車力屋に頼んで、醤油樽、酒樽、米俵などを運ばせていた。

車力屋をメッセンジャーとも呼んだが、お客から荷物を託され、言われた場所に運ぶことからそう呼ばれた。

大八車から発展したリヤカーと、トラックの出現で、車力屋は姿を消した。現在はバイクメッセンジャー（あるいは自転車便）と言って、都会で車の渋滞をぬっていち早く荷物を運べる業者も出ている。

関西で使われていたべか車を引く車力屋。

◆ 洋風にかっこよく

車力屋のことをあえてメッセンジャーとカタカナで呼ぶようになったのは、大正から昭和初期にかけて、大衆文化が発展したことによる。洋風化が進み、用向きを伝えたり荷物を運ぶという意味を英語化して呼んだ。

【参考文献】：『明治物売図聚』三谷一馬著　立風書房　平成3年／
『近代日本職業事典』松田良一著　柏書房　平成5年

蒸気機関車運転手《じょうききかんしゃうんてんしゅ》（蒸気機関士《じょうききかんし》）

石炭をくべ、蒸気で走る蒸気機関車は文明開化の象徴であった。運行は機関士と機関助士の二人で行い、高い技量が求められた。戦後になって電車に変わると、蒸気機関車は昭和五十一年に姿を消した。

蒸気機関車は石炭を燃料にして走り、白い蒸気を噴き上げて走る。この運転を行う者を機関士と呼び、石炭をくべて補助する者を機関助士と言った。

機関士は過酷な肉体労働でありながら、十五秒単位の列車ダイヤを守る緻密な技術も求められた。

戦前は蒸気機関車の機関士になるのが少年たちの夢で、機関士の制服の金ボタンはとくに憧れの的だった。志願者は高等小学校を卒業すると、学科試験、面接試験を受けた。志願者数はかなり多かったが、採用数は数名のみの難関だった。合格すると各地域の機関区に就職し、そこで機関車の掃除をする庫内手（整備係）を命じられる。このときに隅から隅まで機関車を磨くことで、疵《きず》や亀裂、故障を発見する目を養う。さらに機関車の部品、その働きを覚える。機関区での上下関係はかなりの厳しさがあり、一日でも早く入ったものが先輩で、年齢、学歴、職歴とは無関係だった。

庫内手を十か月務めると、機関助士への昇格試験を受ける資格が与えられる。鉄道の教習所の機関助士科に入る方法と、直接試験を受ける方法の二つがあった。鉄道の教習所に入れば、徹底してボイラーの焚火技術を教わる。効率よく石炭を燃やし、蒸気圧力を上げるためである。軍隊並みの激しい訓練を三か月ほど受け、資格を与えられた。

機関助手は石炭取り出し口からスコップで石炭をすくって、投炭扉に投げ入れる。この作業を「かま焚き」と言う。急坂を上る機関車であれば、一分間にスコップで三十杯の石炭を均等にくべなければならなかった。機関士と機関助士の間には厳然たる階級があり、機関助士は絶対服従の立場だった。

運転を行うためには鉄道教習所で機関士の昇格試験を受けなければならない。合格すれば晴れて機関士になる。庫内手からここまでくるのには平均で五年から七年はかかった。

昭和四十年代に入ってディーゼル機関車が登場し、四十年代末から蒸気機関車は各地で姿を消すようになると、機関士たちは電車の運転手となった。昭和六十二年、国鉄が民営化されると、呼び名も「運転士」に変更された。

data

【月収】機関士 55 円、機関助士 45 円（これらに業務手当5円がつく）／駅員 30 円（昭和 20 年・関東）

後方の石炭取り出し口からスコップで石炭をすくい、前方の投炭扉に投げこんで「かま焚き」をする機関助士。奥は運転をする機関士。

◆ 命がけの走行

トンネルを通過するのに5分ほどかかることがある。そのため密室状態の坑内で煤煙を吸い、機関士、機関助士ともに意識を失う事故もあった。また、亡くなった機関士の肺を見ると、煤煙を吸い過ぎて真っ黒になっていたということもしばしばだった。

【参考文献】：〈週刊MDS〉平成 13 年9月7日～平成 17 年8月5日連載 「生きる」佐久間忠夫著　MDS新聞社／『SL機関士の太平洋戦争』椎橋俊之著　筑摩書房　平成 25 年／〈オール讀物〉昭和 33 年3月号掲載「ご存知ですか　機関士」文藝春秋新社

人力車

じんりきしゃ

明治から昭和初期まで、人々の主要な交通手段だった。大正末期に円タク（現在のタクシー）の登場によって衰退に向かったが、戦前までは短距離輸送の大事な乗り物であった。

人力車は和泉要助、鈴木徳次郎、高山幸助らが明治二年頃に発明し、日本橋の傍で営業を始めたと言われる。西洋から入って来た馬車を見て、馬の代わりに人に引かせる方法を発案し、東京府に人力車の製造と営業の許可を得て、たちまち人力車が流行した。それまでの駕籠や馬車よりも速かったため、交通輸送の手段となり、駕籠かきは完全に姿を消した。人力車は車夫が引くもので、二輪車の上に作られた客席には屋根、幌がつき、足には布をかぶせた。長距離の輸送も、車夫が途中で引き継ぐことで可能にした。やがて鉄道が発達すると、短距離専門の輸送手段になった。

人力車には階層区分があり、一番上等なのは「おかかえ」と言って、会社や個人（医者、政治家など）専用の召し抱えの人力車。その次が「やど」で、車宿に常に待機して、客からの呼び出しに応じてやって来る。三番目が「ばん」で、組織化された車夫集団が、駐輪場で待機し、客から求められて運転する。最後が「もうろう」で、街頭や十字路などで、客待ちをして営業をする人力車。多くの車夫は「ばん」や「もうろう」だった。「もうろう」は「朦朧《もうろう》」が語源で、組織に属さず、夜街に出て、翌朝まで働いた。多くが貧民窟に住み、どこでも寝られるように始終毛布を持って歩いているので、大阪では「デンデン虫」と呼ばれた。彼らは車を借りて仕事をするから生活も苦しかった。

車夫には免許が必要で、職を失った駕籠かきたちが多く従事した。

地方では花嫁御寮や急病人、旅行帰りの老人などが人力車に揺られて街中を走る姿が見られた。

昭和初期に円タク、鉄道、自転車が普及しはじめると、人力車は姿を消した。東京駅で客待ちをしていた人力車（東京駅構内人力車組合所属）も昭和十三年四月一日に廃業した。

戦争の激化で、自動車へのガソリンの規制が強まると、一時的に人力車の台数が増えて復活したこともあるが、現在では、観光地で人力車による見物ツアーが見られるだけになった。

data

【営業台数】全国で約21万台（明治後半期のピーク時）／1万3,497台（昭和13年）

【料金】料金一定せず

一例）15丁未満5丁ごと3銭3厘、

15丁以上1里未満15丁ごと7銭5厘（ともに明治34年頃）

【月収】日本銀行重役の「おかかえ車夫」で6円（明治中期・巡査は3円）

【日収】「ばん」「もうろう」など1円50銭（昭和初期）

◆ 無法松のモデル

大正11年にアインシュタインは来日した際、車夫の仕事を非人道的と批判し、乗車を拒否している。車夫は映画や小説で不遇の人物としてよく登場する。岩下俊作による戦前の小説『富島松五郎伝』では、小倉生まれの車夫、無法松こと松五郎の破天荒ながら哀しい人生が語られ、この小説は後に何度も映画化された。

【参考文献】：『大正・昭和の風俗批評と社会探訪――村嶋歸之著作選集　第3巻　労働者の生活と「サボタージュ」』所収「俥夫の生活」津金澤聰廣・土屋礼子編　柏書房　平成16年／『昭和　第5巻　一億の「新体制」』講談社　平成元年／『日本風俗史事典』日本風俗史学会編　昭和54年／『近代庶民生活誌　第7巻』所収「カメラ社会相」南博編集代表　三一書房　昭和62年

灯台職員（灯台守）

とうだいしょくいん（とうだいもり）

灯台が船舶の航路標識としての役割を果たすように維持管理する職員。灯台守は俗称であり、古くは海務院標識技手（または標識技師）と言い、戦後は一般に航路標識職員と呼んだ。

不便な地の航路標識として灯台が建てられる性質上、灯台職員は地方の岬や辺鄙《へんぴ》な孤島に勤務しなければならなかった。遠近、所在、潮流の激しい難所など危険個所を船に教え、灯台の灯りの点灯、消灯、光源の回転、発電機の操作、燃料補給、灯台の保守点検、緊急通報、気象観測、沖合の監視などの業務に携わった。ときには見学者の案内も行った。

とくに沖合の監視は、灯台職員からの情報と連絡により海上保安部が停船命令を出すので、重要な仕事であった。雨天の日など霧でかすんで見えにくいときにはもっとも神経を遣う。灯台の塗装も職員の仕事だった。

今もある西洋式の灯台は幕末に登場したが、明治時代になると、石油を灯火とする観音崎灯台が点火され、野島崎など五か所に西洋式灯台が増設された。同十八年から灯台の設置は、私設では認められず、国が行うことになった。

戦前では、灯台職員は逓信省灯台局に所属したが、昭和二十三年に海上保安庁が設置され、灯台守は海上保安庁に所属した。灯台官吏養成所が作られ、そこで学び、灯台職員になった。

灯台職員は日本各地の灯台を転々として勤務する。海の守人としての使命を感じながらも一灯台に一人もしくは数名で勤務する孤独な仕事であり、生活は寂しくてやりきれない思いにとらわれることもあった。一家族で赴任し、一名で勤務する灯台では無人にできないため、夫が出張のときは妻が代役を務めたりした。赴任地が人口の少ない地域であるため、飲料水に乏しい、医者がいない、近所づきあいしたくても人がいない、子供の友人ができない、妻の出産のときは夫が産婆代わりに取り上げるなど、日常生活での不便はあった。

地味で苦労の多い仕事であるが、彼らによって船の運航の安全は保たれた。灯台の機械による自動化（光源やレンズ駆動の改良、情報提供システムの高度化）のため、有人灯台は減り、平成十八年十二月五日に最後の有人灯台であった長崎県女島《めしま》灯台も自動化され、灯台職員はいなくなった。

data

【灯台職員数】全国に1,100人（昭和28年・最盛期）／全国に1人（平成18年）

◆ 灯台守の労苦

灯台職員夫婦の労苦を描いた映画作品に、木下恵介監督の名作『喜びも悲しみも幾歳月』（昭和 32 年　佐田啓二、高峰秀子主演）がある。これは灯台守の妻の手記をもとにした作品で、映画では若山彰が同名の曲を歌い、灯台守の心情が託された名曲だった。

【参考文献】：〈サンデー毎日〉昭和 33 年 11 月 16 日号掲載「80 年の喜び哀しみ　親子3代で守りぬいた灯台」／〈四国新聞〉掲載「島びと 20 世紀　第2部　中村由信の世界 16　灯台守夫婦」／『えひめ、昭和の記憶　ふるさとのくらしと産業Ⅱ－伊方町－』平成 23 年度「ふるさと愛媛学」普及推進事業　愛媛県教育委員会　平成 24 年／『日本の灯台』長岡日出雄著　成山堂書店　平成5年

都電運転手
とでんうんてんしゅ

東京都が経営する路面電車（都電）は明治時代に開通。最盛期には四十一系統あり、二百十三キロを走った。自動車の増加などによって昭和四十七年から荒川線（早稲田─三ノ輪橋間）のみとなり運転手も減った。

もともと都電は馬車鉄道であった。明治十年に馬車が市民の足として品川─新橋─浅草間を走ったが、無軌道で通行人を傷つけることもあった。そこから軌道による運行を行うようになり、明治十五年に馬車鉄道が走った。

明治二十三年に「勧業博覧会」が上野公園で開かれ、アメリカ製の電車が披露された。このとき市民は初めて電車を目にし、熱狂した市民により「鉄道馬車は時代遅れ」との声が高まって、明治三十六年八月二十二日に路面電車（新橋─品川間）が開通した。

このとき鉄道馬車の十人の運転手が、電車の運転手として訓練を受けた。路面電車の草創期に、鉄道馬車時代からの運転手は「現場のヌシ」と呼ばれ、新規採用の運転手から一目置かれていた。

大正時代には「東京の名物 満員電車 いつまで待っても乗れやしねえ」という歌が流行るほど盛況だった。同時に運転手も苦労が多かった。護国寺付近では銀杏《いちょう》の木が多かったので、落ち葉が線路を覆い電車のブレーキが利かず、係員が砂を巻いて滑り止め防止をすることもあった。

昭和に入り、運転手になるには、小学校を出て三か月の教習を受ける必要があった。先輩がつかず、一人で運転ができるようになることを、「独車」と呼ぶ。運転手にとっては喜ばしい日であった。勤務は夜からと、朝からの二交代制であった。

道路事情がよくなかったので、戦後は台風でマンホールから水が噴き上げ、通行不能になることもあった。

昭和三十年代は、新宿、渋谷、など都心を路面電車が走る姿が見られた。

なお、路面電車を「チンチン電車」とも言うが、由来は運転士の鳴らす鐘の音にある。

現在、荒川線のみの十二・二キロしか残っていないが、運転手は一日平均四万六千人の乗客を運んでいる。東京都交通局の採用試験を受けて、運転士になる。

data

【月収】諸手当込みで5万円（昭和35年・中堅クラス）

【乗車賃】片道7銭、往復14銭、早朝の割引電車は片道5銭、往復9銭（昭和8年）

【乗客数】1日あたり1,000台の都電で170万人

８系統の都電。都電は国鉄駅に起点を設けることが多かったが、この８系統は私鉄駅を起点とした珍しい路線で、中目黒から山手線恵比寿駅前を経て、築地に到着した。

◆ チンチン電車の由来

路面電車をなぜ「チンチン電車」と呼ぶのだろうか。どうも2つの理由があるようだ。通行人に警告するとき、運転士が足で床下の鐘（フートゴング）を鳴らす音からという説と、車掌が運転士に（運転士が車掌に）合図するとき鳴らす鐘（ベル）の音に由来するとする説である。路面電車は北海道、富山、広島、岡山、長崎、熊本などで、今も走っている。

【参考文献】：〈週刊現代〉昭和35年11月20日号掲載「消えゆく都電への愛着に生きる男――私は第一号運転手だった」／〈週刊朝日〉昭和35年1月24日号掲載「はたらく日本人④ハンドル人生　都電は今日も走ってる」

乗合バス

のりあいばす

路線バスのこと。料金を取って不特定多数の客を乗車させる。昭和の頃は客を乗せる車を総じて乗合自動車と呼び、バスを乗合バス、タクシーを乗合タクシーと呼称した。

明治時代の路上交通機関は、乗合馬車が主流であった。明治三十六年に日本で初めてバス事業を行った二井商会は乗合バスの営業を京都(堀川中立売―七条駅、堀川中立売―祇園間)で始めたものの、当時は乗合馬車、鉄道馬車、人力車が主流で、自動車自体が珍しかったため、営業では苦戦を強いられた。馬車や人力車業界の妨害もあって、二井商会は開業の翌年、廃業している。

バスの営業が軌道に乗ったのは関東大震災によって路面電車などの交通機関が壊滅的な被害を受けたため、応急的な手段として東京市でバスが導入されてからである。このとき東京市では八百台をフォード社に注文し、路面電車の従業員から千名の自動車操業見習い生を募集した。大正十三年一月十一日に試運転を行い、同十八日から巣鴨橋―東京駅、中渋谷―東京駅間の二系統が開通した。

当時の乗合バスはT型フォードを改造したもので、乗合馬車と姿が似ていた。乗合馬車が「円太郎馬車」と呼ばれていたことから、乗合バスも「円太郎バス」と呼ばれた。十一人乗りであった。

昭和三年頃から女性車掌の登用も華やかな話題になった。以後、馬車に代わって、バスが路上交通の主要な手段となった。日中戦争から第二次世界大戦の時代に入ると、ガソリンや軽油など燃料が乏しくなり、軍用の燃料確保のため、東京市では昭和十三年に木炭や薪で走る乗合バス(代用燃料車)が出現し、三百五十六台が採用された。戦後になってガソリンが出回ると、木炭車などの代用燃料車は姿を消した。

なおエンジン部が運転席の前にあるボンネットバスが昭和七年から走っていたが、リアエンジンバス(ワンボックスカー)の導入で昭和三十年代から徐々に姿を消した。この頃から自家用車も増えたため、路線バスもリストラを余儀なくされ、運転士が車掌を兼ねて一人で運行するようになった。これをワンマン運行と言う。東京都では昭和四十年からワンマン運行を開始し、車掌の姿が消えた。以後、乗合バスという用語も、聞かれなくなった。

data

【乗車賃】2里半で10銭（大正13年・東京市開通当時）

東京乗合自動車の「青バス」。昭和 20 年代まではこのようなボンネットバスが主流で、非常に狭い道も走っていた。

◆ 名称は落語家に由来

落語家4代目橘《たちばな》家《や》圓《えん》太《た》郎《ろう》が、寄席で高座にあがる際に、出囃子《でばやし》替わりに乗合馬車の御者のラッパを吹きながら入場したことが受けたので、乗合馬車は圓太郎の名を取って「円太郎馬車」と呼ばれるようになった。

【参考文献】：「写真で見るバスの歴史Ⅰ～Ⅸ」日本バス協会ホームページ http://www.bus.or.jp/mini/ 平成 27 年 2 月 11 日／『昭和——二万日の全記録　第1巻　昭和への期待』所収「『円太郎』と『円タク』の時代　昭和初期のモータリゼーション」講談社　平成元年／『宮原の民俗』宮原町公民館　昭和 57 年

バスガール

ばすがーる

路線バスの女性車掌のこと。関東大震災で壊滅した路面電車の代わりに東京市は市営バスを開通。女性の社会進出と相まって女性車掌が登場した。紺色の服に真っ赤な襟の制服で、〝赤襟嬢《あかえりじょう》〟とも呼ばれた。

東京市では、大正八年に民営の東京市街自動車（後の東京乗合自動車）が新橋から上野までの区間で路線バスを開業。車体が深緑色のため、「青バス」と呼ばれた。当初は車掌はおらず、停留所に人がいて、切符を売っていた。だがバスが不人気で営業危機に陥ったので、人気取りのため、昭和五年十月に「青バス」で女性車掌を採用した。十代後半から二十代後半の女性が勤め、制服が白い襟だったので「白襟嬢《しろえりじょう》」と呼ばれた。

一方、市営バスは大正十三年に起こった関東大震災で市電の代替輸送手段として始まり、路線を拡大した。その後、ライバル会社の東京乗合自動車に対抗して、紺のワンピースに赤い襟のついた制服を着た女性車掌を登場させた。彼女たちは「赤襟嬢《あかえりじょう》」と呼ばれた。

東京市の女性車掌の制服は、三越百貨店のオーダーメイドで、フランス人のデザイナーが全員の寸法を測って、作ったものだった。洋装の勤務という点でも女性たちに人気があり、導入された当初（大正末）は二百五十名を超える応募があり、百七十七名が採用された。この中には高等女学校卒のインテリも十五名いた。

彼女たちは出勤の三十分前に制服に着替え、梯子《はしご》でボンネットに上って、フロントガラスを拭き、バケツでラジエータに冷却水を入れた。準備が終わると、切符とつり銭を会社から受け取って、鞄をベルトに下げてバスに乗った。当時バスにはドアがなく、車掌は立つ場所もない。客を車内に押しこみ、自分がドア代わりになった。

また臨検と言い、乗客が支払った金を着服していないか、抜き打ちで部屋に連れて行かれ、服を脱がされ調べられることもあった。酔客からの誘惑もあった。そのため昭和十五年頃になると、いつしか憧れの職業というよりも、過酷な仕事のイメージがついて回るようになった。

車掌の仕事以外にも、運転手の助手も兼ねたことと、とくに身体検査が嫌われたためか、戦後は車掌に応募する女性は少なくなった。他に女性の職業の選択肢が増えたという社会的背景もあった。やがてバスもワンマン運行になると、車掌を必要としなくなり、姿を消した。

data

【月収】平均46円（昭和11年）

◆ 大阪のバスガール

大阪市営バスでは乗馬ズボン、編み上げ靴、緑の帽子という乗馬スタイルのバスガールも誕生した。客の目を引いただけで長くは続かなかった。

【参考文献】：『昭和――二万日の全記録　第1巻　昭和への期待』講談社　平成元年／『近代庶民生活誌　第7巻』所収「カメラ社会相」南博編集代表　三一書房　昭和62年／『バス車掌の時代』正木鞆彦著　現代書館　平成4年

街角メッセンジャー

まちかどめっせんじゃー

公衆電話が普及していない時代に、手紙やメッセージを届けていた。駅前で小荷物を預かり運搬するなど、便利屋のような仕事も請け負った。

昭和二十年代の前半、新橋駅前に「よろず承り屋」が誕生した。まだ家庭に電話が普及しておらず、公衆電話もほとんどなかったこの時代に、急用で何とかして相手に伝言を届けたいとき、承り屋で手紙などの伝言を渡すと、承り屋が自転車に乗って相手方に届けてくれた。これを街角メッセンジャーとも呼んだ。この種の仕事は地方や山村でとくに多く見られるようになった。

新橋の「よろず承り屋」には古物の賃借り自転車が一台、机が一台置かれ、便箋と封筒も用意されていた。この事業を始めたのは、満州引揚者の一人だった。昭和二十年代当時、少ない公衆電話には人が殺到し、しかも回線がよくなかったので、なかなか相手にも通じない。自ら電車に乗って相手の所に行こうとしても、混雑して乗れない。そんな時代のニーズをいち早く読み、電話代わり、電車代わりのサービスとして始めたのだった。

手紙や伝言以外にも、都会の各駅では便利屋のような小荷物運びも請け負った。メッセンジャーである中年男性が、駅前に表示を出して客待ちをしており、頼むと紙に書いた住所まで荷物を届けてくれた。大きな荷物の運搬ではなく、通勤帰りのサラリーマンが荷物が多くなってしまい、傘など小物を持っていってもらうというような用件を請け負った。

昭和二十年代までは、そのような光景を駅前で見ることができた。しかし、電話が普及し、交通網が発達すると必要とされなくなり、街角メッセンジャーは一時的な業種として消えていった。

「メッセンジャー」には、言葉の伝達だけでなく、荷物を客の指定に従って届ける「使い走り」の意味がある。現在のバイク便もメッセンジャーと呼ぶときがある。

大切な商売道具の自転車

お客さんの荷物が風呂敷包みなのも時代

data

【料金】手紙・伝言　3キロまで10円、2キロごとに10円増し（荷物は別途料金・昭和20年代前半）

【日収】40～50円　（昭和20年代前半）

◆ 昭和の隙間産業

満州引揚者の戦後の生活は厳しいものだった。政府からの援助も期待できず、資本もない彼らが生き抜いてゆくためには、知恵をしぼり、誰もやっていない仕事をする必要があった。そんな逼迫《ひっぱく》した状況から生まれたのが「街角メッセンジャー」であった。

【参考文献】：〈週刊朝日〉昭和22年4月27日号掲載「珍商売往来」

木炭バス

もくたんばす

ガソリンではなく、木炭を燃料にして走るバスのこと。戦争で時局が悪化すると物資の統制が行われるほど日本の石油不足が深刻化し、東京では昭和十三年から木炭バスが走った。

昭和十二年に日中戦争が始まり、日本は戦争の時代へと突入した。物資は軍備のほうへ優先的に回され、庶民の日常は我慢を余儀なくされた。その中でもっとも深刻だったのは石油不足だった。東京で最大のバス会社である「東京乗合バス」は、東京に八社あったバス会社の中でも三分の二の車両を持っている巨大企業だったが、おりしも日中戦争の拡大で石油は軍需最優先になり、近衛文麿内閣は、昭和十二年十月一日の閣議で運輸会社に対しても自発的な節約を求めた。

東京乗合バスは時局を慮って、昭和十三年一月から試験的に木炭車を走らせていたが、七月十六日にすべてのバスを木炭車に替えると発表した。会社にあった五百台以上のバスは年末までに改造し、木炭車になった。

木炭バスは、ガス発生炉で木炭を不完全燃焼させ、一酸化炭素を主成分とするガスをエンジンに送り、作動させる。エンジンの部分は従来と同じ形でよかったので、木炭車への改造は簡単で、車の後部にガス発生炉を取り付けるだけでよかった。だが、この車は大いに問題もあった。ひとつは始動が遅すぎることである。運転手は木炭をいぶすのに時間が必要で、エンジン始動まで点火後五、六分ほどかかり不便であった。運行後に炭を釜から出し、タールを除去するなど手間もかかった。しかもガスの発生をよくするために、走行中に炉の中をかき混ぜなければならず、作業しているうちに顔は煤《すす》だらけになった。

翌十四年、今度は木炭不足になり、他の燃料を見つけなければならなくなった。薪、天然ガス、石炭ガス、アルコール、メタノールも使われた。とくに薪は木炭車と並んでよく使われたが、始動が遅く、馬力がないうえ、スピードも遅い。急な坂道になると動かなくなる。そのたびに運転手は「皆さん、降りてバスを押してください」と声を掛け、皆に後ろから押してもらい、上り切るという有様だった。

戦争が終わってても物資の統制は続いたので、昭和二十年代中頃まで後方に黒い煙を吐きながら走る木炭バスが街中に見られた。しかしガソリンが普及すると、どこかユーモラスな木炭バスは消えた。

data

【営業台数】554台（昭和13年7月・東京乗合バス）

【料金（1キロあたり）】ガソリンバス2円50銭／

木炭バス3円26銭（昭和13年頃）

欠点は多いものの、戦争中は庶民の足として活躍した。

◆「のろま」の代名詞

木炭バスは、エンジン始動の遅さ、走行スピードの遅さ、坂道で止まることから、「愚図」「のろま」の代名詞になった。また、かえって悪路のほうが振動が起こってよく走るという、皮肉な状況もあった。

【参考文献】：『昭和——二万日の全記録　第5巻　一億の「新体制」』所収「木炭自動車時代」講談社　平成元年

渡し船の船頭

わたしぶねのせんどう

大河には橋が少なかったので、決まった時刻に船頭が船を出して客を対岸へ運んだ。橋が少ない川では、平成に入っても渡し船が運航された。江戸川を渡る矢切りの渡しが有名である。

大河に橋が少なかったのは、河川が広すぎて橋を架けることができないという理由もあったが、江戸時代、他藩からの攻撃を防ぐために、橋を架けることを禁じ、船による渡しという方法をとったためでもある。

近世以来、昭和に入っても、渡し船を運航する船頭は地域の農民で先祖代々務める者が多かった。昭和初期には、若い頃は伝馬船に乗り、老いてからは渡しの船を漕ぐ、あるいは役場の嘱託として船頭を務めることもあった。

戦後間もなくまでは、河川にダムが少なかったので水量の調節ができず、自然現象に川は大きく影響を受けた。そのため、渡し船を対岸に到着させるのも難しく、独特の技術を要した。

九州最大の大河である筑後川は、昭和に入っても橋が少なかったので、渡し船は対岸へ渡る主要な交通手段だった。

白無垢姿の花嫁が家族とともに乗るときもあれば、通勤の人、通学の生徒を自転車と一緒に乗せるときもある。かつては牛馬、馬車、トラック、リヤカーも運んだ。

だが川につきものの事故もあった。昭和十八年には佐賀県赤松国民学校の六年生が、対岸の福岡県柳河町（現柳川市）に修学旅行に行った帰路のときである。若津の渡しを出た船が人数過多と満潮のため、対岸間近で転覆する事故が起こった。このとき救助に出た教師が次々と児童を助けたものの、最後には力尽き、六名の児童とともに濁流に呑まれ死亡した。

川に近代的な橋が架けられるに及んで、渡し船の役割は減り、次々に廃業していった。その中で筑後川の「下田の渡し」は、平成六年まで運航していたが、下田大橋の建設によって、廃止された。このとき渡し船の運航時間は、朝六時半から夜八時までで、三名の船頭が一日に二交代制（朝六時半―十二時半、十二時―夜八時）で運転を行った。二十六名まで乗れる木造汽船で、県営のため乗車賃は無料。一分かけて幅三百五十メートルの川を渡った。盆、正月も関係なく年中無休で運航されたため、船頭は病気であっても欠勤は許されなかった。

赤ん坊も、小学生も、
おじさんもおばあさんも、
みんな一緒に

子供から大人までが利用する渡し船は、通学や通勤、生活用品の買い出しになくてはならない移動手段だった。

◆ 九州最大の大河を渡す

筑後川は流路延長143キロの大河であったため、江戸幕府は橋を架けることを許さなかった。上流（大分県日田市）から下流（福岡県大川市・佐賀県佐賀市）まで62の渡しができ、江戸時代は船で渡っていた。

【参考文献】：『下田の渡し ── 筑後川・最後の渡し船　城島町ふるさと文庫』 城島町　平成8年／『久留米市史　第2巻』 久留米市史編さん委員会編　昭和57年11月25日／〈広報もろどみ〉 佐賀県諸富町　平成15年8月号

杣
そま

山林の伐木、造材、加工、荒削りなどの製材を行う人。杣頭《そまがしら》に統率されて、集団で仕事を行う。「杣人《そまびと》」「樵《きこり》」とも言う。

用材となる樹木の茂った山（杣山）へ行き、木（杣木）を伐木（杣取）するのが主な仕事である。さらに木を造材（杣造り）もする。造材は丸い材木から枝を伐り落とし、木のねじりを直したり、四角い角材や板材にする。

杣頭が二十から三十人の集団を率いて、林の地主と契約を結んで仕事を行う。林の地主からの支払いは出来高制の賃金もあれば、請け負った分の賃金を貰う場合もあった。

杣は伐木を行い、それが山中の奥地であれば、杣小屋を建てて、寝泊まりして作業を行った。杣は伐木を中心に行う「サキヤマ（先山）」と造材を中心にする「ハツリ」に分けられ、後者を「小杣」「後山」とも呼んだ。これらの仕事は専門職で、「ハツリ」は、斧、鋸《のこぎり》、楔《くさび》を使って、木の形を整える。斧ひとつとっても、伐木のための大型の斧であるマサカリ、枝を切るための枝伐斧、小型の斧である鉈《なた》など何種類もあった。

彼らは師匠に弟子入りして技術を習得し、免許状が与えられた。伐木の作法や、道具にも伝承があり、斧（ヨキとも言う）に七つの刻み目を入れて魔よけとする言い伝えや、山の神の災いを避ける方法なども行われていた。

伐木などの作業が済むと、木は山の傾斜を利用して、土修羅《どしゅら》で運ばれたり、馬車の背に載せられた。また河川を利用して運搬するときは、流れを堰《せ》き止め、一気に水で材木を流す堰流しや、材木を筏《いかだ》に組む筏流しによって下流まで運ばれた。運搬に従事する者を「ヒヨウ」と言った。

これらの材木が船大工や木工の材料になった。土地に定住する杣は農業と兼業して行うことが多く、農閑期に木を伐った。

その後、電動工具による製材が行われ、木挽きなどの専門の製材業者が生まれたため、ハツリはいなくなった。伐木を行うサキヤマだけが存在している。現在はその地域の森林組合の中に配属され、組織の一員として仕事を行っている。

雪山で大木を伐採する杣。チェンソーが登場する昭和20年代まで、伐採は斧と鋸でおこなった。

◆ 独特の迷信

杣は山の神を信仰しており、道具や風習にも独特の伝承があった。ヨキと呼ばれる斧には7つの刻み目を入れて魔除けとしたり、入山するときは木の枝などを利用して男根を作って祀る慣習があった。京都の山村では杉は山の方に向けて倒す決まりがあり、伐株には倒した木の先端部を挿しておいた。

【参考文献】：『民俗探訪事典』大島暁雄他編　山川出版社　昭和58年／『日本民俗事典』大塚民俗学会編　平成6年／『山に生きる人びと　日本民衆史2』宮本常一著　未来社　昭和39年／『生業の歴史　日本民衆史6』宮本常一著　未来社　平成5年

炭鉱夫

たんこうふ

石炭は「黒ダイヤ」とも呼ばれ、炭鉱夫は炭鉱の地下数百メートルの坑道で真っ黒になりながらも、採掘に従事した。炭塵爆発など事故も多く、危険な仕事だった。

石炭の採掘は江戸時代の末期から、藩の財政を賄うために行われていたが、本格化したのは明治時代になってからである。危険な仕事のため、政府の官営事業となってからは監獄の囚人に採掘を行わせた。後に炭鉱は財閥系に払い下げになり、一般の人から炭鉱夫を雇うようになった。労働条件は厳しく、褌《ふんどし》一枚で地下を掘り続けねばならず、女性も半裸の姿で働いていた。戦時中は、中国などから炭鉱夫が徴用されたこともあった。

炭鉱夫は、「斜坑人車」と言うリフトに乗って地下三百メートルほどの採掘現場（切羽《きりは》と言う）に向かう。仕事は主に「掘進《くっしん》」と「採炭」に分けられ、新人は、真っ暗な地下壕で恐怖に縮み上がることもあった。ヘルメットに付けたキャップランプが頼りである。「掘進」は、採掘現場までの坑道を掘る仕事で、「先山」と呼ばれる熟練工が、「後山」と言う経験の浅い者を三人から五人使って、仕事を進める。火薬で岩を崩し、崩れた岩を先山が運びやすいように小さく砕く。後山がこれらをトロッコで運ぶ。岩を運ぶと、天井が崩れ落ちないように板や木で枠組みをする。

「採炭」は、先山がツルハシとスコップで炭層を掘り、後山が掘り出された石炭を集めて、トロッコ（炭車と言う）に載せ、坑道の出口まで運んだ。このようにして一日に三メートル掘り進めていた。「採炭」の仕事は、炭鉱夫にとっては花形で、給料もよかった。

彼らの仕事は一日三交代（朝～夕方・夕方～夜・夜～朝）の一週間交代で繰り返された。現場は地下深いため通風も悪く、暑くなった。昭和三十八年には三井三池三川炭鉱の炭塵爆発が起こり、四百五十八名の炭鉱夫が亡くなった。現在も後遺症に苦しむ人がいる。炭鉱で働くことは危険な仕事であったが、それだけに彼らは同胞意識も強く、会社の炭鉱住宅（炭住）に住み、家族同士の付き合いも密だった。

昭和三十年代半ばになると政府が、エネルギーの中心を石油に替えたことから、石炭は重視されなくなり、炭鉱の閉山、リストラが相次いだため、「三井三池争議」などの労働争議が起こった。

data

【炭鉱夫の数】324万4,000人（昭和15年）／19万8,000人（昭和36年）／19万8,000人（昭和44年）

【炭鉱の数】945（昭和28年）／159（昭和44年）

【月収】炭鉱夫1万6,699円、職員3万2,888円（昭和30年・三井三池炭鉱の30代）

◆ 炭鉱夫の哀話

炭鉱労働は過酷で、たびたび炭塵爆発などが起こっている。三井三池炭鉱は、昭和前期まで囚人労働が主で、女性の坑夫、朝鮮人労働者もいた。とくに与論島から来た人たちは厳しい労働条件で差別されていた。日本の炭鉱には、近代化の負の歴史が多く隠されている。

【参考文献】：『【写真ものがたり】昭和の暮らし　4　都市と町』須藤功著　農山漁村文化協会　平成17年／『1955年版　会社年鑑』日本経済新聞社　昭和29年／『炭鉱町に咲いた原貢野球－三池工業高校・甲子園優勝までの軌跡』澤宮優著　現代書館　平成16年

屋根葺き

やねふき

戦後になって瓦が普及する以前、庶民の家屋は茅葺《かやぶ》きの屋根が多かった。新築の場合は職人を中心に、近所の人たちが集まって屋根を葺いた。これを結《ゆい》と呼ぶ。

茅葺《かやぶ》き屋根は地域によって形が違うため、屋根葺き職人の葺き替えの方法も地域ごとに違いがあり、○○流と独自性がつくようになった。広島だと「芸州流」、新潟だと「越後流」と呼ばれる。神奈川県は「会津流」の技術が入っている。茨城県の屋根葺きは「筑波流」と言われるが、筑波山麓は豊かな穀倉地帯で、豪農が多いので、隣家と競って美しい屋根を作るようになった。そのため装飾に優れた屋根が発達した。茅というのは、屋根を葺く草を表現したもので、特定の植物ではなく、ススキや葦《あし》、カリヤスなどの草が使われており、これらの総称である。

明治時代、一般の民家は茅葺きの屋根が多く見られた。藁《わら》の場合は三年ほどで腐ってしまうので、定期的に葺き替えを行う必要があった。葦であれば四十年以上は持つが、高価なため、庶民は安い藁を多く用いた。屋根葺きのときは「結《ゆい》」と言って、村人が共同で作業を行うのがふつうだったが、次第に麦稈《むぎわら》を屋根に葺くようになると、頻繁に葺き替えが必要になり、専門の屋根葺きが生まれた。

当初は農業の傍ら、出稼ぎとして仕事を行っていたので、土地に根付いた者は少なかった。やがて彼らから技術を習得し、その地域に居住する屋根葺き職人が出てくるようになった。十三歳から弟子入りし、七年ほどかけて腕を磨く。屋根鋏《ばさみ》、屋根叩き、鉈《なた》、鋸《のこぎり》、鏝《こて》を使って、軒先から藁を積む。一層積むごとに竹で縛る。この手順で五層積むと、次に上段へ同じように積んでゆく。このとき鏝で叩いて、形をしっかりと固定する。

新築の屋根葺きであれば、職人をリーダーに、村人が大勢で手伝う。「サガシヤ」とも呼ぶ傷みやすい頂点部の修理は、職人一人で行った。やがて民家の補修も少なくなり、寺の本堂など文化財の復元などに技術を発揮した。

昭和二十年代になると瓦屋根の家が増え、瓦葺き職人が登場した。高度経済成長の時代は次々と和風の住宅が建てられ、瓦葺き職人は隆盛を極めた。しかし西洋風住宅が増えてくると、彼らは屋根葺きだけでなく、外壁工事や板金工事も手掛けるようになった。

葺き替えの作業も終わりに近づいたところの光景。職人を中心に、家の者や近所の人間が協力して屋根を葺いた。

地下足袋、鳥打ち帽、
腕カバーをつけて
重労働をこなす

◆東北では「カヤデさん」

屋根葺き職人は「葺き大工」とも言い、東北では「カヤデさん」九州では「バショウ」とも呼んだ。屋根の形に地域差があるように、呼び名も様々だった。
現在、建築基準法第22条で燃えやすい茅での屋根葺きは禁じられている。

【参考文献】：『現代仕事人列伝――神の手がものを言う』飯田辰彦著　河出書房新社　平成16年／〈平成24年度 近畿大学工学部建築学科卒業研究概要〉掲載「広島県熊野町における茅葺き民家の保存実態に関する研究」大本浩著

井戸掘り師

いどほりし

戦前は水道が普及していなかったので、地方では井戸から水を汲んだ。その井戸穴を専門に掘る井戸掘り師は先祖代々、地域の地下水脈を熟知し、地下水のある場所を見つけて井戸を掘った。

井戸掘り師に必要な条件は地域の水脈を熟知していることである。水道水が普及する前は各地域に井戸掘り師がいて、その多くは先祖代々仕事を続けていた。土地の構造に詳しく、井戸を掘るならこの場所という情報を摑み、スコップで井戸を掘った。地域ごとに担当の井戸掘り師が決まっていた。

彼らは井戸掘り名人とも呼ばれ、なかには生涯で千本以上の涸《か》れない井戸を掘る者もいた。仕事は家族総出で行う。

井戸掘りは、掘り手、現場とり、綱を引っ張る綱子の三者によって成り立つ。掘り子は一メートル四方に七十センチほどの深さまで掘って（口掘り）、そこから丸く掘る。スコップも柄の短いもの、長いもの、横に曲がったものと狭い場所で作業するのに便利なものを使った。

現場とりは、口掘りしたところに井戸掘り車（三脚）を組む。綱子は三脚を通して、綱を地面に下ろし、掘り手が掘った土を綱で地上まで引っ張り上げる。現場とりは、つねに掘った穴の中を見てバケツを「上へ、下へ」と綱子に指示をする。土の量が多いときは、バケツが落ちないように「ゆっくり上げろ」と助言もする。深く掘るため命がけの仕事で、チームワークが大切にされた。

井戸は深いところから水が出た場合は涸れることがなく、掘る途中で水（宙水）が出てくる場合は涸れやすい。また水量は天候にも左右され、雨が多く降った年は夏になっても涸れることはなかった。井戸の取水層を上総地方ではシキと言い、経験でよいシキを見つけた。

高度経済成長期になると、下水道工事などで地下水の流れも変わり、湧水も涸れるところが多くなった。水質も悪くなり飲めないことも増えたが、井戸掘り師はきれいな水を求めるという求道的な気持ちがあり、彼らの誇りになった。きれいな水で洗えば、眼病や皮膚病への効能もあったので、井戸水は重宝された。

今では井戸は機械で掘れるようになり、手掘りは減った。井戸掘り師は高齢化し、後継者もおらず、少なくなった。

data

【料金】井戸２本分で見積もり、１本の穴で水が出てくれば、残りの１本分は井戸掘り師の儲けになる

（上総地方では、出水量で契約し、1分間の自噴量で料金が決まった。水が出ない場合は費用は支払われなかった）

【参考文献】：『井戸と水みち』水みち研究会著　北斗出版　平成10年／『日本民俗文化大系　第14巻　技術と民俗（下）都市・町・村の生活技術誌』森浩一著者代表　小学館　昭和61年

質屋

しちや

質物（時計、着物、指輪など金目のもの）を客から預かる代わりに金を貸す商売。客が金を期限内に返せなければ、預けた品は質流れとなって、商品として売られてしまう。

昭和に入って、質屋の数が一番多かったのは戦前と高度経済成長期であった。

質屋のシステムとしては、金に困った人が預けに来た金目のもの（質草と呼ぶ）を質屋が値踏みして、貸す金額を決める。ゆえに品物が本物か偽物かを見抜く鑑識眼が質屋には必要になった。着物、指輪、時計、楽器、カメラ、運動器具、書画骨董などが質草として重宝された。

質屋は単なる金貸しと違って、審美眼が大事なので、およそ十年の修業を必要とした。カメラなど特定の品物に特化するのではなく、他の分野にも精通し、化学繊維が流通すれば、純毛や混紡との違いを見分ける知識もつける。公休日にはデパートに行って、品物を手に取り、目を肥やした。なかには盗品を売りに来る客や、安物を高級時計と偽る客もいる。このときは相手の目を見ると、本物かどうか長年の経験で分かった。質屋は品物だけでなく人の目利きでもあった。

客が返済期限（昭和二十年代後半は九十日）までに借りた金額と利子を払いにくれば、預けた品物は客に戻される。できなければ「質流れ」と言って、質屋の店頭で商品として販売される。質草の王道は着物で、一番受け取りやすく、流れた場合も、売りやすかった。貸付価格は新品であれば「新《あら》四分の一」が基準となっており、一万六千円の洋服であれば、四千円まで貸しても損はないという意味である。質流れになったときは、五千円で売る。

質屋は客の世間体を考慮して大通りでなく人目につかない横道に店を構えるが、戦後すぐに没落した旧華族のようにプライドが高く質屋へ入れない人々は、「置屋」という代行業者を利用した。置屋は華族の女中が持ってきた品物を質屋に運び、置屋の名前で質に入れた。

昭和二十年代後半、質屋に百円札が多く出回ると景気が悪くなる予兆とされ、インフレなどの経済動向が読めた。

質屋にも悪徳な者がおり、品物を預かったまま客に返さず、姿をくらます事件もあった。「親質」と呼ばれる元締めにさらに預けてしまうのである。

昭和五十年代になると、サラ金などすぐに借りられる金融機関が増え、職人的な技量を要する質屋は減少した。

data

【全国の質屋の軒数】4万1,539軒（昭和33年）／8,321軒（昭和59年）／6,313軒（平成4年）

◆ 主婦から博奕《ばくち》打ちまで

質入れには「所帯質」と「鉄火質」の2種類がある。「所帯質」は生活資金を借りるための質入れで客は主婦が多く、夫が遊び過ぎて生活に困ったなどというケースである。「鉄火質」は博奕打ちが客で、派手な金銭のやりとりが生じる。

【参考文献】：〈中央公論〉昭和28年8月号掲載「質屋三十年」小坂浅次郎著／〈地上〉昭和36年6月号掲載「質屋でございます、ハイ――泣き笑いの人生を窓からのぞいてみれば――」滝田アイ子著／〈文藝春秋・臨時増刊〉昭和30年5月5日号掲載「当世質屋物語」玉川一郎著／松田良一『近代日本職業事典』松田良一著　柏書房　平成5年

下宿屋

げしゅくや

学生や社会人、肉体労働者に部屋を貸して生活する場を与える仕事。学生の場合は一年契約で月々の下宿代を支払って、大家の自宅の一室を借りて生活した（間借りとも言う）。

下宿屋の始まりは、明治時代に東京や大阪、京都や地方の主要都市に帝国大学が創設され、さらに私立大学もでき、地方出身者が学ぶために住まいを提供したのが始まりである。

戦後になって大学の数が増え、進学者の数も増えると、大学の寮だけでは収容できず、同時に寮のように上下関係や規律にしばられない下宿屋を好む学生も増えた。

下宿屋を経営する家は、夫を戦争で亡くしたり、病気、事故で早逝したときに、妻が生活費を得るため、家を改築し学生用の部屋を作ったり、二階のすべての部屋を下宿として提供して営むことが多かった。

一軒に五人から十人ほどの学生が住み、朝食や夕食を作ってくれる賄い付きの下宿も見られた。電話は取次形式で、門限が決まっていた。下宿屋経営者は親代わりとして、何かと人生の悩み相談に乗ったり、私生活を注意したり、ときには親と連絡を密にし、学生を見守った。

だが次第にアパートやワンルームマンションができると、学生たちはさらに自由を求め、下宿屋を敬遠するようになった。干渉を受けず個人個人の生活を大事にしたいという気質の変化もあって、現在、間借り形式の下宿はほとんど見られない。

労働下宿は、タコ部屋同然の狭い部屋がいくつもある造りで、昭和三十年代の高度経済成長期には、下請け会社で働く日雇い人夫が住んだ。会社が経営しており、一軒に十二、三人の労働者が住み、四、五畳に四人が眠る。

親会社から支給される賃金は、宿主が宿代等を天引きしてから労働者に渡した。すると労働者の手元にはほとんど金が残らないため、ほかに宿や家を借りることもできず、体を壊して働けなくなるまで労働下宿に住み、肉体労働をし続けなければいけない運命となった。

現在、タコ部屋は表向きは消えているが、派遣社員の増加とともに貧困層も増えており、形を変えた肉体労働者の悪環境が危惧されている。

data

【家賃】 学生下宿：6畳1間、1日2食付き月4万6,000円（昭和60年・川崎市）

労働下宿：1泊（食事代・蒲団代含め）250円（昭和34年頃・八幡製鉄所下請け）

トイレから室内まで、下宿のいたるところに細かい注意事項が貼り出され、学生に節度ある生活を促していた。

◆ タコ部屋という言葉

タコは自らの足を喰うため、自らの手足をもがれ、身動きできないところから「タコ部屋」と呼ばれた。またタコツボのように一度入ると抜け出すことができないという意味もあった。

【参考文献】：『放浪の唄ーある人生記録』高木護著　大和書房　昭和40年／『昭和の仕事』澤宮優著　弦書房　平成22年

カストリ雑誌業

かすとりざっしぎょう

戦後間もなくの昭和二十一年から二十五年ごろにかけて出版されたエログロな内容の大衆娯楽雑誌を出版する業者。紙不足の時代に、屑紙を再生した紙で作られた。

カストリ雑誌が誕生したのは、敗戦後間もなくであった。それまでの表現の規制から一気に解放され、性、犯罪、怪奇、推理などを描いた出版物が堰《せき》を切ったように刊行された。それを牽引したのが、粗悪な紙で作られたカストリ雑誌であった。

戦後、GHQによって用紙統制されていたが、カストリ雑誌は統制の対象外であった仙花紙（屑紙から再生された紙でカストリ紙と呼ばれた）で作られた。

主に性風俗を扱ったものが多く、〈風俗研究〉〈りべらる〉〈アベック〉〈好色草紙〉〈怪奇実話〉〈オール夜話〉〈犯罪実話〉などの雑誌があった。

雑誌〈猟奇〉は昭和二十一年十月に茜書房から発刊され、性を正面から取り上げたということで世間の耳目を集め、創刊号二万部が二時間で売り切れた。第二号は六万部も売れた。しかしその第二号が警視庁保安課にわいせつ物頒布罪の疑いで摘発され、結局〈猟奇〉は五号で廃刊。他のカストリ雑誌も本文中に性風俗の挿絵や口絵があり、二十一年から百数十種類の雑誌が刊行されたがすぐに消えた。時流に敏感な学生の中には自ら雑誌を創刊する者もおり、東京大学の学生だった室伏哲郎らは〈ナンバーワン〉を刊行している。

昭和二十二年にも三十種類以上のカストリ雑誌が刊行された。これらを発行したのは「日本観光社」「畝傍書店」「犯罪科学社」「耽美社」などで東京・神田にあった。正当な雑誌を扱う出版社は「内神田」、カストリ雑誌を出す出版社は「外神田」と呼ばれ区別された。また、同じ雑誌を表紙と題名だけ変えて、創刊、廃刊を繰り返す出版社も多かった。

表現の自由を謳《うた》い、一時的な人気を博したものの、興味本位な内容に走り、明確な方向性を持たなかったため、結局、カストリ雑誌業は昭和二十五年頃にはほとんど姿を消した。

data

【雑誌販売価格】

〈楽園〉 全58ページ　8円（昭和22年・日本観光社刊）

〈ヴイナス〉 全48ページ　30円（昭和22年・耽美社刊）

〈ネオ・リベラル〉 全36ページ　20円（昭和22年・東亜社）

【発行部数】〈夫婦生活〉創刊号　7万部（昭和24年）

◆ カストリ雑誌とカストリ焼酎

GHQ占領下は酒も配給制で、十分に食料も国民に行き渡らない時代であった。そのため密造酒の粗悪なカストリ（粕取り）焼酎が飲まれていたが、アルコールの刺激が強いので3合も飲むと目がつぶれると言われた。そこから、3号で廃刊になるようなこの手の雑誌を「カストリ雑誌」と呼ぶようになった。

【参考文献】：『昭和——二万日の全記録　第8巻　占領下の民主主義』講談社　平成元年

新聞社伝書鳩係

しんぶんしゃでんしょばとがかり

電信が発達していなかった頃、新聞社では伝書鳩に原稿をつけて地方のスクープを東京の本社に送稿していた。新聞社で伝書鳩を育てる「伝書鳩係」の多くが「編集局機報部鳩室」などに所属した。

明治に入ると、日本陸軍が軍用鳩の実験を始めた。このとき東京朝日新聞社が鳩による通信に関心を持ったのが、新聞社伝書鳩の始まりである。この頃は電信も発達しておらず、地方でのスクープ記事を本社に送稿する手段がなかった。そのため、鳩に記事をつけて本社まで飛ばした。後に写真のフィルムも飛ばした。

関東大震災で通信網が遮断されると、各新聞社は鳩舎を作って独自に伝書鳩を持ち、スポーツの試合の戦況や、仙台で行われた陸軍特別大演習の模様などを伝書鳩を使って記事にした。仙台―東京間約三百キロを四時間四十分で飛んだ。

鳩を訓練・育成するのが「伝書鳩係」で、新聞社内でも専門職として遇され、異動もなく、少人数で仕事を行った。彼らは鳩を会社から貰うと、社屋の屋上に鳩舎を作り、毎朝夕に規則正しく飛ばせて運動させ、飼育した。訓練では東海道線、東北線、中央線、上越線、信越線とグループをわけて、そこから放して鳩に地理を覚えさせた。伝書鳩係の休みは交代制で、土、日も関係なかった。

地方、とくに山や離島での事故のニュース送稿はもっぱら鳩に頼っていた。伝書鳩係は五、六羽を籠に入れて記者に渡し、通信管、写真筒のつけ方を教えた。五、六羽をひとつの単位にするのは、飛んでいる最中に他の鳥などに襲われる危険があるためである。このうちの二羽に写真筒を背負わせ、他の二羽の脚に写真説明を入れた通信管をつける。残りの一羽には何もつけず、他の鳩を先導する役目をさせた。すべての鳩が無事に戻ってきたときが、伝書鳩係にとって何よりも嬉しい瞬間だった。

昭和十五年、三宅島噴火のスクープ記事を新聞社が報道できたのは伝書鳩の送稿によってであった。読売新聞社では写真を運んだ鳩に社長賞を授与している。

だが戦後しばらくしてスクープ合戦が激化し、電送機の発達、ヘリコプターの導入によって写真の電送も可能になると鳩の出番は減り、昭和三十年代半ばには伝書鳩は使われなくなった。野鳥に襲われ、傷つきながら戻った鳩もおり、伝書鳩の寿命は五、六年と短命だった。鳩の寿命は十年だから、やはり鳩には過酷な業務だったのである。

新聞社屋の屋上から
「さあ、行ってこい」

data

【伝書鳩数】3,172羽（昭和元年）／約300羽（昭和29年）

【通信数】運んだ通信紙4,036枚、写真60枚（昭和元年）／原稿211本（昭和29年）

すべて東京日日新聞社

鳩舎の中に整然と並ぶ鳩
脚に通信管をつける

◆ ブロンズ像になった伝書鳩

朝日新聞旧社屋の有楽町マリオン14階に伝書鳩のブロンズ像がある。そこにはこう記されている。〈彼らは報道のために大空を羽ばたき続けてきた。ある日はタカの急襲を冒して山を越え海を渡った。ある時は激しい弾雨をくぐった。いまその任務を果たしたいじらしいハト達を讃えこの碑をつくる〉昭和37年6月　朝日新聞社

【参考文献】：『伝書鳩　もうひとつのIT』黒岩比佐子著　文藝春秋　平成12年／
『昭和　失われた風景・人情』秋山真志著　ポプラ社　平成20年

電話交換手

でんわこうかんしゅ

昭和四十年代まで日本の電話は、交換手を介してつなぐ必要があった。交換手にはわりあい女性が採用され、華のある仕事と言われたが、実態は過酷でストレスも多かった。

日本で電話の交換業務が始まったのは、明治二十三年の東京から横浜の間であった。この頃は直接電話機から電話機へとかけることができず、交換手に相手の電話番号を告げ、交換手が繋いで初めて話すことが可能になった。

電話の交換手に女性が多く採用されたのは、女性のほうが記憶力がよく、話を素直に聞いて、相手に伝えることができるという理由からであった。また電話をかけてくるのは男性が多いから、女性の声のほうが男性に聞きやすい優しい声であるというのも理由にあった。

当時の交換手は士族出身で良家の女性が多く、朝夕の迎えに女中がついたり、人力車で出勤する若い女性もいた。時代の先端を行くトップモードであった。

電話契約は相当裕福でないと申しこむことができず、一般の家庭では昭和四十年代に入ってようやく電話を設置できるようになった。昭和三十年代までは、交換機の容量が小さかったので、同じ市内であれば、相手の電話に直接かけることができたが、東京から大阪にかけるときは、電話交換手が繋がなければならなかった。明治の頃は尊敬の眼差しを浴びた女性の職業だったが、大正時代になると、「モシモシ嬢」「(電話交換の番号を文字って)何番学校の生徒さん」と揶揄《やゆ》されるようになり、次第に女性の交換手は見下されるようになっていった。すぐに取り次がないと怒鳴る男性もいて、応答が一秒遅れても怒鳴られる。電話料金が上がれば、文句の電話もかかって来る。このような精神的苦痛から三、四年で辞める者も多かった。

戦後になると、全国の電話の台数も増え、交換手はランプが点滅すると、すぐに応答して、加入者の言った番号へ繋いだ。とくに午前十時はラッシュの時間で電話が怒濤《どとう》のように押し寄せる。夜勤もあり、応対ぶりを管理職が秘密に録音するなど管理も厳しかった。非常に忍耐力を要し、頭の回転の速さ、対人調整能力にも長けていなければできない仕事であった。昭和四十年代後半になると、電話回線も発達し、交換手を介さずに通話できるようになり、交換手はいなくなった。

data

【初任給の月収】見習い18円、本採用25～50円（昭和6年）

【17年勤務の月収】65円（昭和12年頃）

【30年勤務の月収】115円（昭和12年頃）

【人数】全国に6万人（昭和20年代後半）

【勤務時間】午前8時半～午後5時

昭和40年の東京市外電話局、市外通話交換台の様子。当時、電話交換手は女性の花形職業だった。

◆「お客さまは正しい」がモットー

交換手にかかってくる電話の中には見知らぬ男性からのデートの誘い、野球の試合の結果報告、あの女優は誰と結婚したのか教えてくれといういたずら電話もあったが、「常にお客さまは正しい」というモットーが電信電話公社にあったため、邪険な対応は許されなかった。

【参考文献】:〈小説公園〉昭和29年4月号掲載「交換手は生きている── 呼べば応える悲しき習性」越智新平著／〈婦人公論〉昭和12年1月号掲載「働く女の世界──中央電話局を訪ねて」林芙美子著／〈婦人朝日〉昭和31年2月号掲載「モシモシ日記」水本よ志江著

放浪詩人の就いた仕事 コラム1

昭和二年生まれの放浪詩人、高木護は昭和二十年代から三十年代後半まで、約百二十種類の仕事を経験した。本人になぜ多くの仕事に就いたのか聞くと、戦争を理由に挙げた。高木は「陸軍気象部」の「少年軍属」という階級で、気象観測に従事した。シンガポールでマラリアに罹り、高熱で意識を失い、死体置き場に置かれた。そこで奇跡的に命を取り留め、復員した。

しかしその後もマラリアの後遺症に苦しめられ、ひとつのことを考えぬくことができなくなった。思考の途中で頭が真っ白になり、今まで自分が何を考えていたのか思い出せなくなった。正業に就こうにも面接試験で、自分の考えを話すことができない。そんな彼が生きてゆくには、九州を放浪しながら、行き当たりばったりの日雇い仕事をするしかなかった。そこには戦争の犠牲者という時代の哀しみも伝わってくる。

彼の仕事を羅列すると、すでに人々の記憶にしか存在しない当時の仕事が浮き彫りになり、高度経済成長によって消された昭和の仕事の本質が明らかになる。

その仕事の一部を羅列してみる（本書と重複するものは除いた）。

❖昭和二十年代❖

【作男】農家の日雇い。馬小屋の二階に住みこんだ。

【チャンバラ劇団】大衆演劇で集会所、お寺が舞台。高木は斬られ役で、一度斬られると、着替えて別人の斬られ役をやらされた。

【思想団体常任委員】戦後のエセ右翼政治結社。極東国際軍事裁判で東条英機の助命嘆願をやった。高木の役職は文化部長兼中央常任委員。

【担ぎ屋】闇市で売る食糧を買い出しに行って、街で売る仕事。闇屋の手先。

【闇市番人】無許可で並んだ闇市、フリーマーケットで警察のガサ入れを監視する役目。

【飴屋】鹿児島から芋飴、黒砂糖を仕入れ、露店で作って売った。

【易者】易者と言っても偽易者。高木は慰め屋だと言った。要は人生の相談相手。

【豚小屋番人】大小二十匹の豚小屋の掃除、餌やり。豚小屋の脇で寝起きした。

【趙家顧問】密造酒を造り飲食店を経営する趙家の相談役。

【金属回収業】地金屋。金属を相場値で買いこみ、販売する。

【プレス工場重役】プレスとは地金を固めること。それを専門の業者に卸す仕事。

【ボロ選別工】ボロとは布切れで、ボロの山からいいものを選び業者に売る。目が慣れないとすべて悪い布に見えてしまう。

【ポン引き】悪質な店の客引き、多くは風俗業が多かった。土地に不案内の人を狙って金を巻き上げた。ずく引きとも言った。

【ドブロク屋】濁り酒とも言われる。高木のいた村では米があまり取れなかったので、ドブロクを作り、密造酒として売った。

❖昭和三十年代❖

【バラス砕石工場】この当時の道は砂利道が多かったので、地面の凹凸をなくすため、バラスという岩を崩して道に敷いた。山を砕いてバラス岩を採る仕事。

【山師】山林の買い付け、鉱脈の発見・鑑定をする仕事だが、当たりはずれも多く、投機的な仕事もさすようになった。詐欺師を意味することもある。

【タブシバ工場共同経営】タブシバとはタブノキから葉をむしりとったもので、工場で乾燥させ、水車で粉にする。上質な線香の材料になった。

【座元】演劇の興業を取り仕切ること。高木の仕事は村の娘浪曲師、三味線弾きの老人などのため家の座敷を借りることだった。

放浪詩人の就いた仕事

【乞食見習い】乞食の師匠は乞食訓を高木に教えた。服装は百年一日のごとく、言葉は不明瞭に、月日は気にしないこと。明瞭に礼を言うと、相手は恵んだ気持ちになるが、不明瞭に言えば神様に物を供えたような気持ちになる。ごみ箱漁りも、家相を見て、生活の匂いのする家、優しさの漂う家を見て決めることを教えられた。家に行くにも厳しい家と優しい家があり、厳しい家には冷たい人が住むという。

【唄い屋】流しであるが、高木の場合、博多で家を回って音痴で素っ頓狂な軍歌を唄い金を貰った。

【アベック旅館番頭】当時は男女の連れこみ旅館と言った。今で言うラブホテル。

【門鑑渡し】門の出入りを許可する鑑札、門鑑証を渡す仕事。会社名と判子が捺され、入退門時間が記入された。

高木は昭和三十八年に上京し、詩人として生きてゆく。これらの放浪の経験をもとに『人夫考』『木賃宿に雨が降る』『野垂れ死考』(未来社)、『放浪の唄』(大和書房)など数々の優れたエッセイも刊行する。彼の職業歴は、当時の社会の本流に乗れなかった人間の生きてきた術を表している。そこに昭和という時代の闇を探ることも可能である。

藍染め職人（紺屋）

あいぞめしょくにん（こんや）

藍《あい》は藍色の染色で、色が褪《あ》せにくいためもっとも使われていた。タデ科の蓼藍《たであい》から藍を採って発酵させ、糸や布を染めるのが藍染め職人である。紺屋とも言う。

藍師が藍を栽培して、染めの原料となる藍玉を藍染め職人に送る。藍染め職人を紺屋（コンヤまたはコウヤと読む）とも呼ぶ。藍玉を藍甕《あいがめ》に入れて発酵させ、色素を水に溶かして、染める糸や布を入れる。紺屋にも二通りあって、糸染めを専門にする紺屋と、模様を染めることを専門にする表紺屋がいた。さらに商売相手によって細分化され、婦女子の染物をする職人を「地細工紺屋」、商人の布地を大量に染める職人を「仕入紺屋」、小紋を染める職人を「型置紺屋」、五月節供の幟《のぼり》を作る職人を「幟紺屋」、手拭いを染める職人を「手拭紺屋」と呼んだ。なかには紙を染める職人もいるが、糸や布よりも難しい技術を必要とした。関東では藍染めの老練者を「甕の上」と呼ぶ。

紺屋は江戸時代から続く家柄も多く、藍染めを行うには日照時間が長く、風通しのよい場所に工場があること、地下九十メートルほどの深い井戸があることがよい条件となった。

藍染めは、徳島県で江戸時代からさかんに行われているが、関東であれば、藍師の仕事も兼ねて行う職人も多い。徳島から藍の種子を入手して、毎年栽培する。毎年九月に藍を切り取り、一週間ほど陰干しをすると、濃い青みが出てくる。小さく裁断して、半月の間毎日水をかけると発酵してくる。これを「すくも」と呼ぶ。臼に藍を入れて餅つきのように叩くと、直径二十五センチの藍玉ができる。

藍玉をアルカリ性の水で溶かして染液にする（藍建《あいだ》てと言う）。反物を染液の入った甕につけて十分ほどで取り上げ、空気に触れさせる。反物は濃い緑色になっているが、しだいに紺色に変わる。これを好みの濃さになるまで何十回も繰り返す。染めた布を外に干し、色を冴えさせるため豆乳を塗る。色をさらに冴えさせるため、酢酸液に浸し、干す、という一連の作業がある。

甕は地中に埋められ、工場にもよるが七から二十個はある。藍染めをした布は消臭、細菌の増殖を抑制、虫よけ効果があった。

隆盛を誇った藍染めも、着物の需要が減り、大手呉服店の倒産により、減少傾向が続く。

土中に埋められた藍甕から染めた
糸束を取り出して絞る職人。

◆ 恋愛の仏様を信仰

藍染め職人は、恋愛の仏である「愛染明王《あいぜんみょうおう》」を信仰する。藍染めに通じるところから、染物の守護神となった。職人は作業のたびに、「南無愛染明王さま」と唱える。「藍は生きている」と語る職人も多く、藍に対する尊敬から信仰が生まれたと思われる。

【参考文献】:『わざ　写真でみる日本生活図引⑧』須藤功編　弘文堂　平成5年／〈徳島新聞〉平成24年6月2日付掲載「阿波藍ピンチ、栽培農家も激減　染料（すくも）の生産量が半減」／『川崎市史　別編　民俗』川崎市　平成3年

鋳物師

いものし

熔鉄を型に注ぎ、器物を作る鋳造職人で、「イモジ」とも呼んだ。戦後間もなくは鍋、釜、犂《すき》先などの日用品を作っていたが、次第に機械化されると土木建築用鋳物や街路灯、橋の欄干《らんかん》なども手掛けるようになった。

鋳物とは「金属を熔かして、砂の型に押しこんでできた製品」である。鋳物を作る人は「いものし」の他に「イモジ」とも呼ばれる。また鋳師、鋳造師、鋳造匠とも表現する。

鋳物の主な製造工程は、「造形」「熔解」「後処理」の三つがある。「造形」は「型取り」とも言い、図面を見て、砂と粘土で鋳型を作る。鉄を一定の大きさに切って、溶解炉に石灰石、コークスとともに投入する。これを「型込め」と言う。焚きつけ熔けた鉄を出して、鋳型に注入。これを「熔解」と言う。その後、固まった鋳物を型から出して、不要な部分を除いて鋳物の肌を清掃し、製品にする。これが「後処理」である。この中で鋳物師の仕事の中心は「造形（型取り）」で、これによって製品の良しあしが決まる。

鋳物師は、年季奉公によって技術を習得する。戦前は十二歳くらいから小僧になって親方の家に住み、雑役から型取りの技術を習得し、徴兵検査まで勤めた。

日本で鋳物の生産が有名なのは埼玉県川口市で、中世にはすでに鋳物製造が行われていた。近くを流れる荒川、芝川から良質の砂粘土が産出し、鋳型の製作に便利で、江戸に船便で大量に鋳物製品を運べたことから鋳物工業が発達した。川口の鋳物師は幕末にオランダからキューポラ（シャフト型溶解炉）を取り入れて近代化を進め、農具から梵鐘などの仏具や、国の重要文化財となった女子学習院（現学習院女子大）の門扉、一般の街路灯なども手掛けた。戦後に東京で開催されたアジア競技大会や東京オリンピックの聖火台が川口の鋳物の代表作である。

鍋、釜、薬缶、五右衛門風呂の釜など家庭の様々な場所で鋳物は使われていたが、その後アルミ製品に変わってしまった。農具の鍬、鋤の製造も機械化で少なくなり、昭和四十八年のピーク時に四十万七千トンあった鋳物の生産量は、昭和五十年には不況で受注が激減した。土木建築用鋳物へ転換を図り、生き残っている工場もあるが、川口に限らず、多くの鋳物工場は大規模工場の生産品に押されて、廃業しているのが現状である。

ベンチや街路灯、橋の欄干、フェンス、車止めなどの製品へ転換を図り、営業している鋳物師もいる。

data

【鋳物工業組合社数】埼玉県川口市626社（昭和35年）／142社（平成13年）

【従業員数】埼玉県川口市1万7,068人（昭和35年）／1,884人（平成12年）

【日収】日雇い　3円91銭（昭和元年・東京）／4円（昭和16年・東京）

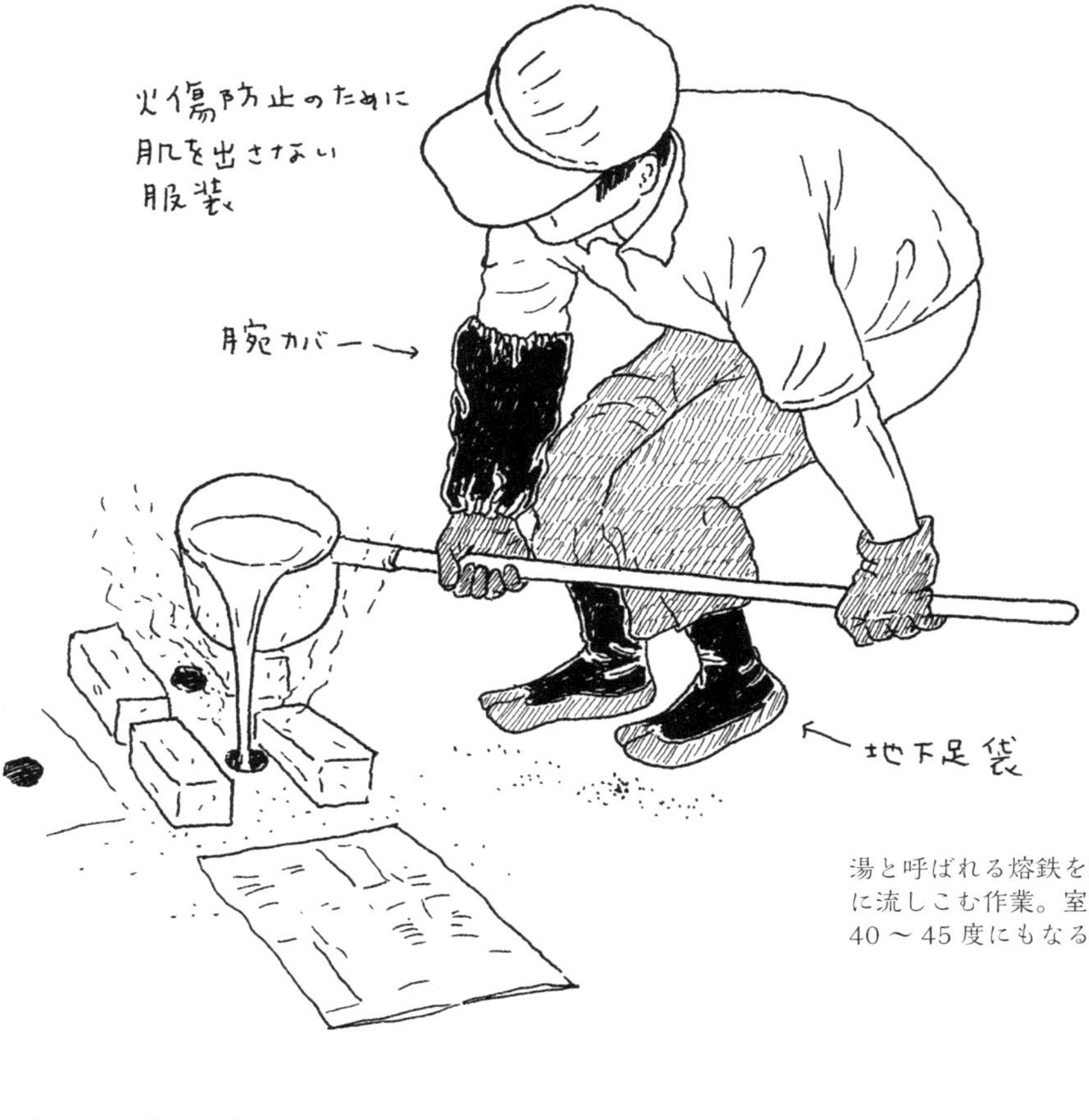

湯と呼ばれる熔鉄を鋳型に流しこむ作業。室温は40～45度にもなる。

◆ 鋳物の町を描く名作

埼玉県川口市の鋳物の町を舞台にした小説に、早船ちよ著『キューポラのある街』（昭和36年）がある。寂れゆく鋳物工場に勤める一家の生活を描く。後に映画化され、吉永小百合が主演した。

【参考文献】:『日本民俗文化大系　第14巻　技術と民俗（下）都市・町・村の生活技術誌』森浩一著者代表　小学館　昭和61年

桶屋

おけや

桶は円筒状の水容器。オケのケとは円筒状の容器を意味する。桶屋は桶を作って、修理し、売る人。現在ではポリエチレン製のバケツ、洗面器、ステンレス製のボウルに取って代わられ、木製の桶を作る人は減った。

桶屋は桶の他に盥《たらい》も作って売ることが多い。ともに木製で、桶は水を汲み、貯めるときに使うもの。盥は洗い物をするときに使う。桶には水桶、漬物を入れる桶、味噌を貯蔵する桶、水を運搬する手桶などがある。また桶屋は風呂桶も作った。盥は、「手洗い」から派生した言葉で、産湯、行水に使う大きなものもあれば、手洗いや女性の髪洗いに使う小さなものまであった。桶の中で、針葉樹の板を縦に並べて作るものは、箍《たが》をはめて固定する。箍は竹製が多かったが、後には針金に替わった。

桶屋は十三歳から十五歳で弟子入りして鋸《のこぎり》の切り方や、三十種類もある鉋《かんな》で削る方法を覚える。鉋は桶の外側、内側を削る用途によって使い分ける。とくに難しいのが板の組み合わせであった。桶作りに釘は使わない。釘があれば、少しの隙間があっても水は洩れないが、組み合わせて作る場合、そうはいかない。組立桶は、板を隙間のないように緻密に合わせ、一滴も漏れないように作る技術が必要とされる。同時に鉋掛けの腕前や、指先の勘と目のよさも揃っていなければならない。一人前になると行商して歩くが、注文の多い村では定住して商いをすることもあった。なお、桶屋にはお櫃《ひつ》や風呂桶を作る「小物師」と風呂の浴槽を作る「大物師」がある。

戦後になるとブリキ、アルミ製、アルマイトなどの容器が出回り、木製の桶と競合した。大量生産できる新素材と競合できたのは、醤油や味噌など塩分のあるものを入れるときは、木製のほうがこれらの成分が浸されず適していたからだった。酒も同じで、金属のイオンが混じると風味が損なわれる。

昭和四十年代になると、ポリエチレン製のバケツ、洗面器、ステンレス製のボウルに取って代わられた。値段は桶の半額以下。これでは桶屋は太刀打ちできず廃業が増えた。ただし木目の美しさ、杉の香ばしい匂いのする桶を愛用する人もおり、寿司屋では今でも使われる。

「風が吹けば桶屋が儲かる」ということわざ（あることが原因となって、その影響がめぐりめぐって意外なところに及ぶという意味）があるように、桶はそれだけ人々の日常に密着していた。

桶材たくさん
両足で桶を回しながら
作業する

◆「風が吹けば……」なぜ桶屋が儲かる？

風が吹くと、道に埃が立つ。埃が立つと盲人になる人が増える。盲人が増えると三味線がよく売れる（註：盲人は三味線を弾いて生計を立てていた）。三味線が売れると猫の数が減る（註：三味線は猫の皮で作られた）。猫が減ると、ネズミが増える。ネズミが増えると、食物を貯蔵する桶が齧《かじ》られ、中身を食べられる。新しい桶を買ったり、修理するので桶屋が儲かる。

【参考文献】：『熊本の名産――熊本の風土とこころ⑪』平山謙二郎編著　熊本日日新聞社　昭和49年／
『新版　東京の職人』福田国士（文）大森幹久（写真）　淡交社　平成14年

鍛冶屋

かじや

加熱した金属を打ち鍛《きた》えて、刃物、工具、農具など器具を作る職人。農具を中心とする野鍛冶、包丁鍛冶、剃刀《かみそり》鍛冶、鋸《のこぎり》鍛冶がいた。鉄材から製品を作る者を小鍛冶、製鉄に従事する者を大鍛冶と言った。

鍛冶の語源は金打《かなうち》を意味する「カヌチ」で、後にそこから「カヂ」となった。すでに鍛冶の存在は『古事記』にも見られるが、百済《くだら》から渡来した技術者もいた。律令時代は鍛戸《かぬちべ》と言い、砂鉄を量産する中国山地という地の利もあって、畿内、山陽、山陰に多く存在し、鍬などを作った。

武士が台頭すると刀鍛冶、近世になると鉄砲鍛冶、のちに包丁鍛冶などと専門が分業されてゆく。

鍛冶屋になるには、十二歳頃に親方に弟子入りして、最初の一、二年は炊事、水汲み、炭割り、ふいごを吹いて火をおこす。十五歳頃から親方が熱した金属を金箸で挟んで、金床に置くと、弟子が決められたところをハンマーで叩く「向《む》う槌《づち》」をやらされた。傷をつけないように叩くのは至難の業であった。

近代に入っても、行商のように諸国を回って野鍛冶を行う職人もいた。

農具を作る野鍛冶を専門とした川崎市の松沢竹治は、大正十二年生まれで、小学校四年生から父親の仕事を手伝っていた。鍛冶だけでなく金物の販売も行っていた。彼は三本鍬、芋掘り、鎌、鉈、平鍬、火箸などを作った。

平成三年当時、松沢が川崎市で唯一の鍛冶屋であった。

昭和二十年代まではどの村でも鍛冶屋は見られた。野鍛冶の場合、農業で使う馬の足にはめる蹄鉄を作ったり、農具の修理もした。刃先が欠けると、鍛冶屋はふいごの火で真っ赤に焼いて小槌で打ってもとに戻した。その土地の硬さ、雨量、山間部、平地によって使う農具も、刃の硬さが違ってくる。相手の働く場所に応じた農具を作ったが、農業の衰退と機械化で野鍛冶の仕事は減り、鍛冶屋は少なくなった。

鋸鍛冶は、腕のよくない鍛冶屋がやっていた。

なお、刀鍛冶は、刀匠資格を有する刀工の下で四年の修業を終えた者がなることができる。伝統工芸作家として美術刀剣の製作のみである。

data

【刀鍛冶職人】約250人（昭和60年代）

【鍬鍛冶職人】日雇いの日収3円80銭（昭和元年）、5円54銭（昭和16年・東京）

【野鍛冶職人】広島県安芸太田町には昭和初期15軒の鍛冶屋があったが、現在は1人

【参考文献】：『川崎市史　別編　民俗』川崎市　平成3年／『日本民俗文化大系　第14巻　技術と民俗（下）都市・町・村の生活技術誌』森浩一著者代表　小学館　昭和61年／『昭和の仕事』澤宮優著　弦書房　平成22年

紙漉き職人
かみすきしょくにん

障子紙などの紙漉《す》きをさす。江戸時代から続く伝統的な仕事で、和風家屋に障子が多く使われたので、手漉き和紙の職人は多くいた。現在は和紙を使うことも少なくなったので、その多くが廃業した。

紙はすでに古代には中国から伝わったと言われている。奈良時代には全国二十か所以上で和紙が作られていた。手漉き和紙作りが行われるには、きれいな水があることが条件となる。また紙の原料となる楮《こうぞ》の木も必要だ。産地それぞれに特色があるが、熊本県八代市の手漉き和紙は、宮地和紙と呼ばれ、ひきが強く、透き通るような白さがある。主にちり紙や障子紙に使われた。

紙漉き職人は、父親の跡を継ぐことが多かった。中学に通いながら、朝六時に火をこすために炭を買って、火を点けてお湯を沸かす。学校から帰れば、紙を切る仕事を行った。卒業後、紙漉きを徐々に行ってゆく。

紙漉き職人は仲買人から楮を剝いで原料となった皮（黒皮と言う）を一年分買う。原料を加工して紙を漉くまでに五日間、紙漉き一日、乾燥一日とおよそ一週間を要する。

木の皮を大釜で何時間も煮たり、半日ほど水に晒《さら》したり、糊を入れて、紙を固まりやすくしたりする。紙を自分の望む厚さになるまで何度も漉く。水分を抜く。そして乾燥させるという手順である。鉄板の上で乾燥させるから夏は地獄のような暑さだった。乾燥が終わると、傷がないか点検して、用途に合わせて包丁で切る。

自分ではよい紙を作ったつもりでいても、仲買人から酷評されるときもある。そうやって仲買人は安く買って、高く売ろうとするのである。紙漉き職人は、商売の方法に詳しくないから、安く値切られてしまうこともあった。

和紙の最盛期には障子紙を一日に二百枚から六百枚作った。紙漉きの廃業が昭和三十年代に多くなったのは、和風建築が少なくなり、障子でなくサッシが増えたこともあるが、ちり紙を多く使う遊廓が、三十三年の売春防止法の施行によって廃業となり、多くの紙漉き業者が打撃を受けたことにもよる。そこから紙漉き職人は減っていった。

現在、民芸品ブームに乗って、和紙が注目されているが、それだけでは生活できないので、農業などと兼業で行う人たちもいる。

data

【紙漉き工場の軒数】

熊本県八代市：約30軒（昭和33年）／1軒（平成21年）

富山県八尾町：約1,000軒（明治初期）／1軒（平成23年）

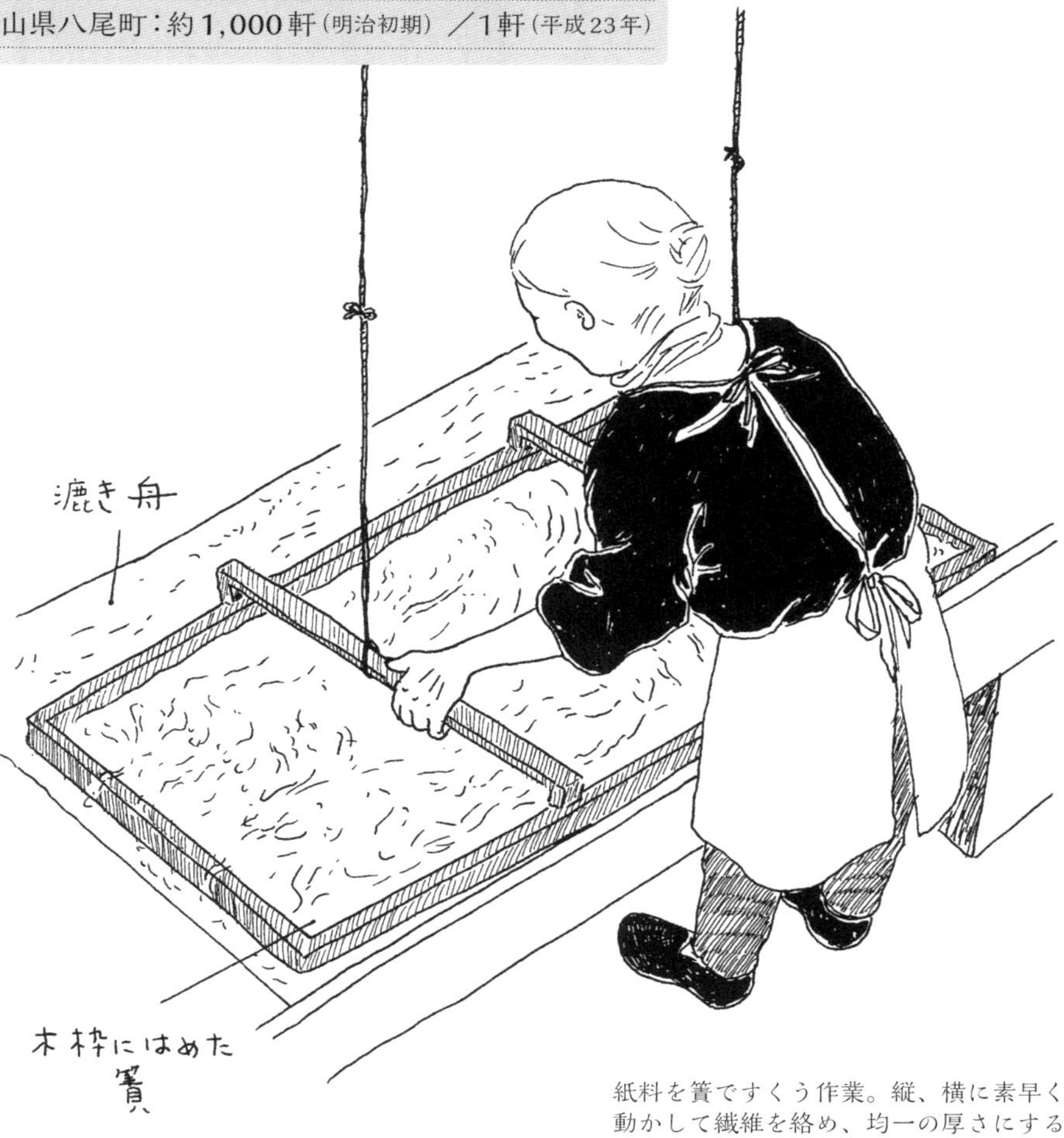

紙料を簀ですくう作業。縦、横に素早く動かして繊維を絡め、均一の厚さにする。

◆ 著名な和紙

著名な和紙に、越前和紙（福井県越前市）、小原和紙（愛知県豊田市）、吉野和紙（奈良県吉野町）、美濃和紙（岐阜県美濃市）、土佐和紙（高知県土佐市）、小川和紙（埼玉県小川町）がある。

【参考文献】：『昭和の仕事』澤宮優著　弦書房　平成22年

瓦師

かわらし

屋根の瓦を焼いたり、葺《ふ》いたりする職人。土を焼いて瓦を作る人を瓦師、葺く人を瓦葺き師と言うが、もともとは瓦師がすべてを行っていた。瓦師は粘土をこねて型を作り、窯で焼いて、鬼瓦、平瓦などを作った。

瓦屋根はすでに古代の寺院建築から見られたが、一般に普及したのは明治頃で徐々に瓦師が増えていった。

大河が近くを流れ、良質な粘土がとれるところに瓦工場が作られた。戦前から昭和四十年代にかけて、煙突小屋のある瓦工場はあちこちに見られ、煙を上げていた。そこでは瓦師が、平瓦、丸瓦、鬼瓦などを作っていた。鬼瓦専門の瓦師を鬼師とも言う。

とくに日本で著名な瓦の生産地は、名古屋の三州瓦、兵庫の淡路瓦、島根の石州瓦で、日本の三大瓦と呼ばれる。

また、これらに匹敵する城島瓦は、九州一の大河筑後川の下流、福岡県久留米市が生産地である。瓦工場の立地条件として、交通の便もある。出来上がった瓦を、船で各地に運ぶという販路、すなわち港の存在も必要な要件であった。城島には若津港という川の港があり、そこから有明海を渡って長崎、大阪へと瓦が運ばれた。家族経営が多かった。

瓦師は土窯で瓦を真っ赤に焼きあげ、水で冷やす。その際に大量の水を使用するので、川は瓦作りに不可欠だった。

鬼瓦は鬼の顔を瓦にしたもので、神社やお寺の棟の両脇に置かれ、魔除けに使われる。平瓦は屋根の大部分を占めるが、一軒に対して枚数を大量に作らなければならない。

瓦師は屋根だけでなく、これ以外にも様々な用途に応じて瓦を作り、塀瓦、敷瓦も手掛けた。塀瓦は塀の天井に積む瓦で、敷瓦は歩道下に敷かれ、景観材料になる。また生産地によって気候、粘土の質も違うので、瓦の造り、葺き方にも個性があった。

家族経営の瓦師は、平瓦の裏に○○特製と自分の名前を入れた。

現在、和風建築が減り、大手の住宅会社が屋根も担当するようになると、個人経営の瓦師は減りつつある。五十数年前には百軒あった城島瓦の瓦師も、現在は五、六軒と少なくなった。それでも、瓦師は文化財の瓦、敷瓦を作り、独自の技術を継承している。

data

【城島瓦屋の軒数】約100軒（昭和30年代後半）／5、6軒（平成20年頃）

完成した瓦を工場の外に積んでいく瓦師。

◆ 文化財も手がける

瓦師は民家の屋根だけでなく、伝統建築物も手がける。城島瓦で言えば、長崎の平戸城やグラバー邸の屋根、島原駅舎などがそうである。瓦師は筑後川から船便で長崎まで渡って、広く活躍した。

【参考文献】：『伝統に生きる職人達』北川裕子（文）山本典義（写真）　春夏秋冬叢書　平成20年

木地師（木地屋）

きじし（きじや）

山の樹木を伐採し、轆轤《ろくろ》を使って椀や、盆、杓子《しゃくし》などの木地を製作する職人のこと。山を漂泊して生きる渡り職人だが、近世、近代には定住した者もいる。轆轤師、コヌキ、コマヒキとも言う。

木地師たちは木地の製法を記した由来書「木地屋文書」を持って、集団（約四家族で一集団）で良い樹木のある山を探して（山見と言う）、移り住む職人集団であった。

谷間に掘立小屋（木地小屋）を張り、轆轤《ろくろ》を使い、椀、盆、杓子、コケシなどの木工品を作る。彼らの伝承としては山の七合目から上の木は自由に伐採してよいという決まりになっていたが、現代の法律と噛み合わず、山の木を荒らす存在と見られたこともあった。

栃、欅《けやき》、ブナ、イタヤカエデの木を伐採し、さらに手斧、鋸《のこぎり》などで小さく切って、椀などが一個取れる大きさにする。これを「アラキドリ」と言う。その後、型取りの済んだ木地の内側を手斧で切る「ナカキリ」をして、轆轤を回してヤリガンナで削っていく。これを「アラビキ」と言う。乾燥などをして再度アラビキをして木工製品の木地ができる。すべて円形の製品というのが特徴である。力仕事は男が行い、妻が助手を務めた。製品を売ることで生計を立てた。

明治時代になり山村に定住する木地師が増えると、焼畑などの農耕も行った。また炭焼きや漆師になった者もいた。

新潟県糸魚川市の大所地区には江戸時代の末に木地師が定住し、昭和十年代前半まで木地・漆器の製造に従事していたが、戦争のため廃業した。群馬県多野郡上野村でも江戸時代から木地師が定住し、コゾロ、コネバチ、杓子などの木工品を作っていた。多くの木製品はプラスチックなど他の製品に取って代わられた。

漂泊する木地師の集団は、昭和でも見られた。東北地方ではこけしなどが地方の名産として新しく作られている。

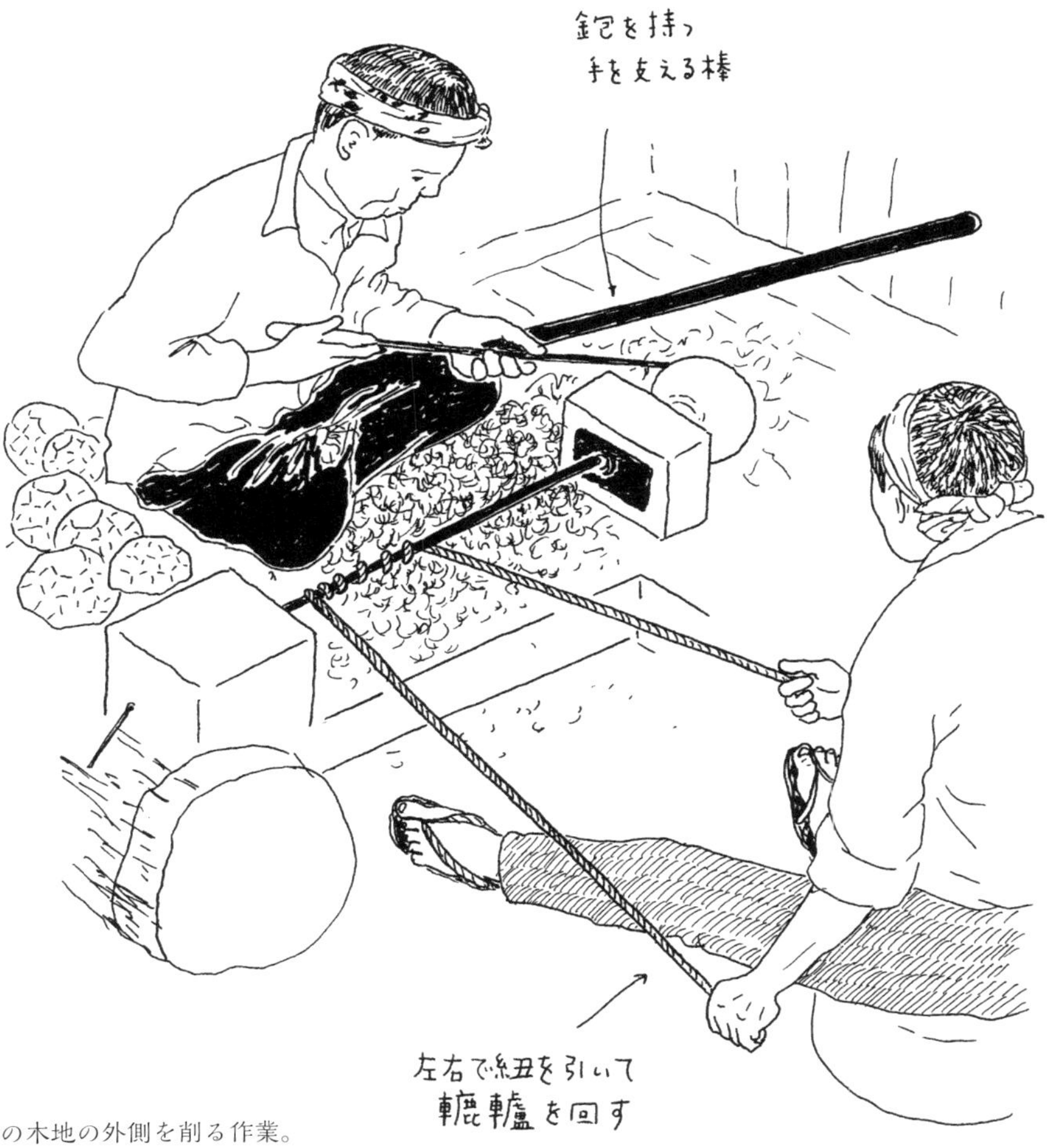

椀の木地の外側を削る作業。回転軸に紐を巻きつけた手引き轆轤を引く者と、鉋で削る者の二人の呼吸を合わせる。

data

【人数】全国で推定1,000人（昭和20年代）、長野県木曽郡南木曽町漆畑で50人（昭和20年代）、50人（昭和40年代）

◆ ルーツは平安時代

平安時代前期に近江国に隠棲していた惟喬《これたか》親王が轆轤による木地製作の技法を開発し、家臣の小椋大臣《おぐらおとど》実秀と大蔵大臣惟仲に伝授したことが始まり。長野県南木曾町漆畑地区は「木地師の里」と呼ばれ、小椋・大蔵という姓が多く木地師の末裔で形成され、今も椀、盆、花器、茶器など、伝統工芸品を作っている。

【参考文献】:『山に生きる人びと　日本民衆史2』宮本常一著　未来社　昭和39年／〈京都新聞〉平成23年10月23日付掲載
「新　湖国けいざい　木地製造（東近江市永源寺地域）」／『図説　民俗探訪事典』大島暁雄他編　山川出版社　昭和58年

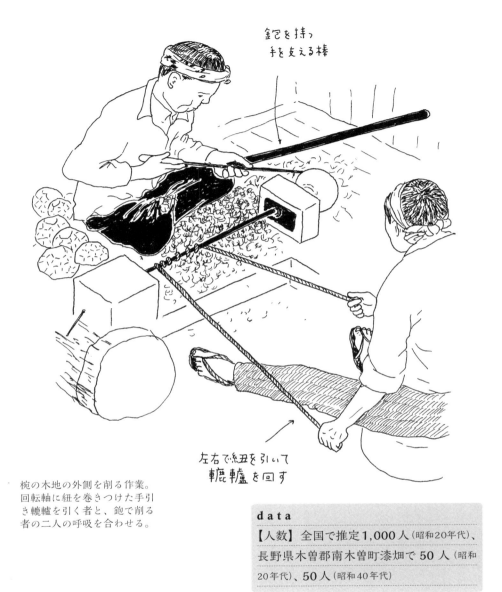

炭焼き

すみやき

炭焼き窯で炭を焼いて生産する仕事。集団で炭焼きに携わり、親方が原木のある山を買って、焼子《やきこ》に焼かせる。木炭は鋳物や製鉄を焼くのに欠かせないもので、とくに都会では貴重品だった。

木炭を焼いて売る炭焼きは、鉱山や鍛冶の兼業仕事として行われていたが、明治時代の中期以降に都市が発展すると、炬燵《こたつ》、暖炉、燃料としての炭が必要とされ、全国の山間地方で炭焼き職人が専業として行うようになった。道路など交通網が整備され、都市への販売が可能になったためである。木炭は薪に比べて、火が安定し、長持ちで、空気によって温度を調整できるという利点があった。

炭焼きを行うには、まず谷間に窯を作り、原木を伐採する。これを窯まで運搬し、大きさがばらばらの材木を直角に切って（木拵《きごしら》え）、表面を磨き、適当な大きさに揃える作業をする。炭化作業と言って窯で焼く。窯焚きは一週間ほどで、炭木を縦に並べて焚口で火をたく。炎を立てず、消えない程度に空気を与え、焼く。これには技術がいり、十年ほどの経験が必要だった。その間、「焼子」と呼ばれる焼き係が小屋に泊まって昼夜、火の管理を行う。煙の色で状態を判断し、白煙から青い煙になると消火する。窯から出して炭を切って選別する。その後、梱包して出荷する。

炭焼きは集団で行い、親方が原木のある山を買って、焼子に窯で焼かせることが多かった。焼子は地元の山で炭を焼くのではなく、三人から五人の集団で郷里を出て、親方を探し、契約を結ぶ。一俵につきいくらと焼き歩をもらって、炭を焼く。彼らはいわば炭焼きの漂泊者であり、宮崎、熊本、対馬など各地を転々として郷里に一度も帰ることなく生涯を終えた。

昭和九年に東北地方を凶作が襲ったが、このとき政府は救済措置として農民に炭焼きを行わせた。この頃から、農閑期に兼業で行う者も増えてきた。なお、炭には黒炭と白炭の二種類があり、黒炭は値が安く、火も点きやすいが長持ちしない。白炭は値が高く火も点きにくいが火は長持ちする。備長炭《びんちょうずみ》が白炭の代表である。朝鮮半島では炭の需要が多かったが、終戦とともにその仕事はなくなった。

戦後になって、石油、電気などエネルギー革命が起き一般にも普及すると、炭焼きはほとんど見られなくなった。炭焼きから、かつての山中の貧しい暮らしの実態が垣間見える。

炭窯で焼きあがった炭を取り出す作業。火をつけてから１週間ほどで焼きあがる。

data

【木炭生産高（自家消費分含む）】111万3,810トン（明治42年）／**219万5,531トン**（昭和10年）／**114万5,627トン**（昭和20年）

＊「農商務省統計表」「農林省統計表」調べ

◆ 炭焼き技術の伝播《でんぱん》

炭焼き技術は、「タビ」と言う廻村する特殊技能者がそれぞれの山間へ教えた。西日本では空海が炭焼き技術を教えたという言い伝えがある。

【参考文献】：『生業の歴史　日本民衆史6』宮本常一著　未来社　平成５年／
『山に生きる人びと　日本民衆史2』宮本常一著　未来社　昭和 39 年

提灯屋

ちょうちんや

提灯に紋や文字を描く仕事。紙を張るのは袋屋の仕事だったが、後に提灯屋が行った。型を組んで紙を張り、字紋を描き、金具をつける。現在は葬祭の飾りになったが、昭和時代は夜の明かりとして必需品だった。

日本で提灯（提燈とも書く）が使われるようになったのは、室町時代からである。中国から伝わり、仏具の役割を果たしていた。安土桃山時代から江戸時代はじめ頃に祭礼や戦場での大量使用が要因となって技術革新がなされ、軽くて携帯に便利な簡易型への発展を遂げた。

江戸時代中期以降にロウソクが大量生産できるようになると、提灯が上流階級だけでなく、庶民にも浸透していった。盆供養に提灯を使う風習も、この頃、浸透した。

本来、提灯は灯火具である。「ぶら提灯」という柄を持ってぶら下げる提灯も江戸期に普及し、現在の懐中電灯の役割も果たした。

提灯作りには「型組み」（輪になった口と底に縦ひごを通す）、「ひご巻き」（縦ひごの周囲に横ひごを巻く）、糸掛け、紙張り、字紋描き、油ひき（防水のため油をひく）、乾燥、金具つけという工程がある。

提灯の家紋を描くのは難しく、形が多様なため、正確に描けるようになるには十年はかかる。ただし書道と違って独特の字なので、提灯用の字のみ覚えればよい。墨も特別製で、すり鉢にくず墨や金づちで細かくした墨を入れて、水を加えてしゃもじで混ぜたものを使う。盆踊り大会では櫓《やぐら》の上に縦長の提灯が吊るされるが、奉納社名や奉納者名が描かれ、文字数が多いので、字紋描きも大変だった。

提灯の種類は、御用提灯のような桶形、丸い団子形、細長い円形がある。また神社や寺から頼まれる提灯には細長い大提灯があり、そこにはボタンの花、唐獅子、竜などを描いた。提灯の用途も様々で、新盆には戒名を入れた提灯を作る。結婚式の祝い用のものもある。

もっとも提灯の需要が高かったのは、ぶら提灯だが、懐中電灯の普及で、職人の数も減り、現在はイベント、祭りなどの提灯屋のみが営業している。

字紋描きをする提灯屋。文字や家紋を慎重に毛筆で描いていく。大きな文字のときは型紙を内側に当てて輪郭をなぞる。

【参考文献】：『わざ　写真でみる日本生活図引⑧』須藤功編　弘文堂　平成5年／『川崎市史　別編　民俗』川崎市　平成3年／「提灯の歴史と文化」伏谷商店ホームページ http://www.fushitani.co.jp/column02/　平成 27 年2月9日

蹄鉄屋

ていてつや

馬や牛の蹄《ひづめ》につける鉄製などの補強具を作る職人。蹄鉄屋、蹄鉄師、蹄鉄工、装蹄所とも呼ぶ。とくに農耕用の馬の蹄は損傷が激しく、専門の蹄鉄屋が普及した。

戦前、馬は人間の生活に欠かせないものだった。農耕用、馬車、荷物の運送などの交通手段、戦場では軍馬としての役割もあった。馬は酷使されると、蹄が傷んでしまう。U字形の蹄鉄を蹄に履かせることで、損傷を防いだ。この技術は明治時代の初めに軍馬装蹄のため、陸軍がフランス、ドイツから技術指導を受けて培ったものだった。陸軍主導で蹄鉄は発達し、免許制となって、日清、日露戦争では蹄鉄屋を優先的に召集し、地位を昇進させるなど優遇された。

大正時代になって農山村部に普及した。蹄鉄を履かせても、農耕用だと蹄鉄自体が一か月で六ミリから九ミリ伸びる。そのため定期的に蹄鉄を取り替える必要があった。

蹄鉄屋の仕事は「造鉄」と「蹄鉄」の二種類がある。「造鉄」は金床という台に蹄鉄を載せて金槌で叩きながら、馬の蹄に合わせた製品を作る。蹄の内側には馬の神経が集まっているので、蹄鉄屋は馬の体格、骨格を知りつくして蹄鉄を作らなければならなかった。軟らかい鉄の棒を火で温め、ハンマーで打ってU字形にする。釘打ち用の溝も彫り、形を修正しながら完成させる。蹄鉄は前足、後ろ足と形が違い、前足はU字形、後ろ足は三角形に近い形になる。釘は六本から八本打つ。

「蹄鉄」は馬に蹄鉄を履かせるまでのすべての工程を指す。馬は柱に足を上げた形で縛られ、爪を焼かれ、釘を打たれ、蹄鉄を打たれる。馬に打ちつける作業はおよそ一時間かかるが、馬によっては抵抗するので、簡単にはいかない。だが名人の蹄鉄屋にかかると馬は素直に足を上げて、従順に打たせてくれる。暴れたとしても、ベテランの蹄鉄屋が気合いを入れると一瞬にして大人しくなった。

現在トラクター耕耘機の普及で、馬や牛が農業で使われることはなく、交通手段も車になり、馬車は消えた。昭和三十年以降、蹄鉄屋も減ったが、競馬用の馬の蹄鉄を作る人たちはまだ多い。その多くが家族経営で、一、二人の弟子を抱えて作業を行っている。

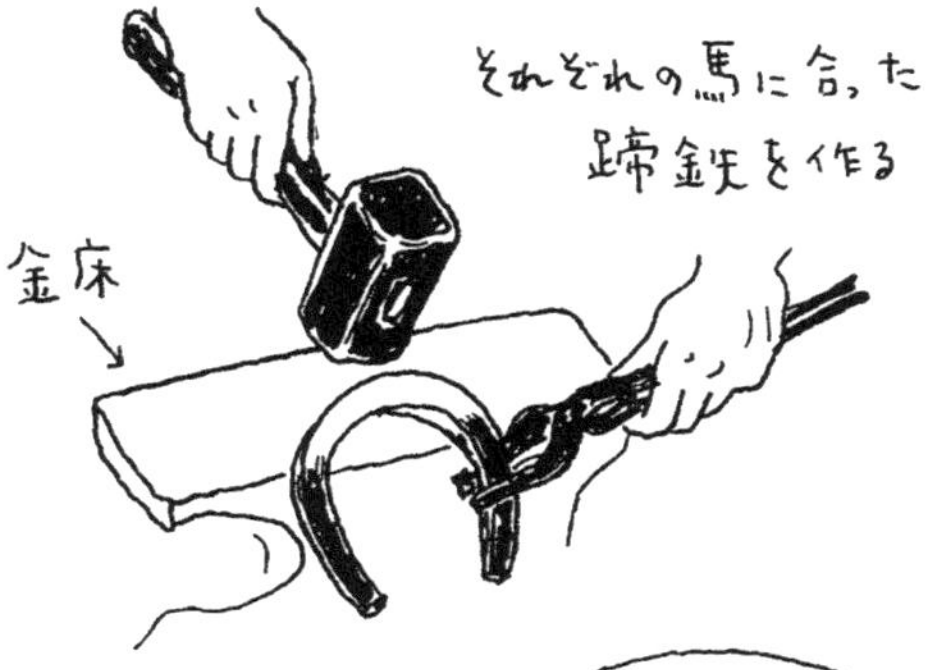

data

【繁忙期】夏用から冬用に打ち替える11〜12月と、冬用から夏用へ打ち替える4月。

うかがわれる、共同作業

◆ 北海道の蹄鉄

積雪の多い北海道では蹄鉄も夏用（尋常蹄鉄という）、冬用（氷上蹄鉄）と2種類に分かれており、冬用は雪の上を歩くため、2個の滑り止め用の爪がついている。変蹄鉄と言い、疾病予防や歩行の矯正のために使われる蹄鉄もある。

【参考文献】：『北海道の伝統的生産技術（北海道開拓記念館研究報告第5号）』所収「蹄鉄」丹波輝一著　北海道開拓記念館　昭和55年／『日本民俗文化大系　第14巻　技術と民俗（下）都市・町・村の生活技術誌』森浩一著者代表　小学館　昭和61年

袋物師

ふくろものし

布製の物入れ（財布、紙入れ、手提げ、信玄袋、香袋、煙草入れなど）を作る職人のこと。本来は江戸時代以前からある和風の袋物を作る職人をさす。

武具から分化していろいろな種類の袋物が作られるようになり、江戸時代初期に袋物師（当時は嚢物師《ふくろもの》と言った）が専業として生まれた。袋物師とともに袋物問屋も生まれ、問屋を袋物屋と呼んだ。

当初は男性向けの製品が多かったが、やがて筥迫《はこせこ》、化粧袋など女性向けの袋も多く作られるようになった。袋物師は男性の仕事だったが、明治から大正時代にかけて、女性を対象とした袋物製作の養成機関が設立されるようになった。

女性用の袋物で代表的なものは、筥迫である。女性が懐に入れる箱型の紙入れのことで、花を描いた刺繍を施したり簪《かんざし》を付けたものもあり、豪華であった。筥迫は型紙とその枚数が重要になるが、凝ったものだと十六枚の型紙を使った。

男性用では煙草入れがよく知られている。昭和六年の満州事変のときは、出征する兵士のために十五万個の恩賜の煙草入れを東京の袋物師が作った。当時東京には十五軒の煙草入れを作る袋物師がいたので、一軒あたり一万個を作ったことになる。また袋物師が縫った帯は何年経っても芯がたるんでこないのが持ち味だった。

財布、合切袋（口紐で括った小物を入れる袋）、紙入れ、胴乱（薬や印鑑などを腰に下げる長方形の袋）、守り袋などが古来の袋物であるが、現在はバッグ、ボストンバッグ、洋風の手提げ、鞄、ポーチも袋物と呼ばれ、主流になっている。

袋物の工程は一般的に裁断、コバ漉《す》き、縫製、仕上げという手順になる。コバ漉きは、袋物であれば、革の裏側を機械で薄く漉くことで、革の厚みを取る作業である。

袋物師の修業は一年かけて「かけ」という「こはぜ」をかける糸を引くことから始まる。

生活の西洋化に伴い、本来の袋物師は減ったが、東京都台東区の江戸袋物師の藤井直行が、現在も江戸時代からある袋物を製作している。巾着袋、合切袋、煙草入れなど種類も多く、台東区優秀技能者として表彰を受けている。

◆袋物も分業化

袋物は布帛製と革製に分けられ、袋物師の中でも、布帛製は装束師、革製は武具師が担当した。製品が増え分業が進み、印籠入れを作る者を印籠師、腰に下げる巾着を作る者を巾着師（さげ師とも呼ぶ）と言う。

【参考文献】:〈銀座百点〉昭和 41 年3月号掲載「袋物師——一筋の道二十七」瀬戸内晴美著／〈武庫川女子大紀要　人文・社会科学編〉第 57 号所収「明治期における一女性の技芸修業——故山口ツル氏の遺品、袋物標本とその型紙を通して」横川公子著　平成 21 年

文選工

ぶんせんこう

活版印刷の工程のひとつで、原稿の文字通りに活字棚から鉛でできた活字を一字ずつ拾って、文選箱に収める仕事。一瞬にして活字を探すのは熟練した職人の技だった。

活版印刷の文選工の仕事は、主に二つの作業工程に分けられる。本、雑誌、新聞を印刷するとき、膨大な活字を印字しなければならないため、あらかじめ大型ラック（棚）に入れられている活字から印字に使う活字を選び出しておく「文選」。活字を拾うことから、「拾い」とも呼ばれた。次の工程に選び出された活字を原稿の順序に従って並べ、組版を作る「植字」があり、ゲラ磨りが出来上がる。とくに「文選」は数千種類もある大型ラックに入れられた活字からすぐに選び出さなければならないので、高度な訓練と技能を要した。

文選工は、左手に文選箱と原稿を持って、壁一面を占める大型ラックから、鉛合金製の鏡文字（裏返しにされた活字）を探す。鏡文字を読むことから修業であった。さらに難しい漢字も覚え、正字と略字も覚える。大型ラックには部首の字画の少ない順に並べられ、使用度の高い活字は文選工の目につきやすい正面に置かれた。棚にない活字は、取り置き場から補充する。拾った活字は、文選箱（採字箱とも）と言う木製の小箱に入れる。

活字の大きさは、五号活字（十・五ポイント）を中心に、原稿によって様々だった。文選工が一人前になるには三年かかり、その頃になると一時間で千二百字を拾うことができた。ベテランになると、手さばきが速く、リズムカルに文字を見つけることができた。

なかには活字を入れた箱を家に持って帰り、自分の家の柱に活字を貼り付けて、活字を見つける練習をする者もいた。小学校卒の文選工もおり、活字を拾う早さは学歴と関係がなかった。新聞記事の場合、一行十五字、三十行の記事でも、四百五十の活字を見つけ、組み合わせなければならないから、その作業は大変だった。

熟練の職人仕事だった文選工も、鋳植機の登場や、写真植字、さらにはＤＴＰに押されて衰微していった。

data

【日収】3円20銭（昭和10年）＊東京府統計書調べ

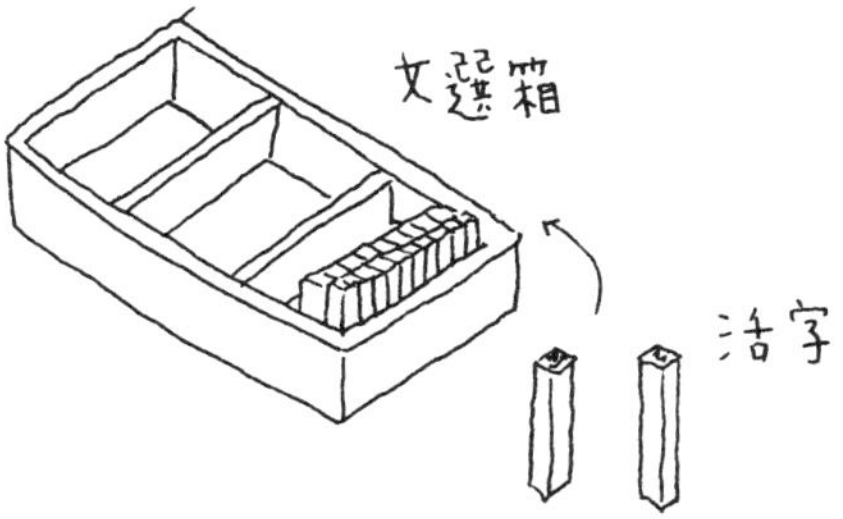

◆ 作家の癖字も読みこなす

一流の文選工になると、著名な作家の癖のある難解な文字を読みこなすことができ、その作家専属の文選工になった。

【参考文献】：〈サンデー毎日〉平成13年4月29日号掲載「どっこい生きている　絶滅の危惧職
指は何でも知っている　東京新宿区　永尾製版」／〈言語生活〉昭和32年6月号掲載「印刷工の
現場を見る」／『昭和の仕事』澤宮優著　弦書房　平成22年

棒屋

ぼうや

鍬《くわ》、杵《きね》、鉈《なた》、鎌、天秤棒などの柄や棒を作る仕事。とくに農耕具の柄は頑丈でなくては作業に耐えられず作るのが難しいため、専門である棒屋が請け負った。

棒屋は鍬《くわ》や鋤《すき》、杵《きね》、鉈《なた》、鎌、天秤棒など柄や棒を作ったが、農具だけでなく、荷車、荷馬の背に置く荷鞍など棒屋の仕事の範疇《はんちゅう》は広かった。かつての農村では鍛冶屋とともに必ず見られ、農家にとってなくてはならない店だった。

棒屋は鍬柄《くわえ》屋とも呼ばれ、農具だと柄の部分を棒屋が担当し、鉄の部分を鍛冶屋が担当して作った。

農具については、昭和の初め頃は農家が自ら作り、修理もしたが、棒や柄の部分は素人が作るとすぐに折れてしまう。かといって樫《かし》など硬い材質を農家で加工するのは難しい。そこで専門の棒屋に頼むことになる。

棒屋は客の身長、体つき、耕す土の質、農具の用途を詳しく聞き出して、その人に適した長さ、太さの柄を作った。

素材は樫が多く、一、二年乾燥させて、農具として使う。とくに棒屋が苦心するのが、農具であれば握りの部分である。人によって手の大きさも違い、手にしっくりくれば使いやすい農具になる。そのため、彼らはまず握りの部分から手掛け、チョウナで角を取って、丸く削る丸鉋《まるがんな》を巧みに使って客に好まれる柄を作った。削った残りの木は薪として使用した。

棒屋は、十四、五歳から親方について各地を流れ歩きながら腕を磨く。確かな技があれば、客の信頼を得て、注文も多くなった。

しかし昭和三十年代になると、農具作りだけでは生活していけなくなり、製作の中心を鳶《とび》道具に移したり、木工所と名前を変えることも多くなった。同時に鍛冶屋は鉄工所になった。また棒屋によっては大八車の車作りを行うところもあり、車屋と呼ばれることもあった。地方によっては車屋を棒屋とも呼んだ。

農具の近代化、工場による大量生産で、棒屋の仕事分野も変わり、生き残りが模索されている。

data

【棒屋の軒数】棒屋３軒／鍛冶屋３軒

（昭和50〜60年代・埼玉県幸手町）

◆ 聖徳太子を信仰

棒屋は聖徳太子を信仰し、正月の仕事始めを、手斧《ちょうな》始めと言い、作ったものを太子様に納めて安全と無事を祈った。太子講も行い、同業者の結束も固かった。

【参考文献】：『わざ　写真でみる日本生活図引⑧』須藤功編　弘文堂　平成５年／『日本民俗文化大系　第14巻　技術と民俗（下）都市・町・村の生活技術誌』森浩一著者代表　小学館　昭和61年

和傘職人

わがさしょくにん

昭和三〇年代までは和傘が主流だった。「蛇の目傘」「紅葉傘」「大黒屋」などの雨傘の他に、日除け用の「絵日傘」もある。すべて分業制の手作業によって作られ、職人芸であった。

傘が庶民に浸透したのは江戸時代になってからで、蛇の目傘、骨太い大黒屋傘、細い骨の細傘が流行った。蛇の目傘は傘の中央に蛇の目に似た模様が描かれているので、そう呼ばれた。野外のお茶会で使われる野点《のだて》傘もある。婦女子は絵模様の描いてある日傘の絵日傘も使うようになり、これらの傘を総じて「和傘」と言う。

本来、和傘は枝竹作り、轆轤《ろくろ》、傘張りなど百以上の手作業があって、分業によって作られる。

傘が完成するまでの工程は、傘の軸となる骨作り、柄竹作り、骨つぎ、傘張り、油引き、油塗り、仕上げ、天日乾燥と続く。骨は真竹で作り、柄は支那竹、真竹を使った。轆轤は骨を固定する。その中で傘張りはもっとも大事な和紙を親骨に張る作業で、高い技術を必要とした。通常、親骨は番傘（男性用の傘）だと四十八本、日本舞踊に使う舞傘が三十六本ある。親骨は傘の命であり、ここに和紙を張ってゆく。和紙は美濃の「森下」が多かった。竹筒を床に置き、ここに傘の柄竹を差しこんで、回転させながら張ってゆく。左手で傘を回しながら、右手に持った刷毛《はけ》で糊づけをする。糊はタピオカ（でんぷん）に柿渋を混ぜて作ったものである。張った後は、紙の上に防水のために桐油、亜麻仁油を塗る。全体を張ると、親骨の上部に糊をつけ、天井張り（傘のてっぺんに和紙を張る）を行う。

作られた傘は、結婚式の引き出物として、子供が小学校に入学するときは名前入りの傘にして贈られた。

傘の産地は、岐阜のほかに、福岡、山形、岩手、石川と全国各地にあったが、その地域では和紙を生産していたので、傘作りの条件が整っていた。

昭和二十年代前半に傘作りは最盛期を迎えたが、洋傘の進出のため、和傘の生産は減った。すでに傘職人のいなくなった地域もあるが、伝統工芸品として近年見直され、傘作りを行うイベントも行われている。贈答用などにも作られるようになったが、ほとんどは岐阜から材料を取り寄せている。

data

【和傘職人の数】500人（昭和20年代）／

1人（昭和50年代）

【製造数】年間100万本（昭和20年代）

※いずれも福岡県城島町（現久留米市）

◆ 武士の内職

江戸時代、傘張りは武士の内職として行われた。本場である岐阜で作られた加納傘は水運を使って、桑名まで運ばれ、そこから船で江戸に運ばれた。年間に50万本も生産されていた。

【参考文献】：『日本民俗文化大系　第14巻　技術と民俗（下）都市・町・村の生活技術誌』森浩一著者代表　小学館　昭和61年／「和傘」久留米観光サイト「ほとめきの街久留米」http://www.kurume-hotomeki.jp/

アイスキャンデー屋

あいすきゃんでーや

アイスキャンデーは、大正時代に日本に現れた氷菓子で、アイスクリームとは異なる。戦後、自転車の荷台に木箱（アイスキャンデーボックス）を置いて行商し、子供たちによく売れた。

アイスキャンデーは氷菓子の一種で、二十世紀初めにアメリカで作られていた。日本には大正時代になって現れ、台湾（当時日本の統治下）など暑い地域で好まれ、食された。果汁などに、砂糖や人工甘味料を混ぜて凍らせた棒状のもので、当初は割り箸、後に木のスティックを挿した。戦後になると、子供たちの集まる場所に自転車に乗った行商人が「アイスキャンデー」と書かれた旗を立てて売りに来ていた。製造販売するためには食品衛生法の規制があり、国の許可を必要とした。

自転車の荷台に木箱（アイスキャンデーボックス）が置かれ、蓋を開けると、碁盤の目状の枠の中に棒付きのアイスキャンデーが入っていて、そこから棒を引いて、取ることができた。いちご、メロン、酸っぱいレモン、小豆入り、ソーダ水味、ミルク風味など種類は多く、店で作って売る場合もあったが、空き地や野球場、海水浴場、映画館など人が集まる場所で売られた。まだ菓子の既製品も娯楽も少なかった時代に、アイスキャンデーは夏の風物詩でもあった。午後一時から三時までの間に、アイスキャンデー屋がやって来る。合図に金色の真鍮《しんちゅう》製の鐘や笛を鳴らすと、子供たちが遊びをやめ、小遣いを握りしめて走り寄る風景が見られた。貧しくて買えない子供もいたので、ひとつのキャンデーを半分に分けて食べられるように、二本の棒を挿して作られたものもあった。粗悪な色素・香料が使われ、雑菌の入った水で作られていたので、多く食べると腹を壊すこともあった。

アイスキャンデーの最盛期は昭和二十年代の前半だった。当初キャンデーボックスは小銃の銃床に使用したくるみ材を利用していた。箱の底には溶けないように氷と塩が入っていた。

売り子は麦藁帽子を被った中年以上の年配の男女が多く、季節仕事でもあり、収入も安く、専業は多くはなかった。

昭和三十年代後半には、既製品の菓子やアイスクリームも出回り、お菓子屋でもアイスキャンデーを売ることは少なくなった。

data

【価格】1本1銭（昭和7年）／1本5円（戦後間もなくの頃）

◆ 日本で最初の小豆アイス

アイスキャンデーからヒントを得て作ったものに、昭和 24 年以来、現在でも販売されている三重県伊勢市のお菓子屋が作る「おふくアイスマック」がある。こしあんを使ったアイスキャンデーで、アイスの棒が斜めに挿してあるのが特徴である。

【参考文献】:『昭和食道楽』矢野誠一著　白水社　平成 23 年／『昭和——二万日の全記録　第8巻　占領下の民主主義』講談社　平成元年／『粗餐礼讃——私の「戦後」食卓日記』窪島誠一郎著　美術新聞社　平成 24 年

赤本の出版社

あかほんのしゅっぱんしゃ

江戸時代から戦後まで、東京・大阪で子供向けに表紙を赤で塗った絵本が売られた。これを「赤本」と言う。後に大人向けの娯楽本もそう呼ばれた。

赤本の由来は江戸時代に遡る。一般向けに作られた本「草双紙」に属するものとして、子供向けの本を「赤本」と言った。表紙が子供が好む赤色だったから、そう呼ばれた。明治時代には、東京は浅草蔵前、大阪では道頓堀に赤本絵本を作る会社が集まった。通常の出版ルートではない取次店を通して、露店や駄菓子屋などで売られた。昭和に入ると描き下ろしの漫画本が登場した。

戦後になると、粗悪なカストリ雑誌、すでに売れ残った本を安く売る「ゾッキ本」などが世に出てきたが、その混沌とした出版状況下で「赤本」は、まず少年漫画として売れ行きを伸ばした。当初は冒険もの、探検ものが描かれ、手塚治虫の『新宝島』が数十万部も売れるベストセラーになり、赤本漫画は時代の寵児となった。プロレスの力道山や人気歌手など当時の流行を題材として上手く取り入れていたが、次第に刺激性が強まり、怪盗、海賊を扱うようになった。

赤本の紙は、カストリ雑誌と同様に粗悪な仙花紙を使っていた。奥付には出版社の住所の記載がなく、まれにあっても実際の住所とは違っていた。出版社が手掛けるものもあったが、ほとんどは印刷屋が副業で行うもので、問い合わせるとすでに会社がなかったこともあった。

その後、赤本の出版社は、カストリ雑誌同様に大人向けの低俗な娯楽本や雑誌を手掛けるようになった。〈マダム〉〈キャバレ〉〈ウインク〉〈ナイト〉などがその類である。だがこの手の本は、いかがわしいものだったため、鉄道弘済会は、駅の売店で売ることを中止した。やがて戦後の混乱も収まり経済も復興すると、通常の出版文化に取って代わられた。

なお、東京では都内で作られた赤本を「浅草もの」と呼び、大阪で作られたものを「赤本」と呼んだ。

data

【原稿料】大人向け流行作家の場合 400 字で 600～1,000円（昭和20年代前半）

原稿を出版社の主に渡す漫画作家。

◆ 赤と白の雑誌

戦後間もなくは、大衆娯楽雑誌を「赤表紙」、総合雑誌、文芸雑誌を「白表紙」と呼んで差別化していた。

【参考文献】：〈週刊朝日〉昭和 23 年4月4日号／〈週刊朝日〉昭和 24 年2月6日号／〈週刊朝日〉昭和 24 年4月 24 日号

おばけ暦売り

おばけごよみうり

旧暦と新暦を併記した暦を作って売る商売のこと。伊勢神宮司庁発行の新暦に対し、所在を隠した版元（おばけ）が、非合法で旧暦併記の暦を作って売ったため、こう呼ばれた。

日本は旧来、太陰暦（旧暦）を使用し、庶民の生活、習慣、祭り、年中行事も旧暦に合わせて行っていたが、明治六年（旧暦で明治五年十一月九日）に政府は西洋と足並みを揃えるため、西洋の暦、いわゆる太陽暦（グレゴリオ暦）にする必要があると通達を出し、太陽暦（新暦）の採用を発表した。この新暦に則り、明治五年十二月二日が明治六年一月一日になったのである。

突然の通達は、庶民の生活に大きな混乱を招いた。

新政府は旧幕府のやり方を廃止するという意味合いもあって、太陽暦の普及に力を入れ、旧来の迷信の類を廃して科学性、合理性を重んじた。

新暦の公的な暦は、伊勢神宮の事務を担当する「神宮司庁」が内務省の委託で「神宮暦」として発行した。政府は基本的にそれ以外の暦の発行を禁止した。「神宮暦」には、旧暦に掲載されていた吉凶などの迷信が削除され、代わりに「七曜」「干支《えと》」「日の出入」「月の出入」が記されたが、庶民には興味のないものばかりだった。

この突然の変換に庶民は対処できず、今までの旧暦にもとづいた生活習慣を維持するために、旧暦の暦を必要とした。その需要に応え、非合法で旧暦が併記された暦が庶民に売られるようになった。

しかし旧暦の暦を売ることは法に触れるため、出版元は政府の取り締まりから逃れるために、発行者の記載欄は空欄か、架空の住所や偽名を記載したり、ときに福を入れた縁起のいい名前にしたりした。そのため、出版元の所在が摑めなかったので「おばけ暦」と呼ばれた。

昭和に入っても、戦前までは旧暦に沿って行事を行う地域が多かったので、「おばけ暦」は重宝され、多数出回った。

戦前、戦中までは歳末の露店でおばけ暦を売る光景が見られた。昭和二十年になると、暦も一般の冊子と同じく合法的に出版できるようになり、おばけ暦という名は消えた。

data

【おばけ暦の価格】

「昭和三年九星便」全32ページ（発行人の記入なし）

「昭和六年日月表」全31ページ10銭（発行所大阪市南区）

「昭和七年九星便」全32ページ10銭（発行所東京市小石川区）

「昭和十二年九運暦」全32ページ20銭（発行所東京都下谷区）

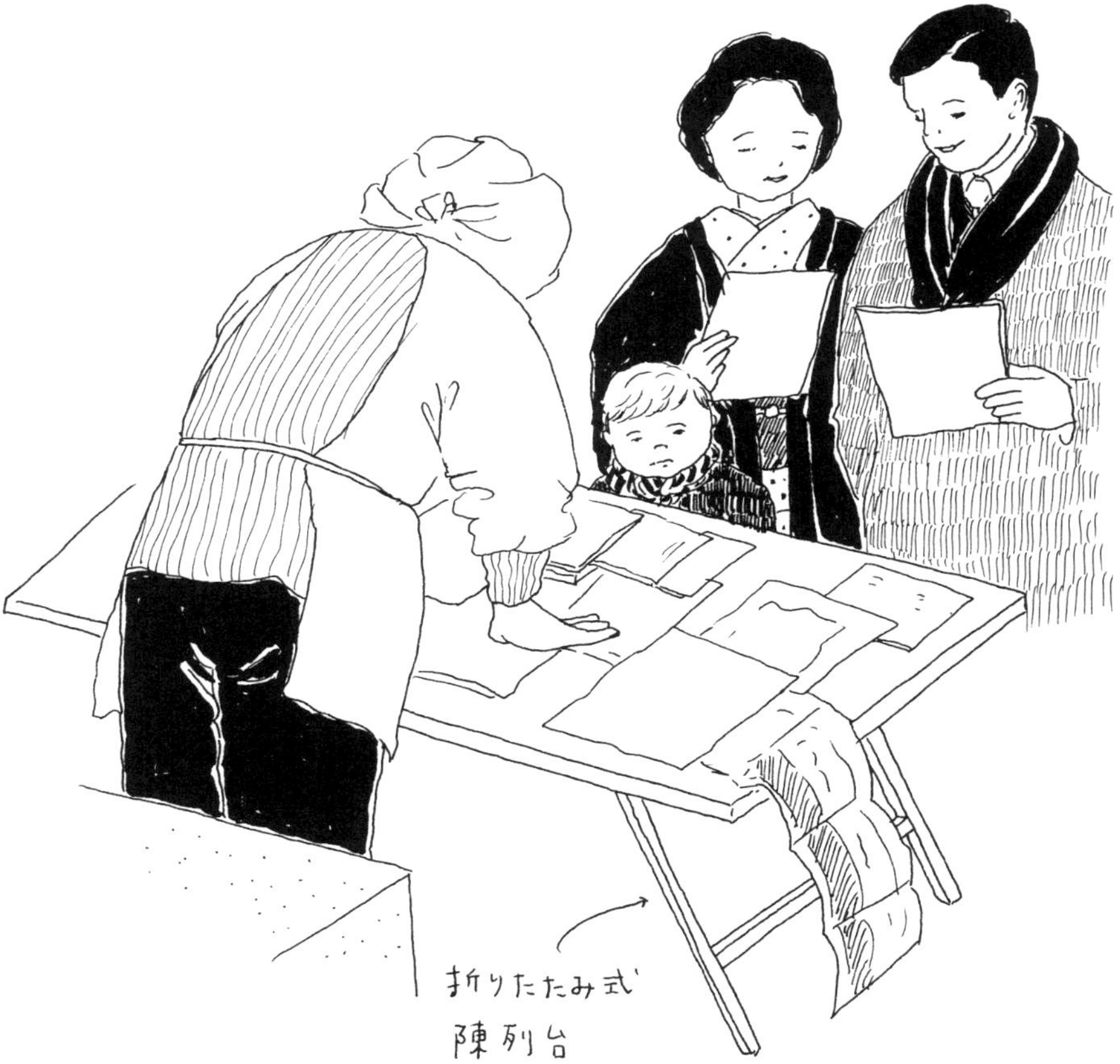

◆ 庶民が必要としたおばけ暦

おばけ暦には、吉凶の迷信、六曜（先勝、友引、先負、仏滅、大安、赤口）、三隣亡（上棟式を避ける日）、九星も記載され、買い手にとって興味を引く内容だった。

【参考文献】：『昭和——二万日の全記録　第4巻　日中戦争への道』講談社　平成元年／「暦と暮らし　アーカイブズ No.176」福岡市立博物館ホームページ http://museum.city.fukuoka.jp/archives/leaflet/176/index.html　平成27年4月13日／「こよみの学校　第36回おばけ暦——庶民のささやかな異議申し立て」暦生活　新日本カレンダー株式会社ホームページ　http://www.543life.com/campus36.html　平成27年4月13日／〈八王子通信〉第30号掲載「『おばけ暦』大正・昭和編リスト」八王子市在住のフミさんの趣味新聞　平成21年5月10日発行〔私家版〕

疳の虫の薬売り

かんのむしのくすりうり

幼い子が夜泣きやひきつけ、疳癪《かんしゃく》を頻繁に起こすのは、子供の体内にいる疳の虫のせいだと信じられていた。疳の虫を除去するため、祈禱《きとう》や迷信に頼ったり、漢方薬など多くの薬が使われた。

まだ子供の神経症状が医学的に一般に浸透していない戦前、子供のひきつけや夜泣き、乳吐、疳癪《かんしゃく》、夢遊病などは、子供の体内に「疳《かん》」という虫がいて、これが症状を引き起こすと考えられていた。そのため、薬にしてもメンタルクリニックで処方されるものではなく、古くから疳の虫にいいと言われる漢方薬や自然薬が飲まれ、同時に祈禱《きとう》、神社、鍼《はり》によって疳の虫を切る、虫を出す、虫を封じるためのお祓《はら》いが行われた。とくに疳の虫に有効なお寺があって、子供はそこで祈禱やお祓いを受けた。

　薬としては、ヘビトンボの幼虫を乾燥させて、焼いたものを飲ませた。これが平安時代から飲まれている「孫太郎虫」である。ヘビトンボの幼虫は川の清流に棲み、六センチほどの大きさになる。これを黒焼きにして粉末して飲ませると疳の虫に効いた。また竹串に五匹ずつ刺して、合計十串、五十匹を紙箱に入れた。製造業者は薬の行商人を通して、全国に販売した。また肺病、胃腸薬としても効能があった。昭和二十七年には長崎新地で三味線を弾きながら売る光景も見られた。この薬は宮城県白石市斎川産のものがよく知られる。

〈奥州は斎川の名産孫太郎虫五疳驚風いっさいの妙薬〉

と口上を述べていた。これを砂糖醬油につけて焼いて食べた。

　もうひとつ、著名な薬に「赤蛙丸」がある。江戸時代から続く疳の虫の妙薬で、赤蛙を乾かして串刺しにして、醬油につけて食べると効果があった。後に丸薬として売られた。

　一方では、疳の虫に悩む親の弱みにつけこんで、幼児の爪先から疳の虫を抜くための祈禱も行われ、高額な祈禱料を請求された。

　現在、河川の改修や環境汚染でヘビトンボや赤蛙は姿を消し、薬の材料はほとんど見当たらない。同時に、小児精神医療も発達して、西洋医学による治療が行われるようになると、和製の疳の虫の薬は以前より少なくなった。

data

【価格】孫太郎虫　12串、合計60匹で約8,000円（現在・石川県金沢市）

◆ 愛飲される疳の虫の薬

江戸時代から飲まれている「宇津救命丸」、唐招提寺の祖、鑑真が唐から伝えたとされる「樋屋奇応丸」などは現在も疳の虫に効く薬として多くの人々に愛飲されている。

【参考文献】：〈農林水産技術同友会報〉第38号所収「和方薬　孫太郎虫」公益社団法人農林水産・食品産業技術振興協会　平成16年

氷屋（氷売り）

こおりや（こおりうり）

昭和三十年代の初めまで電気冷蔵庫は高額で一般家庭に普及しなかった。そのため夏になると食物を冷やすために、氷屋から氷を買った。自転車の荷台に容器に入れた氷を置いて、毎日一軒ずつ回って売った。夏の風物詩。

幕末頃に、函館から天然氷を運び「函館名産氷」と称したのが、氷屋の始まりである。以来、氷屋の売る氷は生活必需品で、家庭に欠かせないものだった。機械による製氷も明治時代から始まり、昭和初期には数千軒の製氷業者があった。

氷屋の盛衰は、電気冷蔵庫の普及に反比例する。電気冷蔵庫が家庭用として普及しだしたのは、昭和三十年頃からである。だが一般の家庭にはまだ高嶺の花で、簡単に買えるものではなかった。そのため多くの家では、昭和二十年代に普及した木製ブリキ張りの氷蔵庫（氷式冷蔵庫とも言う）を使っていた。

氷蔵庫は電気を使わず、氷を入れることで、食物を冷やすという原始的な冷却方法だった。

氷蔵庫の上段にある氷室に氷の塊を置き、その冷気で下段に置いた食物（バター）、果物（スイカ）や飲み物（牛乳・ビール）などを冷やす。氷二貫目で一日冷やすことができた。氷蔵庫の場合は、食物の保存よりも、冷やすことを目的に作られたものだった。

氷屋は、まだ涼しい早朝に氷製所から氷の塊を取って、溶けないように朝方に一軒一軒の家庭を回った。氷は自転車やリヤカーの荷台に積んだ。家の前で氷の塊を、鋸《のこぎり》で適宜な大きさに切って販売した。切るときに氷くずが出ると、子供たちは喜んで頬張った。暑いときだと一日に二回氷を買う家庭もあった。氷屋は夏の風物詩であり、季節仕事でもあった。そのため燃料屋が夏の間だけ氷を売ることも多く、冬は木炭などを売って回っていた。

昭和四十五年には電気冷蔵庫の家庭への普及率が九十パーセントを超えた。そのとき多くの氷屋は失業せざるを得なかった。

現在では電気冷蔵庫では作れない大きな氷やロックアイスを製造販売し、高級バーや飲食店に営業することで、何とか生き残っている業者もある。

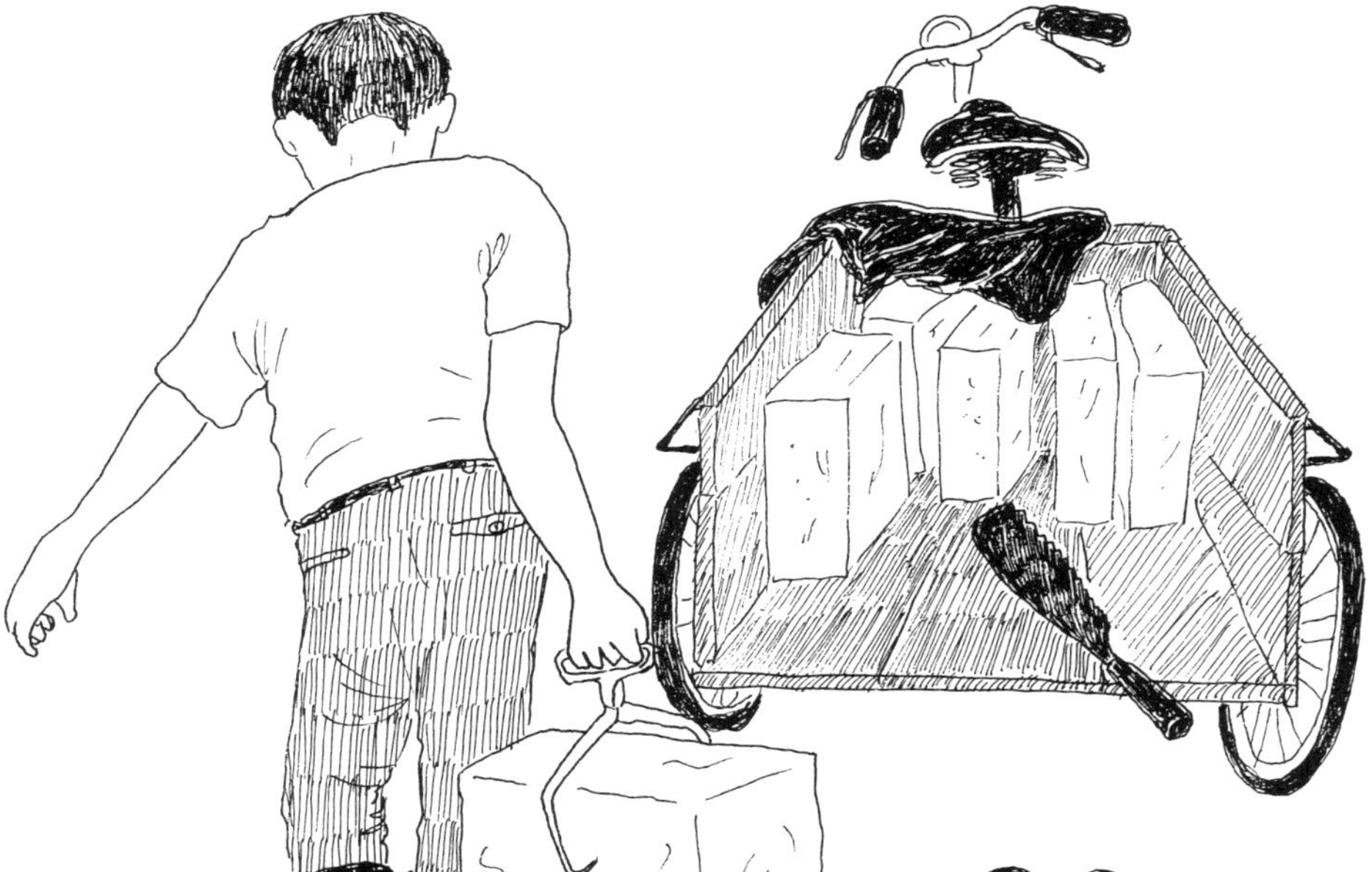

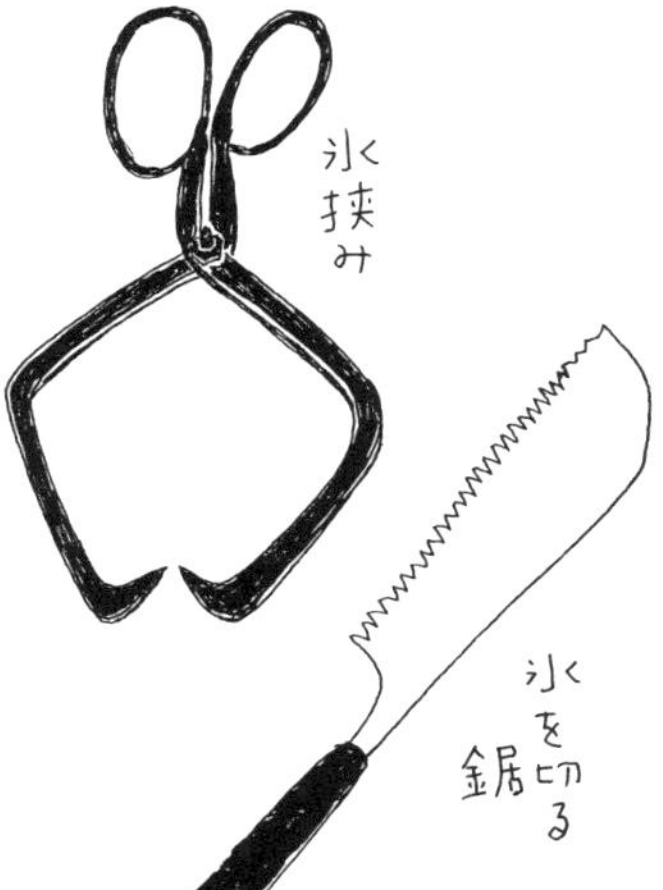

data

【氷屋の軒数】全国に約1万軒（昭和30年代）／
約200～300軒（平成20年）

◆福沢諭吉を救った氷

明治3年夏、福沢諭吉は熱病で苦しんでいたが、たまたま福井藩主が外国製の小型製氷機を放置していた。慶應の塾生がそれを知って氷を作り、福沢の解熱に役立てた。これが機械製氷の始まりである。

【参考文献】：〈朝日新聞　be〉平成18年8月19日付掲載「（サザエさんをさがして）氷屋　リヤカーで家庭を回った」／『明治物売図聚』三谷一馬著　立風書房　平成3年／『氷の文化史――人と氷のふれあいの歴史』田口哲也著　冷凍食品新聞社　平成6年

畳屋

たたみや

畳床を作り、畳を敷き、畳を取り替える仕事。もともとは「畳刺し」と呼ばれていた。部屋の歪みまで計算に入れて、ぴったり畳を収められるかどうかが畳職人の腕の見せどころである。

一般の家庭に畳が使われるようになったのは明治時代後半。都市部から始まり、地方の農家、山村で使われたのは昭和になってからである。

　畳は畳表と畳床《たたみどこ》に分かれる。畳表はイ草で織りゴザと呼ばれ、畳の表面につけられる。これは農家やゴザ屋が行い、畳屋は畳床という藁《わら》でできた土台部分を扱う。畳床は乾燥した藁を縦横に交互に重ねて麻糸で縫って作る。縫った畳床は踵《かかと》で踏んで引き締める。刺した数が多いと縫い糸が固く締まり、重量のあるものが上等な畳床になる。このため畳職人を「畳刺し」とも呼んだ。畳床に畳表を被せるにはまず霧吹きで水をかけ、畳床の裏側から糸を通して待ち針で留めておいた畳表を縫って、最後に縁布を縫いつける。

　家が新築されると、畳屋は必ず畳を敷く部屋の床を正確に測る。これを「歪みの見極め」と言う。大工の作った床は若干の歪みが出てくるため、設計図どおりに寸法を測って作った畳が入らないことがある。そこで畳屋が自ら床を測り、歪みに合わせて畳を作る。一ミリのずれもない正確無比な計測が求められた。

　もうひとつの畳屋の仕事は、畳表の取り替えである。取り替えには二種類あり、今まで使っていた畳表を剝がして、ひっくり返して裏面を表にすることを「裏返し」、畳表自体をそっくり新しいものに替えることを「表替え」と言う。

　戦後、道端に畳を出して畳表を取り替える光景はよく見られた。車もあまり走っていなかった時代なので、親方を先頭に、畳職人が五、六人、床台を路上に並べて畳表の取り替えを行う姿は壮観だった。年末は畳替えをする家も多いので、大忙しだった。

　畳屋が使う道具も独特で、畳専用の針を「待ち針」、畳表の修理で畳を置く台を床台と言い、畳と同じ大きさになっていた。

　現在は作業の機械化が進み、畳屋の仕事も手作業から移行している。同時に、住宅の西洋化、マンションの普及によって、以前ほど畳の需要も多くなくなっているものの、清々しい香りのする畳を愛好する人がおり、畳のよさを改めて感じる人が増えている。

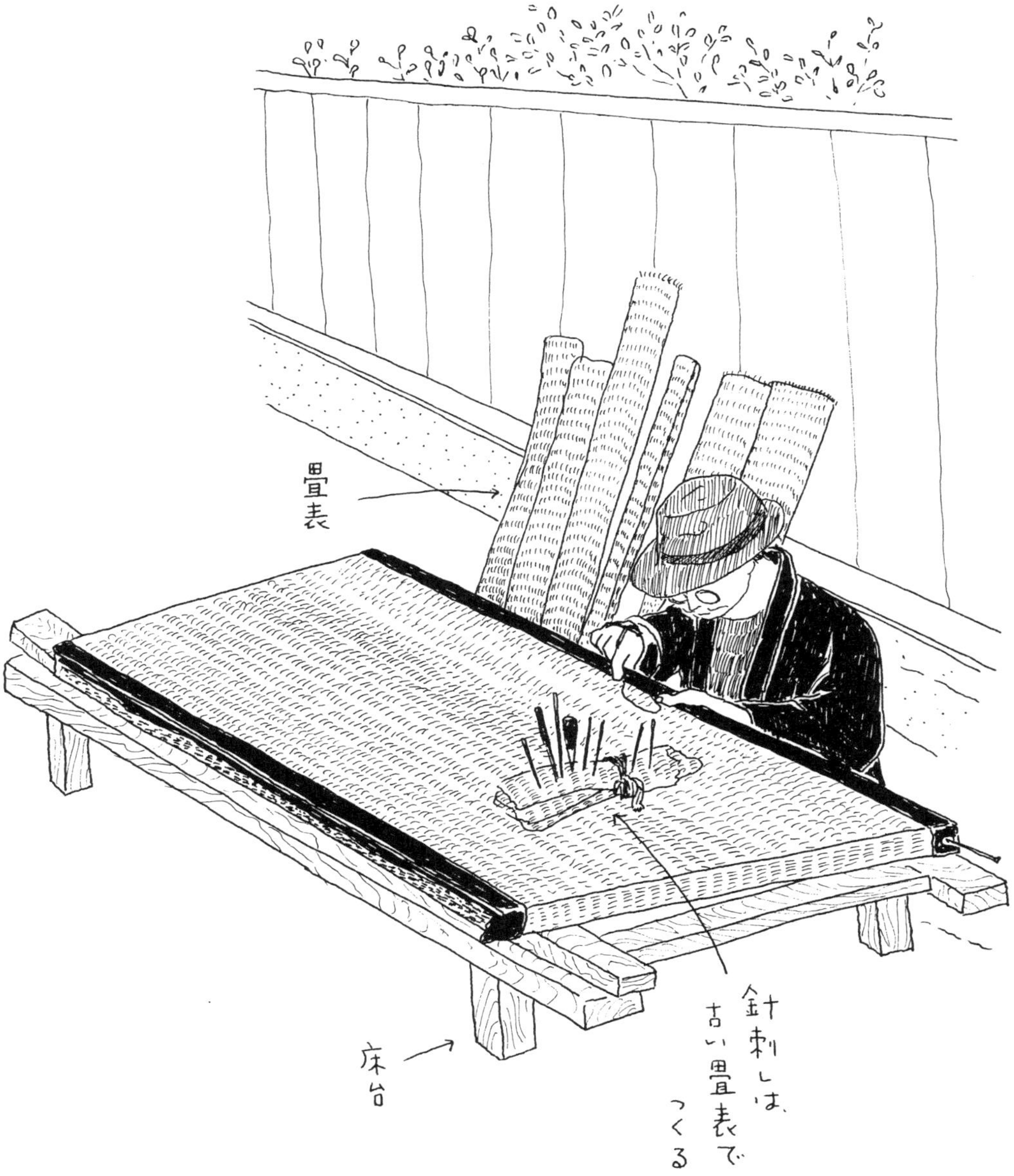

◆ 貴族から庶民の座敷へ

畳は平安時代から日本では見られていたが、貴人用の台座として使われており、室町時代になって「書院造り」の出現により床に敷くものとなった。江戸時代には畳座敷として普及したが、農村での普及はおもに昭和時代に入ってからだった。

【参考文献】:『「和の仕事」で働く』籏智優子著　ぺりかん社　平成 18 年

ポン菓子屋

ぽんがしや

ポン菓子は穀類膨張機という機械に米などを入れて作る。圧力釜のバルブをハンマーで叩き一気に減圧すると、大きな爆発音とともにふわふわの米菓子ができる。この音から「ポン菓子」「ドン菓子」と呼ぶ。

ポン菓子がもっとも人気があったのが、大正から昭和の中頃にかけてで、お菓子屋は小型の穀類膨張機を持って、公園などで子供たちに菓子作りを実演して売った。物資がとぼしかったので、子供たちは自ら米や砂糖を持っていき、ポン菓子屋に作ってもらっていた。機械の中に米、玄米、大豆、とうもろこしなどの穀物を入れると、圧力で十気圧になる。この力で米は十二倍に膨れ上がる。圧力釜のバルブをハンマーで叩いて減圧すると、爆発音がする。この音に対する驚きが子供たちに人気の秘密でもあった。爆発の勢いでお菓子が飛ぶが、前もってつけてあった網に菓子が入る仕組みである。これらを砂糖水で味付けをして売る。

もともとポン菓子は第一次世界大戦にドイツ兵が空腹に悩まされていたので、栄養を補うべく作られた菓子であった。大砲の使えなくなった筒を使って、穀類を膨張させる機械にして菓子を作り食べさせたのが始まりである。そのため大正から昭和初期にかけて使われた機械は鋳物で作られたドイツ製の機械だった。ただ重さは百キロほどあって、持ち運びに不便である。そのため女性でも持ち運びができる軽い機械にしようと、タチバナ菓子機の吉村利子が昭和二十一年に鉄製に改良し、国産ポン菓子機「吉村式ポン菓子機」が全国に出回った。戦後間もなくは、復員した元兵士や職を失った人が行商で機械を持って販売した。後にリヤカーや軽トラックで移動するようになった。ポン菓子は種類も多く、トウモロコシ、大豆、ポップコーン、麦などがあり、三角形の福袋に入れる。三角袋なのは子供が食べ残しても縛って保存しやすいようにとの配慮からであった。袋には目と鼻と口の絵が描かれ、袋のお菓子の量によって顔の表情も変わった。

昭和三十五年頃がもっとも売れた時代だったが、大手菓子メーカーの既製品も出回り、住宅も増えて大きな音が出せなくなったことから、徐々にポン菓子の販売は減った。

現在、ポン菓子の良さが見直され、各種イベントなどで、製造を実演して配られる光景も増えている。

◆ 地域によって異なる呼び名

ポン菓子のことを北海道では「ドン」、関東では「バクダン」と地域によって呼び名も違う。愛媛県では「パンパン豆」と言い、「元気でまめに暮らして欲しい」という意味から結婚式の引き出物になっている。

【参考文献】:〈愛媛大学法文学部論集　総合政策学科編〉第 29 号所収「ポン菓子とポン菓子機および愛媛県のポン菓子の食文化」和田寿博著　平成 22 年／『昭和の仕事』澤宮優著　弦書房　平成 22 年

荒物屋

あらものや

家庭用雑貨を売る店。荒物とは「粗末な、雑な」という意味を持ち、箒《ほうき》・ちり取り・ざるなどを指す。店頭で売る場合もあるが、昭和初期までは大八車に載せて、荒物一式を行商で売り歩いていた。

荒物屋は、現在でも店舗として営業しているところがある。もともとは大八車に商品を載せて、行商するのが一般的だった。

すでに江戸時代に荒物屋は見られていたが、当時は旅荷物が中心であった。

明治時代になると日用雑貨にシフトし、以来昭和の末期まで、大八車からリヤカーに姿を変えて、商人が商品を何十種類も積み上げて移動しながら商売を行った。箒、ちり取りなどに限定せず、台所仕事などに必要なものはほとんど揃っていた。

日用雑貨という範囲も時代とともに広がり、後にはちり紙、石鹸、洗剤、下駄、インスタント食品などを扱う店も増え、次第に荒物の専門性が薄れていった。同時に日用品の変化、スーパーマーケットなどの進出で、荒物屋は少なくなった。それは昭和の時代に日常で当たり前に使われてきた品物の消滅を意味した。

そのなかで、江戸中期の宝暦年間（一七六〇年前後）に営業を始めた千葉県香取市にある植田屋荒物店は店舗営業で、職人たちの手仕事による箒、籠、木炭、シュロ縄、調理道具などを売り、職人との信頼関係を軸に現在も営業している。

荒物屋は、木製品など職人の手仕事が減ったことと、百円ショップなど廉価で雑貨を売る店が登場したことで衰退はしているが、地方に行けば、希少価値である職人の技を売る店として生き残り、地域の名店として存在していることも多い。

なお荒物の対極にあるのは「小間物」である。小刀、櫛《くし》、簪《かんざし》、化粧品など小さな金目のものを売る。商品の多様化で、業者の区分が決まっていった。

◆ 荒物の種類

草履、笊《ざる》、篩《ふるい》、籠《かご》、タワシ、柄杓《ひしゃく》、手箒《てぼうき》、糊刷毛《のりはけ》、小物入れ、茶碗籠《ちゃわんかご》、オタマ、煤《すす》払い、鍋敷、炭籠、座敷箒、土瓶敷き、トタンのバケツ、米びつ、ワラの釜敷き、ヒノキの風呂椅子、湯たんぽ、ネズミ捕り、かるめ焼き機など。

【参考文献】：『日本職人辞典』鈴木棠三編　東京堂出版　昭和 60 年／
『あきなう　写真でみる日本生活図引③』須藤功編　弘文堂　昭和 63 年

エレベーターガール

えれべーたーがーる

百貨店、ホテル、企業ビルなどでエレベーターに乗って操作を行い、客の案内をする女性のこと。「エレガ」「EG」とも言う。近年は人件費削減のため、自動運転に変わり、エレベーターガールは少なくなっている。

エレベーターガールが誕生したのは大阪、神戸のデパートからであった。神戸元町の大丸呉服店、新開地の喜久屋食堂だ。大丸では容姿端麗な女性を採用し、派手な服装を着せて勤務させたため、男性客が一階から二階に上がるのにもエレベーターを利用したり、エレベーターガールを見るためにデパートに行くこともあった。

東京では上野の松坂屋が最初で、昭和四年には、十八歳以上の女性を、七、八人採用していた。当初は受付、案内などを含む、サービス的な仕事はデスクワークよりも下に見られていたが、一方で「近代的職業婦人」と見る人もおり、戦後になると立場も向上した。

ただ戦前のエレベーターはハンドルを回して運転するように作られていたので、エレベーターガールは運転もしながら、各階の案内もしなければならなかった。慣れないうちはハンドルに気を取られ、案内を忘れるときもあれば、エレベーターを各階にきちんと止めるのも難しく、案内しているうちに、床と三十センチほど離れて止めることもあった。

戦後になると、白木屋デパート、企業ビル、東京タワーなど多くの場所にエレベーターガールが登場した。労働時間は一時間ごとに十五分休みで、以前より勤務時間は短縮されたが、東京タワーであれば、三十分間に十二、三回上下することになった。振動も激しいために、脚の疲労だけでなく、ストレスもあって肩こり、胃炎など内臓を痛めることもあった。また観光客相手のエレベーターだと話しすぎて口が痛くなることもあれば、男性客と二人きりになると、近づいてくる客もあったり、気苦労も絶えなかった。夏の暑さ、冬の寒さなどにも悩まされ、重労働であることに変わりはなかった。そのなかで、丁寧な言葉遣いで、華麗な服に身を包んだ彼女たちは都会的な職業として憧れの的でもあった。

平成不況になって、ほとんどの百貨店のエレベーターは自動運転になりエレベーターガールは消えていったが、一部の百貨店ではまだ姿を見ることができる。

data

【労働時間】1日8時間、1時間ごとに休憩15分（昭和4年）

【月収】17～27円（昭和11年）

*東京統計局調べ

◆ エレベーターガールの語例

1階で客を迎える場合は「いらっしゃいませ6階まで参ります」。込み合っているときは「込み合いましてご迷惑でございますが、少々ずつお繰り合わせを願います」。エレベーター出入りの客には「エレベーターの出入りに際し、どうぞお足許にご注意を願います」。

【参考文献】:〈週刊明星〉昭和34年11月22日号掲載「いらっしゃいませ、どうぞ　1坪の職場で…エレベーター・ガールの座談会」／〈婦人サロン〉昭和4年10月号掲載「エレベータ・ガールと語る」吉木更著

演歌師

えんかし

演歌を歌う芸人。昭和初期までは歌の本を売るために、縁日や街頭で、歌っていた。いわゆる香具《や》師《し》の仕事のひとつ。壮士によって明治時代に自由民権運動の宣伝のために歌われたのが始まり。

演歌は「演説歌」の略で、明治時代、自由民権運動の職業的活動家である壮士が歌で演説したのが始まり。政府への不満を街頭や小屋で怒鳴り散らすように歌うのが特徴だった。代表的な歌に『ダイナマイト節』『ストライキ節』などがある。

演歌師は、これらの歌詞を書いた本を街角で売って歩き、主な収入とした。後に添田《そえだ》唖蟬坊《あぜんぼう》が日露戦争後『ラッパ節』を歌い、世を風刺した歌を広めた。

昭和初期には、バイオリン演歌の石田一松が人気を博した。地方の祭りに行けば、百円の収入になる日もあった。演歌師は四人ほどで組み、縁日で商売する。真打が二人で、コマシという本売りが二人。真打は歌も歌うが、啖呵も切る。歌い続けると声が出なくなるので、途中で交代することもある。本売りはひたすら本を売るが、ときに歌も担当する。このときコマシの出来不出来によって彼らが真打になれるかどうかが決められた。

演歌師は、歩行者の足元を見て、自分のほうに向いていたら、その横に行き、歌の説明をし、歌の本を相手の顔に持ってゆき、売り場に引っ張ってゆく。そこに野次馬が出てくれれば、すべての人に買わせる。大正から昭和にかけて、バイオリンを演奏しながら演歌師を務めた桜井敏雄の口上によると、本にも値段が高いものと安いものがあるが、高いものを売りつけるのがコツである。

縁日で活躍した演歌師はやがて映画、レコードに押され、酒場の流しへと変わってゆく。それが今日の歌謡曲の演歌に繋がっている。

なお、演歌師が現れた頃は、苦学生がアルバイトでも行うようになり、書生節と呼ばれもした。

data

【収入】1日最高で100円　それを真打2人が40円ずつ受け取り、2人のコマシが10円ずつ受け取る（昭和初期）

◆ 演歌師の口上

バイオリンを演奏しながら、桜井敏雄はこう歌っていた。〈本は1部10銭、20銭、30銭。なにしろせち辛い世の中だ、ただ聴いて覚えようというような奴らばかりだが、そういう図々しい考えはやめにして本を買いましょう。本は10銭より20銭、20銭より30銭のほうが得だ〉そう言って本に書かれた歌を歌った。

【参考文献】：『日本の放浪芸　オリジナル版』小沢昭一著　岩波現代文庫　平成18年

大ジメ師

おおじめし

香具師《やし》（的屋《てきや》）のひとつ。香具師とは縁日などで叩き売りをしたり、芸を見せたりする商売だが、大ジメ師はそのなかでも、花形である。

香具師（祭りなどの露天商は的屋とも言う）、いわゆる大道の商人である。

香具師にもいろんな種類があって、台の上に玩具などを並べて売るのを「三寸」、叩き売りのように口上を並べて売るのを「コロビ」と言う。このなかで、一番花形でありエース格なのは「大ジメ師」である。「シメ」とは客を集めるという意味で、人を集めて大道芸、啖呵売りを行う。

たいていは路上の円陣に人を集めて、そこで芸を演じて品物を売る。路上に舞台を設置して演じることもある。まじないをやったり、催眠術をかけたり、口上で法律書を売ったり、蛇を上手く使って傷薬を売ったり、ガマの膏《あぶら》売りだったり、その芸も様々である。大ジメ師は「トハ」と言われるサクラを何人も用意していた。サクラはいつでもどこでも姿形を変えて、大ジメをするたび周囲の注目を集め、本物の客を集めることができ、客に感嘆の声を上げさせた。

いかに啖呵で客の購買心を煽り、いかに興味を引くか工夫をこらす大ジメ師と、値段をどこまで下げさせるかという客の駆け引きは縁日の見どころであった。主に、大ジメ師が売る商品は、リッ（法律書）、キンケン（統計表）、カリス（まじないの本）、ノウドク（処方、薬草の表）、ミンサイ（催眠術）、バンソロ（算盤熟達法）などである。彼らは天才的な漫談家でもあり、客を笑わせ、泣かせ、感心させ、その日の新聞記事まで口上の材料にして、決してその場から去らせることをしない。しまいには大ジメ師の口上に乗せられ、客は財布を開くことになる。

昭和三十五年に「道路交通法」が施行されると路上で商売をする露店が監視されるようになった。「詐欺罪」という含みも出てくると、啖呵売り、大道芸はやりにくくなり、不良品と訴える客も出てきた。

昭和五十年頃までは浅草や四天王寺などで大ジメ師を見ることができたが、その後の露店は飲食店が中心で、彼らの大道芸を見かけることはできなくなった。

data

【収入】日によって変動

【労働時間】啖呵売りは1時間20分の間行い続ける

◆ 大ジメ師の全国コンクール

昭和初期まで、正月に全国の大ジメ師が集まるコンクールが開催され、芸を競った。そこで客から金がとれるようになると、一人前の大ジメ師として認められた。

【参考文献】:『渥美清　浅草・話芸・寅さん』堀切直人著　晶文社　平成19年／『旅芸人のいた風景　遍歴・流浪・渡世』沖浦和光著　文春新書　平成19年／『日本の放浪芸　オリジナル版』小沢昭一著　岩波現代文庫　平成18年

行商

ぎょうしょう

商品を持ち歩いて販売する人。流し職のひとつ。近距離を売り歩く者を、行商のなかでも、呼び売り、振り売り、棒手振《ぼてふり》と言う。小売店も商品の流通も十分ではなかった第二次世界大戦後まで行商の姿は見られた。

一口に行商と言っても、売り歩く距離、形態によって呼び名も変わる。すでに古代から見られた販売方法で、江戸時代以降に問屋、仲買、小売という流れができ、地方の品を都市や農村で売ることが行われた。一方で、遠隔地へ行商するのは近江商人や富山の薬売りがよく知られた。

石焼き芋、さおだけなど、独特の節回しで売って歩くのを「呼び売り」、漁師の妻が魚を桶に入れ、頭に担いで売ることを「イタダキ」、天秤に入れて売るのを「棒手振」と言う。行商は昭和二十年代後半まで農閑期の副業としても行われた。利根川下流にある茨城県の霞ヶ浦、牛久沼、千葉県の印旛沼、手賀沼などは米の生産地であった。しかし生活は苦しかったため、農閑期になると女性たちが卵、野菜、鶏肉、ウナギなどを担ぎ、朝一番の列車に乗って東京の下町で行商して歩いた。秋口からの行商は「行商部隊」とも言われ、一日四千人から五千人が商売に出た。行商は戦前から行われていて、十七歳から七十歳ぐらいまでの女性が朝三時に起き、足に脚絆を巻いて、風呂敷に包まれた荷を抱えて売って回った。行商部隊の乗るこの時期の成田線や常磐線の上りの早朝列車は「出荷組合員指定車」が特別に連結されていた。

ほかには、秋田県など東北地方の内陸部で「いさば屋」と呼ばれる魚の行商がいた。山間では魚が入手できないので、ふだんは塩漬けの鱈《たら》、鰊《にしん》、あるいは干物の魚しか食べられない。いさば屋は雪が解け始める頃に自転車でやって来て、新鮮な魚を届けてくれ、村人に有り難がられた。油売りも行商ではよく知られ、油を量るのに、容器に入れ終わるまで長時間待っていなければならず、それが呑気に見えたので、怠けることを「油を売る」と言うようになった。

行商は交易権、得意先が決まっており、代々受け継がれた。閉鎖的な村落では行商によって他地域や都会の情報など、新しい知識を入手することができた。地方によっては行商人に婚約の媒介を頼んだり、村祭りに呼んで振る舞うこともあった。だが流通が整備されるようになると、各地に小売店も増え、手軽に品物を入手できるようになり、高度経済成長を境に行商は減った。

data

【日収】200～300円

（利根川下流域の行商部隊・昭和20年代後半）

◆「落ち買い」

ユニークな行商に、「落ち買い」という女性の行商がいた。「おちゃない、おちゃない（落ちてませんか）」と呼びかけて、抜け落ちた髪の毛を買っていた。これらの髪を集めて、問屋に売って、鬘《かつら》にした。京都でよく見られた。

【参考文献】：〈文化生活〉昭和29年11月号掲載「足で稼ぎだす行商部隊のおばさん」／『あきなう　写真でみる日本生活図引③』須藤功編　弘文堂　昭和63年／『明治物売図聚』三谷一馬著　立風書房　平成3年／『生業の歴史　日本民衆史6』宮本常一著　未来社　平成5年

金魚売り

きんぎょうり

夏になると、リヤカーに金魚の入った水槽を載せて売り歩く。金魚が日本に伝わったのは室町時代で、江戸時代の安永期から行商の金魚屋が登場し、昭和の半ばまで夏の風物詩として庶民に楽しみを与えた。

「金魚え〜金魚」と声を掛けながら、リヤカーで金魚を売る姿は近年まで見られた。江戸時代初期に日本に伝わった金魚売りは、当初は天秤棒に吊るされた盥《たらい》に金魚を入れて売っていた。夏であれば、朝夕の涼しい時間帯にその姿は見られた。

金魚は中国産の魚で、フナの変種である。江戸時代の初期に伝わり、高級で珍しい魚として武士階級や富裕町人などに飼われていたが、十七から十八世紀の元禄、享保の時代に入ると中流の町人にも愛好されるようになった。とくに奈良県大和郡山では金魚の養殖が行われ、品種も増え、飼育法などの研究もなされた。

東京の深川でも飼育が行われ、とくに浅草近辺には多くの店ができた。

これが町を売り歩く行商スタイルになったのは、安永の時代、十八世紀末くらいからである。

〈辻に日和に金魚売り立つ〉（江戸座高点句集『吾妻錦』明和六年）

金魚は夏の風物詩だった。両天秤を担いで売るのも、かなりの重労働であったので、若者が行っていた。金魚が暑さで死んでしまわないように涼しい時間帯に売っていたのも工夫であった。金魚売りは夏の風物詩だから、季節ものの仕事である。彼らは日銭稼ぎの短期の仕事で、冬は別の行商を行っていた。

昭和になって、リヤカーで売る人が増えたが、店の屋号を染め抜いた法被を着て、天秤棒に桶を吊るし、金魚鉢をいくつも入れて売る人もまだ見かけた。なお、出目金は明治時代にハワイから伝来した。金魚の品種には和金、琉金、出目金、蘭金などがあった。

一般家庭でペットを飼う習慣も少なかった頃、金魚は廉価で、珍しい魚として珍重された。だが金魚売り自体の収入が低いことと、気候の不安定なときは金魚が死んでしまうという短所もあった。ペットショップや縁日の金魚すくいが主流となるにつれ、金魚売りはいつの間にか姿を消した。

data

【価格】1尾5～10銭（昭和7～9年）

◆ 昭和に人気のあった金魚

和金（もっとも大きい種）、琉金（琉球産）、ランチュウ（頭が大きい）、出目金（目が特大）、チョウテンガン（目が上につく）、ジキン（名古屋産）、トサキン（高知産）、テツオナガ（リュウキンに似ている）、オランダシシガシラ（頭上に大きな肉瘤）

【参考文献】：『【写真ものがたり】昭和の暮らし4　都市と町』須藤功著　農山漁村文化協会　平成17年／『明治物売図聚』三谷一馬著　立風書房　平成3年

雑貨店（よろず屋）

ざっかてん（よろずや）

日用雑貨を売る店。お菓子を中心に、履物、靴、鋏《はさみ》、化粧品、文房具、ちり紙、ハンカチなどを扱っていた。現在でいうコンビニエンスストアの役割を、昭和四十年代まで担った。

いわゆる庶民向けの日用雑貨を売る店で、大正期から見られ「よろず屋」とも呼ばれた。よろず屋とは多様な商品を売っている店という意味であり、売り物以外でも客から頼まれれば、たいていのことには応えた。いわば町になくてはならぬコンビニエンスストアの役割を担っていた。

菓子、アイスクリームを中心に煙草や酒の他、醤油、鋏、糸、化粧品、靴、サンダル、下駄、砂糖、ちり紙、玩具、菓子折の詰め合わせ、ノート、鉛筆等の文具、赤電話などを扱う。綿菓子や、らくがん、ロールケーキなどをその場で作って売る店もあった。

戦前からの雑貨店は、地域の高齢者のサロンでもあり、店の奥にある畳敷きの台には火鉢が置かれて、いつでも客が座って談笑できる工夫がされていた。おのずと地域の情報も集まり、雑貨店は情報センターの役割も果たし、客の生活相談に乗ることも多々あった。

戦前の農村では、字を満足に書けない人もいたので、雑貨店が都会にいる客の子供に手紙の代筆をすることもあった。

また下駄の歯替えも行うなど、単に物を売る以外の業務にも長けていた。行商的な要素もあり、電話一本で地域に配達するなど、地域と密着した経営が行われ、人情をベースに、事務的な対応をせず、「掛け売り」など融通の利く点に小売店独特の長所があった。

しかしながら、昭和三十年からスーパーマーケットの進出、地方の人口の過疎化、乗用車の普及などで、雑貨店がなくても、品物が手に入るようになり、急速に廃れていった。

現在は、コンビニエンスストアに姿を変えるようになったが、コンビニと違って地域の人たちとのコミュニケーションや、商売以外の人とのつながりを重視して営業していた雑貨店の存在は、希薄な人間関係が主流になった今日では貴重な存在であった。

ぎゅっとまとまって見やすい
完璧なディスプレイ

◆ 洋品店もその昔は

明治、大正時代は洋物の衣料や帽子、服飾品を売る「唐物屋《とうぶつや》」を雑貨店とも言った。東京の銀座、日本橋にはワイシャツ、ネクタイ、シルクハット、ハンドバッグなどをショーウインドウに並べて売ったが、現在では「洋品店」と名前を変えている。

【参考文献】：『昭和の仕事』澤宮優著　弦書房　平成 22 年

駄菓子屋

だがしや

黒砂糖、ザラメなど粗糖を使った安い菓子（駄菓子）や安い玩具を売る店。全国の路地裏や下町などに必ずあり、子供たちが学校の帰り道に寄って小遣いをはたいて買った。子供の社交場でもあった。

明治時代、駄菓子屋は「一文菓子屋」と呼ばれ、すでに存在していた。江戸時代に最小単位の通貨が一文であったことから「安い菓子」という意味を指した。昭和初期にもっとも栄え、芋羊羹《いもようかん》、金花糖、カルメ焼、おこし、せんべいなどを売っていた。飲み物はラムネ、ミカン水などがあった。

大きな箱に菓子が包装されずそのまま入っていて、客が必要なだけ手に取って「杠秤《ちきり》」という秤に載せて、重さによって値段を決めた。

駄菓子屋の看板を掲げていても、菓子だけで生計は成り立たないので、ベーゴマ、ビー玉、おはじき、水鉄砲、ゴムまり、怪獣カードなど簡単な玩具も売った。文房具を置く店もあった。菓子と玩具が融合することで、子供たちの間で、最新の玩具、菓子などの流行が生まれ、一躍社交場的な役割を果たすようになった。戦前だと一銭、二銭で買えるものが多かった。また戦後になって大手菓子メーカーが増えて、チョコレートなどを売るようになっても、子供たちには高価であったので、これらよりも安い駄菓子屋に行くことが多かった。籤《くじ》引きで景品が当たるなど、子供たちには、菓子を買うにしても自分の小遣いでは駄菓子屋へ、親から買ってもらうには大手メーカーの菓子があるスーパーへと、二つは共存ができていた。

昭和三十年代になると、駄菓子屋で切手や印紙なども売られ、雑貨店化してゆく。「電気冷蔵庫入り飲み物」という看板を掲げ、まだ冷蔵庫が家庭になかった時代に、冷たい飲み物を売って子供たちの目を引く工夫がなされた。駄菓子屋の経営も様々で、通常は隠居したお婆さんが一人で行うことが多く、家族は別に仕事を持っていることが多かった。

子供たちの流行の発信地であった駄菓子屋だが、やがて大手菓子メーカーの商品が廉価になったりテレビゲームなど娯楽が増えると、子供たちは駄菓子屋の廉価な玩具や菓子をこぞって買うこともなくなってしまった。

駄菓子の対極の菓子を、「上菓子」と言う。餅菓子、羊羹、団子、カステラなどで、駄菓子と区別した。

data

【菓子の価格】1個約10～50円（昭和46年・熊本）

◆駄菓子以外のヒット商品

昭和時代の駄菓子屋でよく売れたのは、ウルトラマンの写真や仮面ライダーのカード、プロ野球カードで、これらはスナック菓子を売るための付録だった。

【参考文献】：『昭和の仕事』澤宮優著　弦書房　平成22年

天皇陛下の写真売り

てんのうへいかのしゃしんうり

戦中まで天皇は現人神《あらひとがみ》であり、神様として扱われていた。天皇の写真は「御真影《ごしんえい》」と呼ばれ、学校の奉安殿や家庭の床の間に飾られた。天皇の写真は人気があり、民間業者が政府黙認の下で販売していた。

一般人が家庭に飾るための天皇の写真の売買は、すでに明治天皇の時代から行われていた。明治初期、政府によって御真影が作られ学校や官公庁に渡っていたが、民間業者が各家庭にも販売していた。政府は神聖な御真影の売買を表向きは固く禁じつつも黙認していたため、民間の写真師が作成したものが一般に流通し、写真屋や露店などで、芸妓や役者の写真と並んで売られていた。一種のヤミ写真だったが、当時としてはかなり高額で売られたため、裕福な家庭が購入することが多かった。各家庭では神棚や床の間に祀《まつ》られて、男の子供は天皇を拝むと出世するという言い伝えもあったので、大事にされた。また新聞社が部数を拡大するため、新聞の付録として天皇と皇后の肖像画や写真が付けられることもあった。

やがて昭和天皇が即位すると、同じようにヤミ写真が販売されるようになる。とくに地方では天皇の写真に対する信仰とも言える観念が生きており、農村などの家庭には床の間に天皇と皇后の写真が並べられ、隣には神棚があった。

販売のスタイルは様々だが、一番多かったのが、リヤカーに額入りの天皇の写真を並べて、全国各地の家庭を回って売り歩く行商だった。

売られた写真は、昭和天皇、香淳皇后、明治天皇のものが多かった。一般の行商人と違うのは、売る人がきちんとした背広か着物を着ていた点である。畏れ多くも陛下の写真を売るということで、威厳も必要だったのである。

日中戦争が始まると、天皇の写真を買えば、愛国心に富んだ真面目な家と周囲から評価された。天皇の写真がある家は当時の少年にとって憧れの的であり、皆が写真を有り難がったので、写真は高額でもよく売れ、じつにいい商売であった。地域によっては書店で売られることもあり、そこで購入する人も多かった。

転勤のある家庭は、引っ越しの時に万が一傷つけてしまってはいけないからと、買うことを遠慮するほどだった。やがて終戦とともに写真売りも見かけなくなった。

data

【販売価格】50〜60銭（明治時代）

※当時としてはかなり高額だった

◆ まるで映画スター!?

昭和天皇は美形だったため、摂政時代の絵葉書は女学生の人気の的だった。作家の幸田文も「眉が太くて、（中略）眼鏡が小粋で、頬がしまって美男子でいらした」と著書の中で述べている。戦中までは天皇の写真を厳重に取り扱うイメージが強いが、意外にも女性たちは映画スターを見るようにうっとりと眺めていた。

【参考文献】〈京都社会学年報〉第9号掲載「『皇室グラビア』と『御真影』—戦前期新聞雑誌における皇室写真の通時的分析—」右田裕規著　平成13年

豆腐売り

とうふうり

昭和三十年代、豆腐屋は朝、夕にラッパを吹きながら自転車やリヤカーで豆腐を売り歩いた。豆腐は調理方法も様々で大豆から作られているため、健康にもよく、庶民の食卓に欠かせなかった。

豆腐の存在は、寿永二年（一一八三）の文献に見られる。この当時はまだ珍しい食品で、室町時代になって広く普及し、僧侶の料理に使われていた。江戸時代になると調理次第で料理の幅が広がる豆腐は重宝され、行商（江戸では引き売りと呼ぶ）によって一般にも売られるようになった。

行商は天秤棒の双方に吊り下げた桶の片方に豆腐、片方に油揚げなどの加工したものを入れて売り歩いた。昭和になるとリヤカー、戦後になると自転車の荷台に載せて家々を回るようになった。

地方によって売り方に違いがあるが、朝と夕方に小さいラッパを吹きながら知らせることもあれば、「とーふー、なまあげ、あぶらげ、がんもどき」と言いながら、ラッパを吹くこともあった。ラッパの代わりに鐘を鳴らして売る人もいた。豆腐屋の到着を知ると、客は豆腐を入れる容器を持って買いに行った。

豆腐が長きにわたって庶民に重宝されたのは、戦前から戦後にかけて今のように食材事情が良くなかったことがある。大豆から作られる豆腐はタンパク質を多く含み、栄養価が高い。同時に味も薄く様々な料理に加工しやすいという味覚上のメリットもあった。

豆腐屋は夜が明けぬうちに起きて豆腐を作り、店でも売ったが、主に行商で販売した。そのスタイルは戦後も続き、まだ店もほとんどない地域にとっては有り難がられた。

また店の近くの地域であっても、当時は豆腐に防腐剤を使わず日持ちしなかったので、売れ残ったものをその日のうちに行商で売りにくることもあった。豆腐は崩れやすいので、自転車だけでなく、天秤棒のように棒の両端に容器を下げて、歩いて売るスタイルも取られた。

高度経済成長期に入ると、メーカーの日持ちする豆腐が出回り、スーパーでも手軽に買えるようになった。すると、自ら作って売る豆腐屋は少なくなり、昭和六十年代にはほとんど見られなくなった。

data

【豆腐の値段】20銭（昭和20年）／1円（昭和22年）

【豆腐屋の軒数】440軒（昭和29年・佐賀県）／56軒（平成16年・佐賀県）

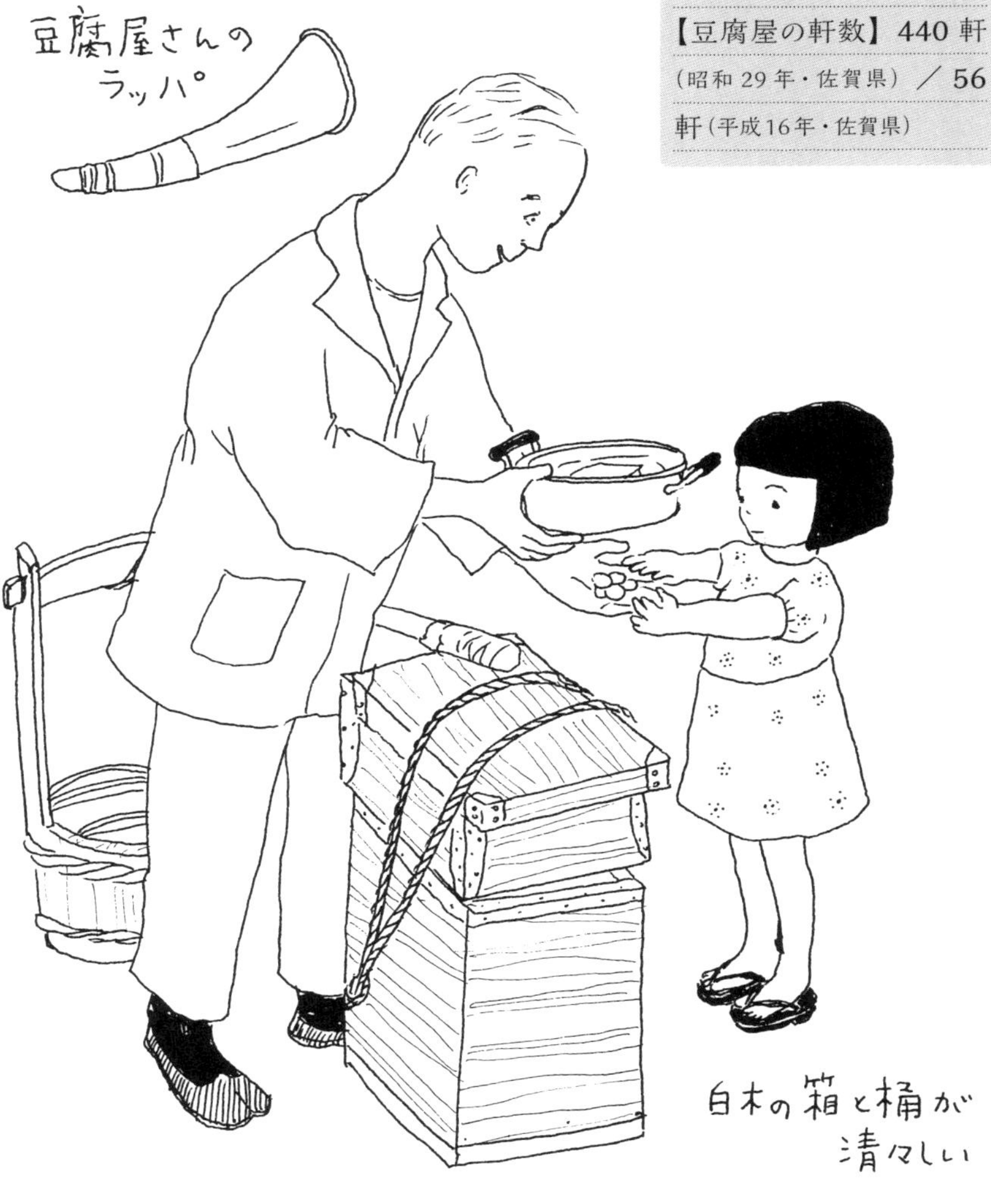
豆腐屋さんのラッパ
白木の箱と桶が清々しい

◆ 豆腐屋が詠んだベストセラー

豆腐屋の物語として、松下竜一の歌集『豆腐屋の四季　ある青春の記録』（昭和44年・講談社）がある。青春時代を小さな豆腐屋の店主として過ごさざるを得なかった葛藤を叙情的に綴る。未明から豆腐を作る松下は〈泥のごとできそこないし豆腐投げ　怒れる夜のまだ明けざらん〉と詠んだ。

【参考文献】:〈佐賀新聞〉平成16年8月15日付掲載「時代万華鏡　33　1丁の心意気」／『豆腐屋の四季　ある青春の記録』松下竜一著　講談社　昭和44年／『豆腐屋の四季　ある青春の記録』松下竜一著　講談社　昭和44年

毒消し売り

どくけしうり

越後発祥の毒消し売りを指す。新潟県角海《かくみ》浜《はま》（現新潟市西蒲《にしかん》区の巻地区海岸部）では村の寺に伝わる薬「毒消丸」を檀家に配っていたが、やがて関東一円まで行商して売った。女性の行商としてもよく知られている。

毒消しと書いて「どっけし」とも読む。新潟県角海浜にある称名寺に伝わる薬「毒消丸」は、近世頃はすべての毒に効くと言われたが、現在で言う正露丸のような丸薬で、腹痛、食中毒、毒虫にさされたときなどに効果があった。成分は白《ふ》扁《じ》豆に硫黄《い》、菊名石《きくないし》、甘草《かんぞう》、天花粉《てんかふん》をまぜて丸薬とした。江戸時代の初期は寺で作り、檀家を中心に配られていたが、滝深庄左衛門に毒消薬製造販売を委託してから、新潟以外の地域にも薬が行商によって売られるようになった。

行商も最初は男性が中心だったが、製薬会社も増えて、販売圏を広げてゆくと、女性を活用するようになり、明治末期はほとんどが女性になった。毒消丸の売り上げは大正時代に最盛期を迎え、昭和も戦後まで見られた。

新潟県角海浜は製塩や漁業が衰退したため、女性が行商に行くことで経済を支えた。

毒消し売りの行商は、東北、関東、甲信越で行われ、長期間に及ぶので、未婚の女性が務めることが多かった。小学校を出ると、親方に連れられて娘たちは二、三十人ほどで行商の修業をする。この間彼女たちは売り子と言われ、賃金を得る形で雇われることになる。あるいは売り上げの一部を手当として貰った。三、四年経つと独立するが、この場合は女性数人で組を作って出かけた。結婚して子供ができても続けることが多く、幼い子供を行李の上に抱えて歩く女性もいた。薬が手に入りにくい地方では、毒消し売りはありがたい存在であった。

彼女たちは紺絣《こんがすり》の筒袖、赤い腰巻、手甲、脚絆姿で歩き、行商先で一か月間借りして、また移動するという形を取った。おおよそ五月中旬に角海浜を出て、行商に行き、十月末に故郷に戻った。行商先で品物がなくなると、地元から送ってもらった。この毒消し売りは、行商のスタイルを取りながら、女性の長期の出稼ぎという意味合いもあった。

だが昭和二十年代後半に新潟県の製薬業者が株式会社を作ると、行商としての毒消し売りは見られなくなっていった。

data

【毒消し売りの人数】1,162人（大正4年・角田村・現新潟市巻町）／1,135人（昭和3年・全国）

◆ 毒消丸を携えて

同じ越後でも、角海浜の女性は京浜地方、越前浜の女性は長野、茨城、五ケ浜の女性は栃木、群馬、埼玉へ行商に行くと、地域によって担当が決まっていた。これにより得意先と懇意になる効果もあった。

【参考文献】：『日本民俗文化大系　第14巻　技術と民俗（下）都市・町・村の生活技術誌』森浩一著者代表　小学館　昭和61年／『生業の歴史　日本民衆史6』宮本常一著　未来社　平成5年／『日本産業史大系　5　中部地方篇』地方史研究協議会編　東京大学出版会　昭和35年

富山の薬売り

とやまのくすりうり

富山は江戸時代から藩の保護を受けて薬業が発展した。江戸時代と同じく、全国に行商で薬を販売し、「富山の薬売り」と親しまれた。頓服用の薬として重宝され、家庭の置き薬として常備されていた。

富山の薬売りは、富山藩主の前田正甫《まさとし》が自ら薬の調合を行ったことに遡る。元禄三年（一六九〇年）に江戸城で、福島の大名が腹部の激痛に見舞われた際、前田正甫が懐から「反魂丹《はんごんたん》」を渡し、痛みが治まった。この光景を見た各藩の大名は富山の良薬に感嘆し、自分たちの領内に「反魂丹」を置くようになった。これが置き薬の始まりと言われる。同時に、前田正甫は全国に行商できる「他領商売勝手」を発布し、自国で薬を調製させて、行商を行わせた。このとき「用を先に利を後にせよ」という藩主の教えに則り、毎年定期的に全国を回り、家庭の戸棚にある未使用の薬を引き取って新品に替え、使われた薬代のみの代金を受け取るシステム（先用後利と言う）を始めた。これによって富山の薬売りは世に知られることとなり、明治三十四年には富山市では八千人近くが製薬と薬の行商を行った。富山市の人口が約六万人の時代なので、かなりの割合で薬に関わる人がいたことになる。

行商人は手甲脚絆の姿で年に一回か二回、薬品を行李に入れて、紺色の大風呂敷に包み、背負って売って回った。

彼らは薬の代金通り請求することはなく、定価の三割から八割を受け取っていた。そして服用された薬があれば、新たに補充する。新規に得意先を開拓するときは定価の三割から四割くらいの代金で販売したという。薬以外の商売をせず、同業者の得意先に入ることもせず、信用を大事にした。扱う薬は「反魂丹」のほかに「実母散《じつぼさん》」（女性薬）「救命丸」（赤ちゃんの疳《かん》の虫の薬）「解熱丸」（風邪薬）「熊胆円《ゆうたんえん》」（消化器全般の薬）など何百種類もあった。昭和三十年代は自転車の荷台に柳行李を積んでいた。販売、代金の回収方法は、従来と同じである。戦後間もなくは、病院の数は少なく、また夜中に急に具合が悪くなったとき、病院の対応も十分でなかったので、富山の薬は頓服として効力を発揮した。

病院の増加、ドラッグストアの進出によって数は減ったが、現在は顧客リストを携帯端末に替えて、車で行商を行う。人と人とのつながりを大事にする富山の薬売り愛好者は依然として多い。

data

【薬売りの人数】11万1,685人(昭和36年)／4,096人(平成元年)／957人(平成21年)

＊富山県くすり政策課調べ

【薬代】1個100円程度(昭和27年)

◆ 薬と一緒に嬉しいお土産

戦後、主な薬として「ノーシン」「赤玉はら薬」「救心」「熊胆《くまのい》」、貼り薬などを販売していた。頓服用の腹薬が中心だったが、後に種類も広がった。客の子供のために風船や役者絵、大人には九谷焼の銚子、若狭塗の箸などをお土産に持っていった。

【参考文献】:『日本民俗文化大系　第14巻　技術と民俗（下）都市・町・村の生活技術誌』森浩一著者代表　小学館　昭和61年／『明治物売図聚』三谷一馬著　立風書房　平成3年／「おきぐすりの歴史」一般社団法人全国配置薬協会ホームページ http://www.zenhaikyo.com/history/　平成27年2月25日

泣きばい

なきばい

街中で「工場が倒産した」「電車賃をすられた」などと泣きながら嘘の身の上話を披露し、同情する通行人に品物を売りつける詐欺商売。偽客（サクラ）と手を組んでいることもあり、不況になると現れた。

主に戦後から昭和三十年代にかけてみられた商売。泣きばいは人通りのある街中を商売の場に選ぶ。公園や広場や観光地など、人の流動が激しい場というのが場所選びの要点である。自分の顔を覚えられては困るからだ。

たとえば、広場で万年筆の工員の身なりをした男が万年筆を広げ、悲しそうな表情で売っている。そこへ彼の知り合いが偶然通りかかり、目を留める。サクラである。

「おい、こんなところでどうしたんだ」

彼は泣きながら、

「俺は万年筆工場に勤めていたんだけど、じつは工場が倒産して、退職金代わりにこれを貰ったんだ」

このあたりから、通行人たちが物珍しそうに近寄ってくる。サクラは万年筆を手に取って、じっくり眺める。

「これはパーカー製じゃないか」

「ああ、アメリカの万年筆で高級品なんだ」

このときサクラは、人だかりの頃合いを見はからって、値段を相手に聞く。

「いくら？」

売り子が金額を言うと、それに対しサクラが「パーカーがそんなに安く買えるなんて」と感激して買っていく。これで他の客たちもつられて買ってしまうという仕組みである。話芸と演技力のなせる業であり、何も知らない人はまんまと騙された。

サクラなしで泣きばいを行う者もいたが、いずれも元締めから品物を買い上げ、口上も用意され、商売を行う。万年筆の職人ブチ（職人ではなく、職人の姿をして売る露店商人）で有名だったのが浪越繁信で、彼は村上浪六の『当世五人男』を読んで、その人物になり切るまで練習して口上を述べた。何も知らない周囲の人は感動して品物を買った。彼が浅草寺の境内で泣きばいを行うと、一時間で一日暮らせるだけの儲けがあった。

戦後、世の中が不況になると見られた商売である。

万年筆を路上で売りつける泣きばい。嘘の身の上話の完成度と演技力が稼ぎに直結した。

◆ 涙の理由もいろいろ

名前は、泣いて物を売ることからつけられた。広義では香具師につらなる者もいた。万年筆職人を装う泣きばいの場合は「職人ブチ」の1つになる。火事を理由に泣きばいするときは「焼きブチ」と言う。露天商の形態の1つ。

【参考文献】：『日本の放浪芸　オリジナル版』小沢昭一著　岩波現代文庫　平成18年／『昭和―二万日の全記録　第10巻　テレビ時代の幕あけ』講談社　平成2年

風鈴屋

ふうりんや

初夏の頃、風鈴の音を響かせながら、色とりどりの品を売り歩く風鈴屋は季節感を醸しだした。江戸時代から続く風流な日本の伝統文化と言えるだろう。

風鈴には、金属製の南部風鈴と、ガラスで作られた江戸風鈴の二種類がある。江戸風鈴はガラスで囲われ、びいどろ風鈴とも呼ばれる。細長い形状の風鈴を「けし」と言い、丸形は大きさによって「小丸」「中丸」「大丸」と区別される。

江戸時代には風鈴屋は存在していて、風鈴蕎麦と言って風鈴を吊るした屋台を引いた蕎麦屋もあった。

出来上がった風鈴は行商で売る。朝に売り物の数を数え、当日売れ残った数を調べ、即日決算した。昭和初期は不況で、どこでも行商ができたので、職を失った人が多く風鈴売りに転じた。売れるときは、一週間も売れれば、一か月生活できるだけの収入になった。

初夏になると、風鈴屋が路上に店を出し、いくつも風鈴がぶら下がっていた。昭和初年の東京深川あたりでは、いがぐり頭の少年が路上の風鈴売りの店に買いに来る姿がよく見られた。

しかし、暦が夏になっても、涼しい日が続けば風鈴は売れない。気温だけでなく、雨にも左右される。そんなときは爽やかな音色も、不景気の音に聞こえてしまう。

この仕事は季節もので、夏は風鈴売りをし、秋や冬になれば別の仕事をする。救いは、客が涼しい音色に笑顔を浮かべるときで、収入は少なくても、そんな一瞬に支えられていた。

現在、江戸川区には「江戸風鈴」を作っている篠原儀治がいる。大正十三年生まれで、江戸川区無形文化財保持者・名誉都民である。すでに昭和十年代から作り始めていた。江戸で作られていた風鈴という意味で、彼がガラス風鈴のことを「江戸風鈴」と命名した。

ガラス風鈴は玉取りといって、風鈴の口になる三センチの玉を作る口玉職人、ガラスを巻き取り、ふくらまして風鈴にする職人の二人が組んで作る。指先で管を回しながら厚みを平均にするのがコツである。商品として売れるようになるまで十年の年季を必要とする。

data

【日収】多くて1日16～17円（大正14年）

◆ 鉄の風鈴の響き

岩手県の南部風鈴は南部鉄でできている。小さな釣鐘形で、その中に風受けの羽根や短冊がついている。ガラス製とはまた違う澄んだ響きで人々は涼を取った。

【参考文献】:〈経済往来〉昭和52年8月号／『近代庶民生活誌　第7巻』所収「カメラ社会相」南博編集代表　三一書房　昭和62年／「江戸風鈴　作り続けて100年」㈲篠原風鈴本舗ホームページ http://www.edofurin.com/　平成27年10月23日付

蛇捕り師

へびとりし

蛇を専門に捕る猟師のこと。蛇は精力をつける薬となるので、強壮剤の材料として重宝された。とくにマムシは黒焼きにすれば万病に効き、血を止める薬にもなったので、よく売れた。

昭和四十年代まで、地方に行くと蛇を捕ることを仕事にする人を見かけることができた。マムシなど毒を持っている蛇もいるので、素人にできる仕事ではなかった。怒っている蛇は宙を飛び、毒を噴射する。それが目に入れば、目もつぶれる。しかし蛇は動く餌を食べるという習性から、ウナギのような養殖はできないため、蛇を専門に捕る仕事が生まれた。

蛇捕りは江戸時代からあった職業で、マムシや他の蛇を捕っていた。草深い屋敷跡など蛇が密生している場所を知り尽くし、捕獲する。捕獲方法は様々であるが、蛇は油の匂いを嗅ぎつけて寄ってくる習性があるので、おびきよせるため油のついた女性の髪を焼く。蛇捕りのベテランは「蛇捕りじいさん」とも呼ばれた。

捕った蛇は捕瓶の中に入れると、蓋をふさぎ、水を少し入れて、呼吸穴を空けておく。

蛇捕りと言っても、捕った蛇の種類によって用途は様々だ。青大将は血清に使われるし、マムシは焼酎にすれば、精力強壮剤になる。万能に効く薬とも言われた。ヤマシバという全身が黒色で金の斑点のある蛇は薬剤としても重宝され、マムシの十倍の値段で売れた。

昭和初期、まだ結核が不治の病であったときは、蛇の生薬は貴重な薬剤で、薬屋に行けば、漢方薬としてマムシの干したものをガラス箱に入れて売っていた。マムシは焼酎につけて、鱗、皮を剥いで、天日に干して乾かす。それを粉砕して薬にする。強壮剤以外にも、肋膜炎や傷の治療薬としても効力を発揮した。露天商の蛇使いが、蛇に芸を教え、わざと腕を嚙ませることもあった。ここに薬をぬって「ほら蛇に嚙まれても治った」とアピールして、薬を売っていた。

やがて西洋薬が出回り、結核も治るようになると、薬としての需要は減った。戦前は都内でも蛇から作った薬を売る店が百軒はあったが、現在は数軒である。しかし現在でもマムシは強壮剤として売られている。

奄美大島には、ハブ捕りを専門にする業者が現在もおり、生きたまま捕獲すれば、市役所が一匹四千円で買い取りをする。名人であれば一日十匹以上を捕獲し、引き取り代で生計を立てている。

◆ 山ウナギ

熊本県と宮崎県境の秘境、五家荘《ごかのしょう》では今も肉体労働者がマムシを捕って食べている。滋養強壮、栄養補給に効果がある。地元の人はマムシを「山ウナギ」と呼ぶ。肝はとくに旨い。

【参考文献】：『近代庶民生活誌　第7巻』所収「カメラ社会相」南博編集代表　三一書房　昭和 62 年

薪売り

まきうり

かつて薪は採暖、煮沸、風呂などの燃料として生活必需品であったが、都会では薪が手に入らなかった。そのため、薪商人や薪問屋を通じて、行商で売られた。

薪は日々の暮らしに欠かせない生活燃料だった。囲炉裏、竈《かまど》、風呂で使う薪の量は大量で、つねに切らさないようにしなければならなかった。薪を家の周囲に積み上げたり、家の中で保存したり、薪小屋を作ったりしていた。太い幹を割り木にして使う「マキ」、枝を焚きつける「ソダ」があった。農村や山林に住む人たちは、自分の山や周囲の山林で入手できたが、都会の住民は手に入らないので、炭《たん》薪問屋《しんどんや》から小売店（小売業者）を通じて炭とともに購入した。

流通のシステムとしては、炭や薪をとる農民から「産地問屋」を通して、炭薪問屋に送られ、さらに仲買人を通して小売店に卸された。農民が問屋を通さずに、直接売ることは禁じられていた。

小売業者に卸された薪は、主に行商によって都会に売りに出された。薪のことを「春木」とも言い、薪売りの行商を「春木売り」とも呼んだ。薪の束を一メートルの縄で縛ることのできる分量を一束《そく》として売った。また薪の行商では、京都の大原女《おはらめ》が知られている。京都の東にある大原（現在の京都市左京区）から出てきて、街で薪、柴、炭を売る女性たちである。平安時代から見られ、彼女たちは頭に売り物を載せて行商した。上品な言葉遣いで、両肩に刺繍した手ぬぐいをあて、黒襟の筒袖を纏い、脚絆に足袋姿で容姿も美しかった。そのため藤原定家の歌にも詠まれ、洛中洛外図屏風にも描かれている。

大原女が売る薪は「黒木」と呼ばれ、生木を三十センチに切って、竈で蒸して黒くした薪だった。彼女たちは薪のほかにも、山菜、花、野菜を売り、戦後になっても姿を見ることができた。

岐阜県高山町では男たちが、二月頃に薪をソリに載せて、街に売りに来た。雪の中をソリを引いて売る姿は、冬の風物詩だった。

薪は生活必需品として、古代から昭和の戦前まで貴重なものだったが、プロパンガス、石油、電気が普及するにつれて、薪売りは姿を消していった。

品物を頭の上に置いて運ぶ頭上運搬で、「黒木召せ」と言いながら黒木を売り歩く大原女。美人が多かったという。

◆ 地方によって異なる薪売りの名

薪は「なら」「くぬ木」の堅木を上質のものとして、庶民には「木端《こっぱ》」が売られた。産地から薪屋まで運ぶ人を、今日では「小上《こあげ》」、大阪では「中師《なかし》」、他の地方では「日用《ひよう》」とも呼んだ。

【参考文献】:『昭和——二万日の全記録　第4巻　日中戦争への道』講談社　平成元年／『日本風俗事典』日本風俗史学会編　弘文堂　昭和 54 年／『風俗辞典』坂本太郎監修　東京堂　昭和 32 年

マネキンガール

まねきんがーる

デパートやファッションショー、婦人雑誌の口絵モデル、園遊会の接待、催し物のモデルなどを務め、プロ意識が高かった。現在のファッションモデルと販売員を兼ね、モダンガールとして最高給の職業婦人と呼ばれた。

日本で初めてマネキンガールを考案したのは大正十二年に都内の丸ビルの中に「丸ノ内美容院」を開業した美容師の山野千枝子で、渡米中にファッションショーを見て考案したのが最初だった。昭和三年三月二十四日に上野公園で大礼記念国産振興東京博覧会が開かれたが、高島屋呉服店は和服を出品した。和服を着た人形を並べたが、そのうちの一体が動き出したので、観客は度肝を抜かれた。これが日本初のマネキンガールだった。

その後、デパートでもマネキンガールが増え、昭和四年に七人のマネキンガールを集めて山野は「日本マネキン倶楽部」を作った。マネキンはマヌカンというフランス語に由来し、「招かん」とも聞こえるので、「招き」に似たマネキンという名称になった。正式には「美装員」と言った。

今で言えば、マネキンガールはファッションモデルで、デパートであれば、販売員も兼ねた。彼女らの活躍の場は、店だけでなく、髪型のモデル、婦人雑誌の口絵モデル、はては園遊会の接待、催し物モデルと、コンパニオンの仕事も含まれていた。デパートの帯の実演販売では、マネキンガールにやってもらうと、ふだんより十倍の売り上げがあった。デパートでは夏になると水着売り場で、彼女たちが集まって色とりどりの水着を披露した。昭和四年にマネキンガールとなった駒井玲子は、後に資生堂に入社して、現在の顧客と美容相談を行う「美容部員」(当時は「ミス・シセイドウ」と呼んだ)のスタッフを養成したことで知られる。

当初は物言わぬモデルだったが、やがて広告文を読まされたり、販売もするようになると美貌、スタイルだけでなく、訛りのない言葉遣い、爽やかな弁舌が要求された。また高額なギャラを巡って山野ら会社側が搾取するという事件も起き、マネキンガールたちはストライキを起こしている。

流行の衣装に身を包み、モダンガールとして最先端をゆく彼女たちは、羨望の的だった。職業婦人の平均月収が約三十八円の時代に、平均月収二百円という高収入がマネキンガールの地位の高さを物語っている。

data

【月収】200円　ただし2割を所属する組織に納入（昭和3年）

※同時代の大卒サラリーマンの月収は70円

水着の価格は
ウールで1円60銭から。
木綿は80銭から。
（昭和8年当時）

マネキンガールが水着を着て立つ、夏のデパートの水着売り場は華やかでにぎわった。

◆最高のマネキンガール駒井玲子

雑誌〈モダン日本〉（文藝春秋社）の昭和6年1月号には、「特輯グラビア」に、当代ナンバーワンとして女優の水谷八重子、ソプラノ歌手の関屋敏子、陸上競技の人見絹枝に交じって、マネキンガールの駒井玲子も紹介されている。雑誌のモデル、販売員、接客業、アナウンサー、コンパニオンなどすべてに秀で、職業意識が高かった。

【参考文献】：〈相談〉昭和9年2月号掲載「オール職業婦人　世相座談会」／『昭和——二万日の全記録　第1巻　昭和への期待』所収「マネキンガール誕生」講談社　平成元年

ロバのパン

ろばのぱん

昭和の初めから三十年代にかけて、ロバや馬に荷車を引かせて、町々にパンを売りに来た業者。四十年代に入ると、ミゼットなどの三輪車や自動車でパンを売って回った。

ロバに荷車を引かせてパンを売る方法は、昭和六年に札幌で「ロバパン石上商店」の店主石上寿夫が荷車を引かせて営業したのが始まりだった。たまたま中国から贈られてきたロバをもらった石上は、愛くるしいロバにパンを運ばせると人気が出るのではないかと考え、移動販売を行った。ロバの名は「ウィック」と言い、「いたずら」「わんぱく」という意味があった。御者は蝶ネクタイをつけ、競馬の騎手の格好で行商した。当時は店頭での小売りが中心だったので、ロバが馬車を引いてパンを売るのは珍しかった。冬にはロバにソリを引かせて売った。しかし、石上は体力のないロバの身を案じて、数年で移動販売を中止した。現在も石上の会社は製パン会社ロバパンとして北海道で営業している。

昭和二十八年夏には、ビタミンパン連鎖店本部社長の桑原貞吉が浜松市、京都市で馬（木曾馬）に荷車を引かせてパンを売るようになった。実際は馬に引かせているが、「ロバのパン」としてイメージされ人気を呼んだ。昭和三十年には『パン売りのロバさん』（後のロバパンの歌）というテーマソングが流れるようになる。全国百五十軒の連鎖店（チェーン店）の馬車がこの曲を流しながら移動してパンを売った。

人気が出ると、馬車では間に合わず、改造式の人力車、原付自転車を使った。最盛期は全国に連鎖店百六十店があった。

四十年代、販売方法は自動車に変わっていく。平成元年まで馬車を使う店もあったが、スナック菓子やチョコレートなど菓子類も増えスーパーやコンビニで売られるようになったので、ロバのパンもこれらの商品に押され売れ行きは下降線を辿った。

平成になっても十数店が営業し、カステラ、ドーナツなども加えて営業していたが、平成二十五年には連鎖店は岐阜市、三重県四日市市、高知市、徳島県阿波市の四店に減った。京都市にあるビタミンパン連鎖店本部では、今も蒸しパンやみたらし団子などを製造販売し、『パン売りのロバさん』の曲を流しながら車で売っている。

data

【販売数】馬車1台1日あたり700〜1,200個

【月収】1〜2万円　御者と売り子の給料は歩合制

【価格】1個10円

（すべて昭和35年頃）

◆ 珍しいパン売りたち

昭和13年には「玄米パンのほやほや」という掛け声で軍隊ラッパを吹き、太鼓を叩いて売る「玄米パン屋」も見られた。売り子はワイシャツにサスペンダー、ハットとモダンだった。明治時代の日露戦争後は、女性が看護師の格好でパンを売る「ロシアパン売り」も見られた。

【参考文献】：『ロバのパン物語』南浦邦仁著　かもがわ出版　平成5年／〈京都新聞〉平成25年8月7日付掲載「ロバのパン、愛され60年　売り方変われど『味、守り続ける』」／〈歴史通〉平成27年1月号掲載「シリーズ　昭和の写真家たち⑩　師岡宏次作品集　失われた景色」ワック

カフェ（純喫茶）

かふぇ（じゅんきっさ）

戦前から戦後にかけて、喫茶店でコーヒーを飲みながら、談笑することは高尚な文化だった。

喫茶店は、学生たちが知識や議論をする文化的サロンでもあった。

喫茶店は、純喫茶、カフェ、コーヒーショップとも呼ばれる。現在のスタイルの喫茶店の嚆矢《こうし》は、明治二十一年に台東区で開業した「可否茶館」である。当時のコーヒーは高級品だったので、より廉価な温めた牛乳を飲ませる「ミルクホール」も誕生した。

喫茶店のメニューにはブラジルコーヒーやコロンビアコーヒーがあり、カフェという語は、フランス語、イタリア語でコーヒーを意味する。終戦直後、紳士やインテリが知識の交換やお互いの研究の疑問点を話し合う場だった。あるいは、学生たちが友人と議論し啓発を受けるためのサロンだった。

日本でも高級な喫茶店になると、トランプ、ビリヤード、碁、将棋、新聞書籍などが置かれた。銀座の「資生堂パーラー」は吹き抜けの内部にオーケストラボックスを備え、生の演奏を聴かせてくれた。

大正から昭和にかけて、酒を飲ませ、女給のサービスが行われる「カフェー」が登場し、やがて主流となってゆく。喫茶店は、これらの店と区別するために、純喫茶とも呼ばれるようになった。だがカフェーに比べると店舗数では三分の一ほどにしかならなかった。そのなかで旧制高校の学生や、大学生たちは文化や芸術を語り合った。その精神は、戦後になっても引き継がれ、レコード鑑賞を目的とした「名曲喫茶」が生まれ、若者の民主化運動の一環として「うたごえ喫茶」が隆盛を極めた。これらは、文化サロンの趣を汲むものだった。とくにレコードが庶民の手に入りにくい時代は、音楽を鑑賞できる場としての役割も提供した。

昭和五十年代から、「ドトールコーヒー」などセルフサービスの店が増え、本来の意味での喫茶店が姿を消した。この背景には人々が合理性、利便性を求めるという傾向もあり、スピード化のなかで、生活の余裕が失われていることも指摘されなければならない。

学生たちが喫茶店のマスターを相手に、青春の生き方や恋を語り合う光景が昭和の歌謡曲に歌われているが、現在では、このように人生を語り合う場ではなくなってきている。

data

【料金】ブレンドコーヒー30銭、フランス式コーヒー70銭、コロンビアコーヒー50銭、紅茶15銭、ココア15銭

※一般の喫茶店のコーヒー価格は10銭

（昭和11年・銀座「耕一路」）

【店舗数】15万4,630軒（昭和56年）、8万1,042軒（平成18年）

◆ 青春歌謡曲の舞台

喫茶店は青春歌謡の曲によく登場する。喫茶店は青春の象徴そのものであった。『学生街の喫茶店』（ガロ）、『コーヒーショップで』（あべ静江）といった曲の中で、喫茶店は学生運動後の学生たちが生き方を語り合う場として登場している。

【参考文献】：『昭和——二万日の全記録　第4巻　日中戦争への道』講談社　平成元年

カフェー

かふぇー

欧米流のコーヒー店であったカフェは関東大震災後に一部の店が女給のサービスを強め、カフェーと呼ばれた。昭和十年代になると女給はホステス化した。本来の喫茶店と分けて「新興喫茶」とも呼ぶ。

喫茶店（カフェ）が大正から昭和初期にかけてカフェーと呼ばれ風俗化したときがあった。明治末に開業した「カフェー・ライオン」はエプロン姿の女給のサービスが人気となり、繁盛するようになった。和服に白いエプロン姿が特徴だった。その後、大正期の関東大震災の翌年、銀座に開業した「カフェー・タイガー」は女給の化粧や着物が派手で、客にはべって飲酒させるサービスを行った。ここからカフェーは本来の姿から離れ、風俗化した。

昭和三年には女給による性的なサービスを行う大阪系の大型カフェー（「ユニオン」「赤玉」など）が東京に進出すると評判を呼び、全国的に広がった。このようなスタイルの喫茶店を「新興喫茶」「特殊喫茶」あるいは「カフェ」の語尾を伸ばして「カフェー」と呼び、特殊飲食店規制の対象となった。

昭和四年には銀座表通りだけでも五十軒のカフェーがあり、うち酒を飲ませる店は三十七軒だった。

家計のために働く女給にとって収入の多さは魅力的だった。学歴不問で採用され、多くが十八歳から十九歳であった。チップ制の店もあり、サービス次第ではかなりの高給になった。勤務時間は十二時間で深夜にまで及び、客から誘惑され、酒や煙草を呑むようになる弊害もあった。勤務年数も短く、転職者も多かった。この時期には「カフェーごろ」と呼ばれる客も多く、「キス五十銭、サワリ一円」というサービス目当てにたむろする男をそう言った。昭和十三年には、新興喫茶と純喫茶の割合が九対一となった。

昭和初期にはカフェーはしばしば作品の舞台としても登場し、谷崎潤一郎の『痴人の愛』にはカフェーの女給ナオミが登場する。永井荷風、広津和郎らもカフェーを通して、当時の世相、風俗を描いた。

カフェーは全盛を迎えたが、「風紀を乱し、暴利をむさぼる」ため、営業停止処分を受ける店も出てきた。当局は昭和四年四月に名古屋で、同年九月には東京で、十月には大阪で「営業午後十二時まで、女給の行為制限、定価の明示」などの取り締まり規制を行った。後に戦時体制の規制もあり、カフェーは減少し、本来の喫茶店が増えていった。

data

【女給の人数】約1万8,000人（昭和5、6年・東京）全国では6万人（1920〜30年代）

【店舗数】約7,900軒（昭和5、6年・東京）

【月収】30〜50円（昭和5年・大阪）、200円以上のつわものもいた

◆客の間を飛び回る「夜の蝶」たち

「夜の蝶」と女給仕たちが呼ばれたのも昭和初期で、白エプロンを蝶結びにし、蝶々のように客から客へ媚《こび》を売って回っていたため、そのように言われた。

【参考文献】：『昭和——二万日の全記録　第3巻　非常時日本』講談社　平成元年／『近代庶民生活誌　第10巻』所収「歓楽の王宮　カフェー」南博編集代表　三一書房　昭和63年／『昭和——二万日の全記録　第1巻　昭和への期待』講談社　平成元年／〈婦人公論〉大正5年9月号掲載「女子職業調べ」

テン屋

てんや

煮魚やかまぼこなど、副食だけを売る飲食店。主食は客が持参する。行商や労働者などが、移動先で利用した。「煮売り屋」とも言う。都市では飯も提供する「一膳飯屋」となった。

テン屋は、大正時代にもっとも栄え、戦前までは見られた店の形態である。かまぼこ、魚、野菜などを煮ておいて、副食だけを売った。ご飯は客が持参して、店内で食事をした。利用者の多くは、田舎から馬車を引いて薪などを売りに来た労働者で、店先に馬を止めて食事をした。煮たものを売るので「煮売り屋」とも言った。また店によっては酒を売るところもあり、その場合は「煮売り茶屋」とも呼んだ。

テン屋が生まれたきっかけは、江戸時代に起こった明暦の大火だった。町中が焼けてしまったので、復興事業で労働者が各地から集まった際に、外食の需要が高まったためである。

行商によって売る方法と、店を構えて売る方法があり、後に店舗形式が主流になった。いわゆる簡易食堂であるが、地方では行商人が旅の途中にテン屋に寄って食事することは続いたが、都市では飯も出る「一膳飯屋」という形を取るようになる。東京、大阪、神戸などの木賃宿に泊まる日雇い労働者たちに、奈良漬などの沢庵や鰯の頭を焼いたもの、鯖の煮つけ、鮭を焼いたものなどの料理を安い料金で腹いっぱい食べさせた。店は九畳ほどと狭く、天井も低く、テーブル、ベンチが雑然と並ぶ。飯時になると労働者が体をくっつけて食べるほど混雑し、食器も衛生的とは言えなかった。

テン屋は、昭和に入っても地方では存続していたが、やがて行商する人が減ったことと、飯屋の店舗形式が次第に多角化し、後に大衆食堂と呼ばれるものもできて、姿を消した。テン屋と本質的には同義の一膳飯屋も時代の流れで、新しい形式の食堂に取って代わられた。

これらの店は、ファミレスなど大衆的な食堂の原型である。

data

【料金】大豆とこんぶの煮物・豆腐・めざし3尾・ねぎの甘酢味噌：各2銭／鯖の煮付6銭／かまぼこ10銭

（大正時代・神戸の一膳飯屋）

◆ 復興労働者の腹を満たす

テン屋の起源は、すでに江戸時代に見られ、当初は餅や団子なども売っていた。これを「焼売」と言ったが、明暦の大火で町の復興のための日雇い労働者が江戸に増えると、煮物を中心に食事を提供する店が増え始めた。

【参考文献】：『大正・昭和の風俗批評と社会探訪——村嶋歸之著作選集　第3巻　労働者の生活と「サボタージュ」』所収「一膳飯屋の内容」津金澤聰廣・土屋礼子編　柏書房　平成16年

ミルクホール

みるくほーる

牛乳が飲めてパンを食べられる庶民的な軽食店。店には新聞などがあって、自由に読むことができた。後に牛乳店が増え、自由に牛乳が買えるようになったので、次第に少なくなった。

ミルクホールができたのは、明治三十二年にビヤホールができて、ダンスホールなど「ホール」という名のつく店が増えた頃である。

もともとは牛乳販売店が、早稲田大学近辺で、学生を相手に牛乳を飲ませ、ジャム付きパン、バター付きパンなどを食べさせる店を始めたのが最初だった。この時期、銀座にはカフェ（喫茶店）が現れ、コーヒー、ケーキを販売するようになったが、まだ高価であった。ミルクホールは喫茶店よりも安価で、店構えはガラス戸に白い暖簾《のれん》、テーブルも椅子も粗末でごく庶民的だった。当時の学生は、カフェで議論することも多かったが、懐が寂しくなると、ミルクホールに行った。そのため「カフェでなく、ミルクホールに行くのか」とからかわれることもあった。

とはいえ、瞬く間に学生の間に広がり、駄菓子屋よりもハイカラな存在として、昭和十年代には地方にも広がった。

ミルクホールは手軽な休憩所、食事場で、三、四種の新聞、雑誌、官報を無料で見られる場でもあり、次第に学生だけでなく、汽車の待合のために利用する人も出てきた。ミルクホールに行けば牛乳を温めて砂糖を入れてくれるうえ、新聞、雑誌を読みながら、くつろぐことができるので、牛乳屋に配達させて飲むよりもメリットが大きかった。

東京では神田、本郷、小石川、芝など中等学校以上の学校のある場所に作られた。

店には給仕の若い女性とコック一人がいた。このペアが夫婦のときもあった。壁には活動写真（映画）のビラが貼られ、大きなテーブルがいくつか置かれ、そこに椅子を並べて座る形や、ボックス席風など様々だが、二坪から五坪とそれほど広くはなかった。髭《ひげ》を蓄えた人が牛乳で濡れないようにと、コップに髭除けの金網をつけるといった工夫もなされ、笑い話になった。

昭和十年代を過ぎると、喫茶店も増えたため、ミルクホールは廃れた。戦後の物資統制の時代、牛乳は入手できず、アメリカ軍の払い下げの粉ミルクを給食用として飲むようになり、ミルクホールも見られなくなった。

data

【価格】ゼルシー牛乳５銭、純良牛乳４銭、玉子牛乳８銭、ココア７銭、ジャム・バター付きパン５銭、チョコレート７銭

（大正初期・東京）

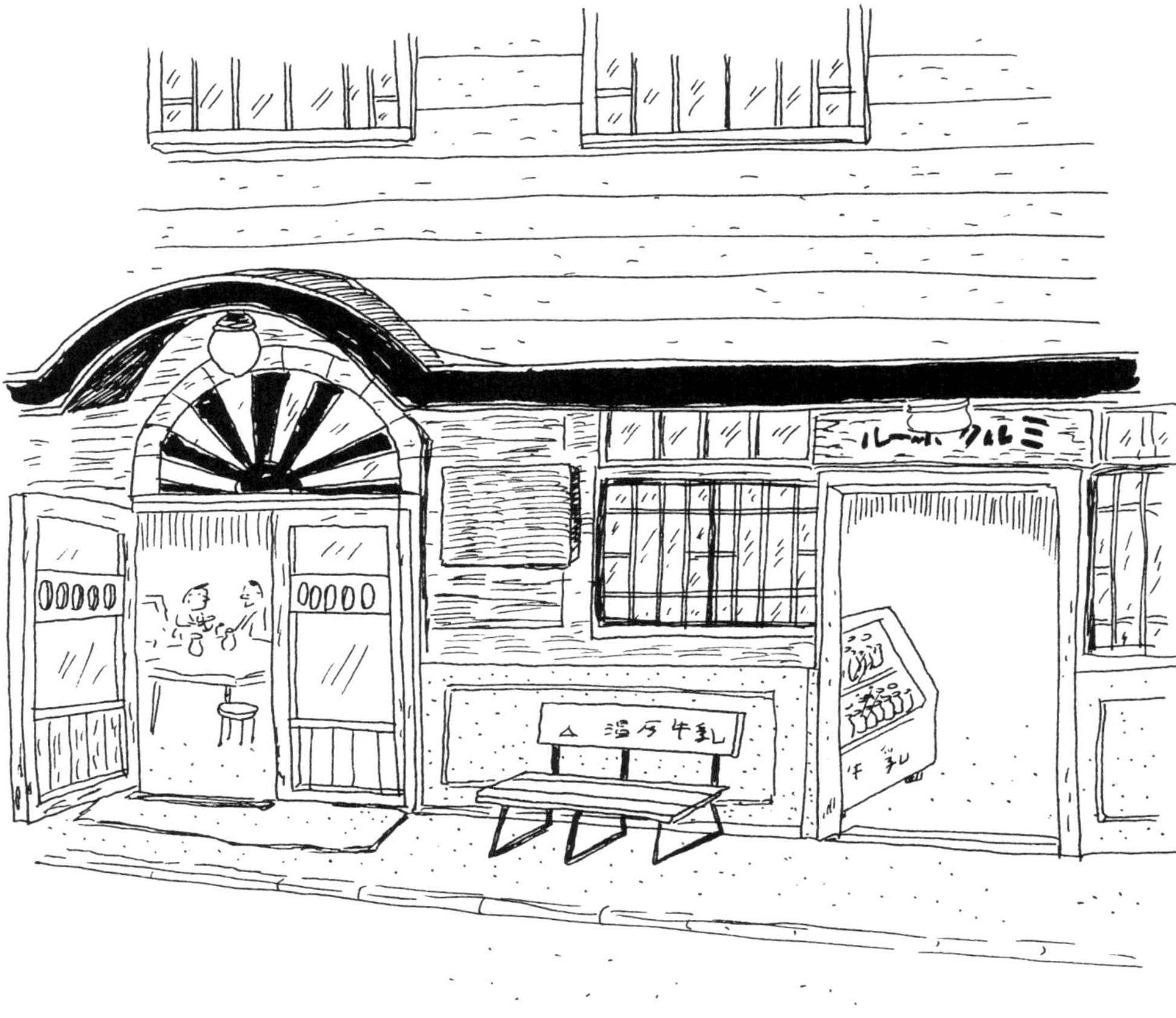

◆ 手軽で美味しい軽食堂

牛乳の種類も様々で、玉子入り牛乳、氷牛乳、ミルクセーキなど当時では斬新であった。パンのほかケーキなどの西洋菓子だけでなく、軽い食事もできた。

【参考文献】：『独立自営営業開始案内　第3編』石井研堂著　博文館　大正2年

コラム2 昭和の仕事人の声

昭和の仕事に携わり、現在もその仕事を続けている人たちの声を聞いてみた。この人たちの声を聞くことで、昭和を生きた人々の職業観、働くとはどういうことなのかが明白になってくる。

「三助」橘秀雪

平成二十二年当時、都内で唯一の三助と呼ばれた人に橘秀雪（当時七十二歳）がいる。橘は富山県生まれ、兄弟は五人いて中学を卒業したら働かなければならなかった。

「背中を流す方法は先輩から習ったよ。緊張しなかったよ。腕がいいから流すことができるんだから。あの頃の楽しみは、正月かお盆に田舎に帰って親の顔を見たり、友達に会うことだった。夜行列車で床に新聞紙敷いて、鱒鮨を食べるのが最高だったねえ」

そんな橘に働く意味を聞いた。

「三助の仕事はつらいとは思わないよ。仕事をするのは当たり前だと思っている。楽しいとか楽しくないとか全然思ってない。今の若い人たちは辛いことがあると、ぱーっと逃げてゆくけど、俺は仕事は小さいうちからどんなことがあってもやるものだと思っていた。この仕事しかできないからね。嫌だとも辛いとも思わない」

「指物大工」角義行

九州を横断する大河、筑後川の下流にある大川市には、指物大工を六十年続ける角義行がいる。主に建具を作り、戸、障子、襖、欄間などを手掛ける専門的な技術を持った人である。

「私が建具を志した理由は、うちの叔母が建具屋をしていたからです。父親も〝手に仕込んでいたら飯がどうにか食えるぞ〟と薦めてくれて、中学を卒業するとすぐに弟子入りしました。昭和二十四、五年の頃です。この世界は、分業と言うのでしょうか、雨戸なら雨戸だけを専門にやる人がいると決まっているんです。雨戸を作らせれば素晴らしいけど、障子を作らせれば、ちょっととか、組子を作ると上手いけど、大きな山門の扉がちょっと……とかなります。違う分野の材料も正しく認識できるかというと難しいです。専門性が高いのです。逆にいろんな分野の経験をしたら平べったい知識しか生まれません。

私は建築建具が専門です。組子も少しやります。障子や欄間などを作ります。私はいろんな家にあったものを作りますし、神社仏閣も手掛けます。〝これはあそこに持っていかないとできない〟という分野が自分にあったことは良かったなと思います」

現在は住宅メーカーが家を作るようになり、建具も規格品で一緒に作るようになった。

「私たちは経験を積んでいろんなものも手掛けているわけですから、業者の流れに巻きこまれることはできないのです。どこかで妥協したら失敗する。建具は家の一部に納めるから、一ミリも二ミリも違ったらだめです。正確に寸法を取らないと失敗します。その技術が深くて、いまだにわかりません」

「瓦師」渋田良一

筑後川の下流は瓦の産地でもある。福岡県久留米市で「城島瓦」を作る渋田良一は、この道五十年のベテラン職人である。彼は仕事の気概を語る。

「うちは家族労働でやっています。瓦屋に生まれたから〝自分は瓦でしか生きないぞ〟という気概でやっていました。この仕事は職人仕事というよりは、慣れですね。とても辛抱のいる仕事だと思います。

うちの場合は親の代から九十年くらい瓦を作っていますから、島原や長崎に、うちで作った瓦があるんですね。大分にもありますね。温泉旅館の屋根や塀にうちの瓦がある。子供たちが長崎に行ったとき〝うちの瓦があったよ〟と言ってくれるんです。そうやって形に残る部分は嬉しいですね。そこが営業とかお金を扱ったりする仕事と違うところです。ある程度お金になったがよか、という人もおるだろうけどね。やっぱ自分で動いて仕事をしよるものは大した金にはならんです。工事で言えば、腕組みしよる人が儲かるでしょうし、人の汗で儲かる人が金になるでしょうが（笑）。だけどものを作ってゆく人の喜びは、品物が残ってゆく、それが誇りでもあります。私が死んでも瓦は残るわけです（笑）。やはり一度作った瓦はいつまっでん責任を持たんといかんと思います」

一口に昭和の仕事と言っても種類は様々だ。その仕事に打ちこんだ人たちは、日の当たらないものでも、そこに流す汗に充実感をもって仕事をしていたということだ。キャリア支援、適職、など教育現場でさかんに耳にするが、その前に額に汗して労働するのがまず働くことの第一義なのだと教えられる思いがする。

サンドイッチマン

さんどいっちまん

体の前後にポスターや商品の宣伝広告を掛けて、街や店の前でおどけて宣伝する人。食べ物のサンドイッチのように広告で体の前後を挟むのでそう呼ばれた。

街頭広告業のひとつ。日本で全国的に普及したのは、第二次大戦後である。銀座で喜劇俳優のチャップリンを真似たサンドイッチマンが現れ一世を風靡《ふうび》すると、全国に広がった。プラカードを持って、おどけて客の目をひく芸も行うようになった。戦前から戦後にかけて「銀座のチャップリン」と呼ばれたサンドイッチマンたちがいた。

一人は洗濯屋の職人で、暗くなると資生堂の角でハーモニカを吹いた。二人目は深川の元ラジオ屋職人の牧純信である。昭和の初め頃の宣伝方法はチンドン屋か新聞の折り込みチラシしかなかった。牧は鼻の下にちょび髭《ひげ》を蓄えチャップリンによく似ており、「モダン・タイムス」に出てくるチャップリンの格好をして自分の店の看板を持って歩くと、たちまち人垣ができた。昭和八年、牧はサンドイッチマンとなり、戦後、「牧チャップリン宣伝広告会社」を設立。男女五十人のサンドイッチマンを雇った。

サンドイッチマンとして活動するには、所轄の警察署に道路使用許可証を申請するだけでよかった。プラカードの持ち方、歩き方、呼び込み方法などを実地訓練して一人前となる。足に竹馬を縛り付けて通行人を見下ろしながら宣伝したり、街角でジャズが聞こえれば、踊りながらプラカードを見せたり、首を操り人形のように前後左右に振ったりと、方法も様々だった。鼠色のソフト帽、細い縞の背広、と格好も目をひいた。銀座のサンドイッチマンでは昭和二十三年に街頭に立った元海軍大将、連合艦隊司令長官高橋三吉の次男の高橋健二が世に知られた。テレビの宣伝がマスを相手にするならば、サンドイッチマンは店先の案内係だった。

昭和二十三年には、背中に広告だけでなく、一斗入りの水桶を担いだサンドイッチマンも登場した。水が管を伝って流れ、靴底のフェルト活字に染み、歩くと地面に左足で「明るい宣伝ロードサイン」の文字を右足で映画の題名が次々と道路にスタンプされるという仕組みで、ロードサインと呼ばれた。

やがて、ケロヨンやペコちゃんなどマスコットの登場などによって、サンドイッチマンは廃業した。

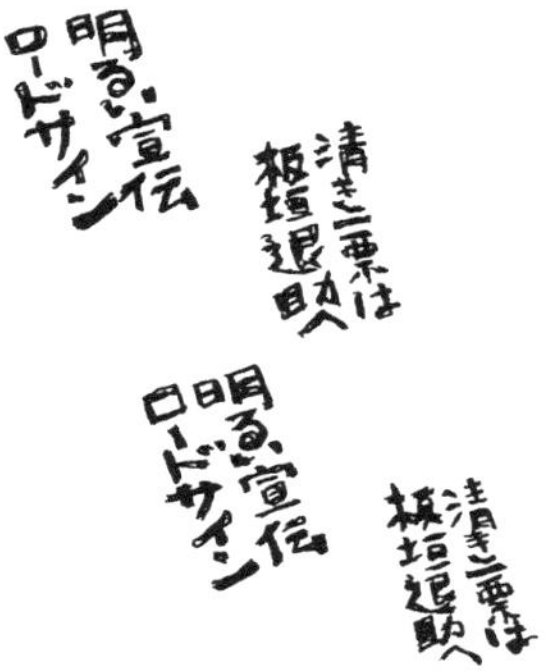

data

【日収】7銭（昭和8年）、3,000〜4,000円（昭和25年）

【人数】500人（昭和30年代・東京）

◆街の道化の素顔

〈ロイド眼鏡に燕尾服　泣いたら燕が笑うだろう　涙出たときゃ空を見る……俺らは街のお道化者　呆け笑顔で今日もゆく〉。昭和28年に流行した歌『街のサンドイッチマン』（鶴田浩二）は、実在のサンドイッチマンの心情を託して歌われたという。

【参考文献】：〈週刊朝日〉昭和23年12月5日号掲載「ピエロの独白——師走・巷のユーウツ——」／〈週刊サンケイ〉昭和36年8月7日号掲載「〝銀座チャップリン〟ここにあり——〝サンドイッチマン人生〟三十年の哀歓」

チンドン屋

ちんどんや

街頭宣伝業者。鐘と太鼓をワンセットで叩くと「チンドン」という音がするから、チンドン屋と呼ばれるようになった。関西では「東西屋」とも言う。

パチンコ店の新装開店や、町の商店街の歳末大売り出しのたびに、チンドン屋の姿は見られた。路地を股旅スタイルの男性二人と着物姿の女性一人が、クラリネット、三味線、ドラムなどを演奏しながら、S字形に練り歩く。ときに楽器は太鼓やサキソフォーンであったり、女性は明治時代の洋装姿であったりする。猥雑なパチンコの音とともに、活気があって、人間の匂いのする光景である。

その歴史は古く、明治二十二年頃に関西で職業として成立するようになった。このとき「東西トーザイ。このたびご近所に日本一の品ぞろえの八百屋さんができました」という口上から「東西屋」と呼んだ。東京ではチンドン屋と呼んだが、仲間同士では省略して「どんや」と呼んだ。

素人には難しい仕事で、通常ドサ回りの役者が失業して行うことが多かった。昭和に入り戦前には、股旅スタイルのチンドン屋が増えた。映画の流行で、旅役者たちが参入したためである。やがてトーキー映画の時代になると失業した活動弁士や楽士もチンドン屋になった。ときには歌舞伎の女形が三味線を弾くこともあった。第二次世界大戦後になると、特需景気もあって、宣伝に力を入れる業者も増え、昭和三十年代にはチンドン屋の数は全国で二千五百人にものぼった。

この頃は十五人ほどで連隊を組んでいたが、ギャラは楽士が一番高い。演奏は大変な労働で、しかも目立つ「どんや」の顔だからである。

昭和二十年代には、車に広告を出して宣伝する宣伝カーが走り出し、強敵になった。四十年代のテレビの普及で、コマーシャルなど宣伝スタイルが多様化すると、以後チンドン屋は減少していく。

昭和五十年代前半は、東京にはまだ百人近くがいたが人数も減ったので、連隊は組めず、三人で行うことが多くなった。

現在、職業としてのチンドン屋は全国で六十人ほどしかいないと言われる。一方で若者がチンドン屋に関心を示し、ミュージシャン、俳優を志す者たちがチンドン屋を修業の場として選ぶようになった。トランペットやサキソフォーンでビートルズの曲を演奏するなど、モダンなスタイルを取り入れているという。

data

【人数】全国に2,500人（昭和30年代）

【日収】女性2円50銭、男性クラリネット吹き3円50銭、ビラ配り1～2円

◆ 楽器が名前の由来

チンドン屋の名前の由来は、「どんぶち」という下は太鼓、上に伏せ鐘（「よすけ」とも言う）の2段になった楽器を前に抱えて、交互に叩くと「チンドン」という音がするから、そう呼ばれるようになった。

【参考文献】：『近代庶民生活誌　第7巻』南博編集代表　三一書房　昭和62年／〈月刊ペン〉昭和52年5月号掲載「ちんどんや　その滅びの美学」藤井宗哲著／『下町の民俗学』加太こうじ著　PHP研究所　昭和55年／『昭和——二万日の全記録　第9巻　独立—冷戦の谷間で』講談社　平成元年／『昭和——二万日の全記録　第2巻　大陸にあがる戦火』講談社　平成元年

三助

さんすけ

銭湯の下男。昼は薪など風呂を沸かす材木を集め、湯加減の調整、掃除をし、夕方は下足番、客の背中流しも行う。とくに釜焚き、湯加減の調整、番台業務の銭湯の三つの主な仕事を助けたから「三助」と呼ばれた。

江戸時代、三助は奉公人の通称だったが、享保の頃から銭湯の下男を指すようになった。主に富山県や新潟県出身者が多く、薪を集めたり、下足番をしたり、下働きを積んだ。やがて釜焚き番をしながら、客の背中流しに出るようになった。一人前になるまでに十年はかかり、後に番頭になって番台に座ることもあった。年季を積み、銭湯の経営者になるというシステムだった。

三助の日常は、まず風呂を沸かす燃料の用意。薪を集めるのは大変だった。昭和三十年代は石炭で湯を沸かしていたから、石炭を燃やしたガラ（かす）を舗装していない道の水たまりに入れて、穴埋めもした。午後になって風呂を沸かす。そして風呂場の掃除。なかでも一番大切な仕事は、風呂場の掃除である。

三助にとって背中を洗うことは、本来の仕事から見れば、内職にすぎない。背中流しの方法は先輩の三助から習う。やればやっただけ客からお金を貰えた。当時は銭湯一軒に三人から四人の三助がいたが、現在は銭湯も電化が進み、三助の仕事自体も楽になった。

平成二十一年当時は、東京都東日暮里にある「斉藤湯」には都内唯一の三助がいた。橘秀雪と言い、当時は七十二歳。富山県氷見市の出身で、背中も流した。

背中流しは、番台で銭湯代の他に流し代（四百円・平成二十一年）を支払うと木札を渡される。橘が、紺色の水着で現れ、固いタオルに石鹸をつけて、上腕、両肩、背中を洗う。洗い終わると、首、頭、腰、手をマッサージした。

三助は、この十年の間に都内から消えた。昭和三十年代だと、背中を流す客は一日に四、五十人はいた。

銭湯のピークは昭和二十年から三十年頃まで。一日に千人の客がいた。しかし家に風呂ができ、さらにアパートも風呂付きが増えたので、おのずと銭湯を利用する人は少なくなった。現在も毎月、四、五軒は廃業している。かつての三助は店の主人になることを夢見て働いてきたが、それも叶わなくなった。平成二十七年現在、すでに橘も引退し、三助を見ることはできない。

data

【銭湯の軒数】約4,000軒（昭和30年代・都内）

【三助の人数】昭和30年代は銭湯1軒に3、4人いたが、平成21年には全国で1人

【背中流し代】400円（平成22年）

◆三助の「3つ」の仕事

三助は背中を流すイメージが強いが、これは本来の仕事ではなく、釜焚き、湯加減の調整、番台業務の銭湯の3つの主な仕事を助けたから「三助」と言う。それ以外にも銭湯の様々な仕事を手伝う。背中流しではマッサージも行う。

【参考文献】：『昭和の仕事』澤宮優著　弦書房　平成22年

活動弁士

かつどうべんし

大正から昭和初期にかけて、無声映画に合わせて登場人物のセリフや、ストーリーを舞台に立って語った弁士がいた。映画が活動写真と呼ばれていたので、活動弁士と呼ばれた。

日本に映画（無声映画）が入ったのは明治二十九年で以後、大正時代になるとさらに隆盛を極めた。活動弁士は、無声映画に合わせてセリフを語るだけではなく、人物一人一人の声色も合わせた。物語の進行（今で言うナレーション）なども流暢に語り、画面の魅力と同時に、弁士の上手さで観客を映画の内容に引きこむ。当時、無声映画は活動写真と呼ばれ、弁士とともに、音楽を演奏する楽士によって成り立っていた。もともと日本の演芸が、浪曲や浄瑠璃、歌舞伎など語って聞かせるという方式だったため、その延長上に映画もあった。活動写真の弁士という意味から、活動写真弁士、活動弁士または略して活弁士とも言った。

活動弁士の活躍の場は広がり、各上映館に名物弁士と呼ばれる者も登場した。

弁士たちに激震が走ったのは、アメリカからトーキー映画（声、音楽も聞こえる今のスタイルの映画）が上陸したときだった。昭和四年『南海の唄』『進軍』といったアメリカのトーキー映画が上映された。この頃はまだ英語を日本語に吹き替える仕事が弁士にあったが、昭和六年に上映された『モロッコ』に日本語字幕がついたことで、再び弁士の間に大きな衝撃が走った。翌七年には松竹が『マダムと女房』という日本初のトーキー映画を制作。まだ無声映画も作られてはいたが、音楽だけがつくサウンド版の形式に変わった。昭和十年代になると、トーキー映画が中心となり、活動弁士は職を失うことになった。昭和七年四月、東京浅草の映画館二館が十人の弁士に解雇を通告した。その後、東京、大阪、京都、神戸などで弁士や楽士がストライキを起こし、解雇撤回の交渉を行う争議も行った。一方で、活躍の場を失った活動弁士は無声映画を上映する地方の映画館へ行くか、紙芝居屋、チンドン屋などに転職して、自分たちの技術を生かそうと努めた。

現在、活動弁士として活躍する澤《さわ》登《と》翠《みどり》は、国内だけでなく海外でも活躍する数少ない弁士として名を馳せている。無声映画を上映する機会も少なからずあり、それに伴い活動弁士として活躍する者もいる。

data

【活動弁士の人数】全国で7,576人(昭和元年)、1,295人(昭和14年)

◆ 活動弁士出身の著名人

活動弁士出身の著名人に、漫談、俳優として多方面で活躍した徳川夢声がいる。彼は新宿武蔵野館の名物弁士だった。また牧野周一は徳川夢声の弟子で、後に漫談家として活躍した。

【参考文献】:『昭和——二万日の全記録　第3巻　非常時日本』所収「職を奪われた弁士たち」講談社　平成元年／『昭和の仕事』澤宮優著　弦書房　平成22年

門付け芸人

かどづけげいにん

人家の門前で芸を演じて、銭を乞う仕事。正月の獅子舞、猿廻《まわ》し、えびす廻し、節分の厄払い、歳末なら鉢叩き、など。もともと芸を行う人は神様で、門ごとに祝福を受けるという信仰から生まれた。

門付け芸は、家の門に立って行う芸なのでそう呼ばれたが、門口に神が訪れて祝福する民間信仰を背景にしている。中世以来の日本の伝統芸であった。中世の声聞師《しょうもじ》という経読《きょうよみ》、曲舞《くせまい》、卜占を行った呪術的芸能がルーツと言われる。神の代理人として祝禱してゆく放浪遊行の芸能者によって行われた。呪術的な芸が多かったので、物乞いの芸でも、人々は蔑視することはなかった。

〈おめでとうさまと祝いこみまつるアレご万歳とチョイと寿ぎて〉

正月、小正月に家にやってくる門付けは、そう口上を述べると万歳をやった。大道祝福芸と言う。万歳自体が今の社会では少なくなってしまったが、このような光景は戦前までは各地で見られていた。たいていは二、三人で来て、門の前に立って、祝歌を歌い、「良い年であるように」と寿言《ほぎごと》を述べる。そこから芸を始めるが、万歳のほかに、大黒舞、えびす廻し、春駒、猿廻しなどの祝い芸をする。

〈大黒さんという人は一に俵をふんまえて二でニッコリ笑うて〉

これが大黒舞の口上で、大黒様の姿で小槌を振りながら舞う。

節分には厄払い、歳末には節季候《せきぞろ》、婆《うば》等《ら》、鉢叩き、狐舞などを行う。また季節を問わず人形廻しや、虚無僧、声聞師、女大夫がやってきた。琵琶を町中で弾く琵琶法師、三味線を弾きながら歌（瞽女《ごぜ》唄と言う）を歌う瞽女など目の不自由な芸人の芸もあった。

もともと門付け芸は、家に訪れてくる芸能だから、行商である。かつての日本で歌舞伎など劇場や小屋を構える前は、芸人が訪れて演じた。獅子舞、虚無僧の姿は昭和四十年代前半まで見られた。折しも、この時代はテレビの全盛期。正月はテレビで伝統芸が放映されるようになり、門口でなくお茶の間で芸が披露されることになった。テレビの進出で門付け芸も少なくなった。現在は祭礼などでのみ見ることができる。

data

【収入】お貰い高と言う。1日回って1万6,000円（昭和46年）

地域によって門付け芸を受け入れやすいところがあり、鎌倉では浅草の倍額を稼げた

門付けをする瞽女。ひとりが三味線を弾き、ひとりが瞽女唄を歌う。目の見える者が先導役「手引き」となって各家を回った。演奏のあと、家の人に招かれお茶をご馳走になることもあった。

◆ 流しの歌手も門付け

戦後になると、ギターやアコーデオンを持って飲み屋街に現れ、金を取って歌を聴かせる「流し」が現れた。新宿のゴールデン街でも見かけることができる。これも門付けになるが、神が訪れ祝福するという本来の意味からは外れてしまっている。

【参考文献】：『日本の放浪芸　オリジナル版』小沢昭一著　岩波現代文庫　平成18年／『旅芸人のいた風景　遍歴・流浪・渡世』沖浦和光著　文春新書　平成19年

紙芝居屋

かみしばいや

夕方になると神社や広場に拍子木を叩いてやってくる。自転車の荷台に紙芝居の箱を積み、上演すると、子供たちに人気を博した。飴、菓子も売っていた。

紙芝居が昭和初期に全国へ普及し、子供たちの人気の的になったのは、トーキー映画の登場に関係する。それまで無声映画だけであった活動写真（映画の旧称）が、昭和四年にトーキー映画が登場すると、こちらが主流となり、やがて無声映画はほとんど作られなくなった。そのため無声映画でストーリーを話し、セリフを演じる活動弁士が大量に失業した。彼らが得意の筋立て、セリフなどの口上を活かし、紙芝居屋に転向したため、一躍子供たちを魅了することになった。

元活動弁士は、セリフの言い回しが上手く、女性の声、男性の声など、それぞれ登場人物の声を使い分け、喜怒哀楽の節回しも見事である。子供たちに爆発的な人気を呼び、昭和十二年に紙芝居屋は全国で三万人いたという。この頃の人気作品に『黄金バット』がある。やがて戦争の激化に伴い、行商としての紙芝居屋は一時的に廃れるが、戦後すぐに復活。だが昭和三十年代後半に入ると、テレビが普及し始め、子供たちは『月光仮面』などテレビ番組を見るようになり、やがて怪獣ブームとアニメブームで紙芝居屋は失業するようになった。

紙芝居屋の行商スタイルは、自転車の荷台に紙芝居の箱を積んで、行商場所にやってくる。進軍ラッパを吹いたり、拍子木を叩いて、子供たちが集まってくるのを待った。場所は神社や団地の広場。雨が降れば、神社の屋根の下、民家の倉庫に変わった。

出し物は二作品。シリアスものと漫画もの。一話完結もあれば、子供たちの興味を繋ぐため、シリーズもので、クライマックスを迎える前に「続きは明日」というパターンもあった。

昭和四十年代は午後五時から子供向けのテレビ番組が始まるため、紙芝居は四時頃に始め、テレビと共存する形で行われた。彼らの信条は「テレビに負けたくない」。プロ意識も高く、セリフの言い回しは役者に負けないという誇りがあった。現在、職業としての紙芝居屋はほとんど見られなくなったが、縁日などで趣味として子供たちに紙芝居を演じる光景が見られるようになった。

data

【料金】紙芝居10円、水飴10円、昆布10円（昭和40年代・熊本）

昭和初期は１銭の飴を購入すれば見物可能だった

◆ 紙芝居の有名作品

紙芝居を著名な漫画家が描いた時期もある。『のらくろ』で有名な田河水泡、テレビアニメで一世を風靡《ふうび》した『黄金バット』も最初は紙芝居だった。

【参考文献】：『昭和——二万日の全記録　第３巻　非常時日本』所収「職を奪われた弁士たち」講談社　平成元年／『昭和の仕事』澤宮優著　弦書房　平成22年

公娼

こうしょう

売春婦。昭和三十一年売春防止法が成立し、二年後に施行されると公娼は廃止された。一方、政府が営業を許可していない売春婦を私娼と呼ぶ。

明治以来、政府は何度も売春を禁止しながらも、黙認してきた。売春の多くは「遊廓」（遊郭とも表記）という形を取った。東京吉原、洲崎《すさき》、京都島原、大阪飛田《とびた》、熊本二本木などがよく知られる。熊本二本木の「東雲楼《しののめろう》」は、明治三十三年に娼妓《しょうぎ》が楼主に対して起こしたストライキで有名である。昭和二十一年一月にGHQ覚書によって遊廓は廃止されることになったが、占領軍兵士相手の慰安婦の特殊営業と終戦後の性風俗の乱れに対処するため、公娼地域を指定する形で残った。

公娼地域は行政区分で赤い線で囲まれた。ここから「赤線」という言葉が生まれた。またキャバレー、バーなど飲食店で密かに私的に売春が行われた区分は青い線で囲まれた。これを「青線」と呼んだ。

新宿二丁目を中心に赤線、青線が並んだ。全国に遊廓はあり、遊女と客との恋愛話は、歌舞伎や浄瑠璃の格好の素材となり、多くの文学作品が作られた。

「遊廓」と言っても、最上級店から大衆店まであり、最上級店の娼妓は、政治家や文化人の接客ができるように教養も豊かで、外国語の素養もあった。熊本二本木遊廓では、娼妓に英語の名前をつけたり、楼主が英学校に通わせ、店内ではクラッシック音楽を流し、ダンスを踊るなど文化的な社交場としての役割を担った。後に社交場としての意味は薄れ、春を売るというだけの店になっていった。

娼妓の七割が経済的な困窮により年季奉公として娘時代に遊廓に売られ、下働きを積んで、年頃になると娼妓になった。夫と死別して遊廓に入った女性も多く、子供に仕送りする人もいた。吉原遊廓の場合は、多くが山形、茨城、新潟、群馬、秋田など東北地方を中心とした貧農の娘たちであった。売られた彼女たちに支度金を返済することは不可能で、奉公明けはできず、遊廓で生涯を終えた。年輩になると呼び込みや、遊廓の仲居をすることもあった。

矯風会などが起こした廃娼運動により、昭和三十三年に売春防止法が施行され、遊廓は姿を消した。現在も地方に行けば、遊廓の名残のある二階に格子戸のついた建物を見ることができる。

data

【料金】時間遊び300〜1,000円、泊まり1,000〜3,000円（昭和30年・大阪飛田）

【娼妓の収入】客1人につき2円12銭、ただし1円27銭は借金返済に充てられ、85銭が実収入（大正14年・東京府の平均）

◆ 娼妓のストライキ

〈水の流れを見て暮らす　東雲のストライキ〉明治33年に流行した東雲節の一節。熊本二本木の代表的な遊廓である東雲楼で、娼妓約40人が自由廃業を求めてストライキを起こした。客を取ることを拒否し、建物に立てこもり、女性の自立を謳うセンセーショナルな事件だった。ストライキが起きたのは名古屋の遊廓という説もある。

【参考文献】：『売春婦論考——売笑の沿革と現状——』道家齊一郎著　史誌出版社　昭和3年

傷痍軍人の演奏

しょういぐんじんのえんそう

戦地で負傷して働けなくなった復員兵が街角に立ち、ハーモニカ、アコーデオンなど音楽を演奏し、通行人から金銭を貰う。当初は本物の復員兵だったが、後に復員兵を装った失業者が多く現れた。

傷痍軍人を明治時代は「廃兵」と呼び、大正六年に軍事救護法で「傷病兵」と改称され、昭和六年に「傷痍軍人」の名称が使われるようになった。

第二次大戦中までは戦地で負傷し、失明したり、足や手を失って、復員した兵士たちは「傷痍軍人」と呼ばれ、お国のために戦った人ということで尊敬を集めた。同時に、政府は自己資産のある傷痍軍人に切手、煙草など小売営業権を付与したりした。昭和十四年には軍事保護院という厚生省（当時）の外局団体が設置され、傷痍軍人に恩給、煙草や切手小売業の優先権などを与えて社会復帰の支援をしていた。昭和十七年には特殊法人傷痍軍人奉公財団が設置され、さらに支援を行った。国も彼らの働きに報いたのである。だが日本が無条件降伏し、講和条約を結ぶと、一切の恩典が停止され、更生援助活動ができなくなり、彼らは路上に放り出される形になった。

いつしか木綿の白衣を着て香具師のような商売を行うようになり、電車の中で乗客に募金箱を差し出し、憐みを乞うたり、観光客や人通りの多い場所に立ち、アコーデオンなどで軍歌、哀調のある曲などを演奏し、通りがかった人から賽銭《さいせん》を貰うようになった。

これが儲かると知った軍人以外の失業者たちも、どっと参入して、傷痍軍人の木綿の白い服（陸海軍病院の病院服）さえあれば生活費を稼げると思い、街角に立つようになった。

傷痍軍人の演奏は、昭和五十年代でもよく見かける光景だった。地方では初詣などで賑わう神社、仏閣が多かった。軍帽に白い服を着た初老の元兵士たちが、アコーデオンを奏でながら『岸壁の母』を演奏する。彼らは片足がなく、松葉杖をつき、目が悪いため、黒いメガネをつける者もいた。多くの人がその光景を見て、金銭を置いていく。

昭和六十年代でも、都内では新宿のガード下などでハーモニカを吹く傷痍軍人を見ることができた。だが年齢はどう見ても三十代前半。戦争に行った年齢にしては若すぎる。

平成に入ると、さすがに彼らの姿を見かけることはなくなった。

data

【日収】客のおひねり次第。初詣や来客の多い正月に、神社に立てば収入は激増した

◆ 戦中の傷痍軍人のプライド

戦時中も街角に立っている傷痍軍人はいた。恩典はあっても生活は苦しかったからである。だが物乞いとは明らかに違った。「私はお国のために戦いましたが、武運つたなくこんな体になりました」尋ねられれば、そう答えていた。国のために戦ったという帝国軍人としてのプライド、威厳があり、当然、演奏もしなかった。

【参考文献】:『昭和――二万日の全記録　第 10 巻　テレビ時代の幕あけ』講談社　平成2年／『日本風俗事典』日本風俗史学会編　弘文堂　昭和 54 年

ジンタ

じんた

軍隊をモデルにして作られた民間の音楽隊で、「ジンタッタ」と太鼓の音が鳴り響くので「ジンタ」と呼ばれた。主に宣伝のために演奏する。『美《うるわ》しき天然』はサーカスで演奏され有名になった。

明治時代の軍楽隊をモデルにした民間の音楽隊で、十名から三十名ほどの演奏者で構成され、主に広告の宣伝を行った。発端は明治十六年に鹿鳴館が建てられたことで、政府は欧米化路線を進めていたので、西洋の音楽が広まると考えた民間業者は軍楽隊の退役者で市中音楽隊を作った。ジンタは一般に耳慣れない西洋音楽を広く浸透させる役目を担っていた。当初は園遊会や運動会、その他催しで演奏していたが、店の広告宣伝も行った。

明治二十年には「東京市中音楽隊」が、神戸でも「神戸市中音楽隊」が作られた。日本が日清、日露戦争に勝利すると、その高揚感からジンタは過剰に増えた。やがて軍楽隊も盛んになると、催し物の演奏から、宣伝営業に活動の場を移していくようになった。

演奏する代表曲は『美しき天然』（『天然の美』とも呼ぶ）。この曲は明治三十八年に田中穂積が作曲したワルツ風の曲で、高等女学校でよく歌われていた。その後ジンタがサーカスや映画館で演奏するようになり、一般に広まった。

大正から昭和の初めにかけてジンタの活躍の場は、映画館とサーカス劇場だった。サーカスでは客寄せのために、通俗曲を演奏することで、客の親しみをひいた。無声映画が中心だった映画館では、スクリーンの一方に活動弁士が立ってセリフを言い、もう一方に伴奏音楽をするジンタの席があった。弁士はジンタの演奏に乗って、話を語った。それまで和洋音楽だった映画館にピアノ、クラリネット、トランペットなどジンタの西洋音楽が登場すると、劇的効果を盛り上げた。

時代劇であれば「殺陣」のシーンでは太鼓の音を大きく鳴らし、テンポも上げる。哀しい別れの場面では、低い旋律が静かに流れ、観客の涙を誘う。映画ではジンタも主要な存在だったが、昭和十年代からトーキー映画が主流になると、姿を消すようになった。

ジンタは吹奏楽が中心だったが、後にバイオリンが普及すると、宣伝広告の演奏としても、チンドン屋に取って代わられ、多くの楽士がチンドン屋になった。

サーカスで演奏するジンタ。ジンタが奏でる『美しき天然』のメロディーはサーカスの象徴音楽となった。

◆ ジンタの由来

宣伝広告のために街中を演奏して歩くとき、ジンタは行進曲や舞曲などのリズムの良い曲を流した。そのとき大太鼓、小太鼓が「ジンタッ、ジンタッ」「ジンタッタ」と鳴らすので、いつしかジンタと呼ばれるようになった。代表曲『美しき天然』が「ジンタッタ」というリズムなので「ジンタ」と呼ばれたとも言う。

【参考文献】:『下町の民俗学』加太こうじ著　PHP研究所　昭和55年

大道講釈

だいどうこうしゃく

辻講釈ともいい、道端などで軍談や講談を語り、往来の聴衆から銭をもらう仕事。大道芸、辻芸のひとつに属する。

大道芸、辻芸に属し、もともとは街頭や道端、往来、寺社の参道、盛り場など人の集まるところに立ち、『太平記』など軍談、講談を語って、銭を乞う仕事である。家々を回る門付けとは異なるが、両方を兼ねる講釈師もいた。江戸時代に浪人たちが時世を嘆き、歴史もの、とくに『太平記』に注釈を入れたり、メリハリをつけて読んで時代批判を行ったことから始まっている。

講釈に人が集まりすぎて、辻での野天では収まらなくなり、筵《むしろ》や簾《すだれ》で囲って簡単な台（「ヒラキ」とも呼ぶ）を作って行うようになった。香具師が統括し、ここに人が集まるので「寄場」と呼んだ。神田には錦亭という講釈場があった。

明治になると講釈は講談と呼ばれ、そこから伊藤痴遊によって政治講談が生まれた。また講談の作者も生まれ、文学が発達していないこともあり、講釈師の語りを通して作品を世に出していた。

講談師は張り扇を持って、釈台を前に座り、リズムに乗って、張り扇で釈台を叩いて、客を引き付けた。

一方で大道芸としての大道講釈も続いており、門付けとして流しの辻噺も存在した。彼らは当時貧民街だった芝の新網（現在の浜松町）や、四谷天龍寺の門前で講釈を行い、一般の人たちから蔑視されながらも、下層階級にいた人々に歴史講釈を語ることで、知識を与えるという役割を果たした。著名な講釈師に、二世松林伯圓、三世神田伯山、六世一竜斎貞山などがいる。

昭和初期は一般家庭にラジオが普及しておらず、また庶民も貧しかったので、一銭、二銭の金で、話を聞ける大道講釈は子供たちや大人の楽しみだった。また金を出して本を買わずに済むという長所もあった。しかし第二次世界大戦の敗戦で、占領軍から仇討ちもの、武芸ものなどの講談が禁止され、講釈師にとって苦闘の時期もあった。

現代は寄席という形で講談が行われ、辻に立って行う講釈はほとんど見ることはできない。またテレビの普及、漫才など他の演芸の人気によって講談は衰退しているが、今でも実演は行われている。

◆ 落語とは違う魅力の講談

演題には『加賀騒動』の評定もの、『伊賀の水月』の仇討ちもの、『清水次郎長伝』の三尺ものなどの種類があった。落語が会話を主体に話が進むのに対して、講談は話を客の興味を引くように、面白く、妙味をもって読んで聞かせる点に違いがあった。

【参考文献】:〈思想の科学〉昭和 36 年 12 月号掲載「自伝的講談論―岐路に立つ講談界をえぐる」邑井操著／〈新小説〉明治 42 年4月号掲載「講談界の過去と将来」細川風谷著／『日本の下層社会』横山源之助著　岩波文庫　昭和 24 年

のぞきからくり

のぞきからくり

屋台の中に作られた箱穴をのぞき、内部の絵が移り変わるのを楽しむ娯楽品。紙芝居のように変わる絵に合わせ、傍にいる口上師がストーリーやセリフを語る。主に縁日でよく見られた。

「のぞきからくり」の原型は、お寺で絵巻物を見せ、仏教説話を語る「絵解き」にあると言われる。その後、江戸時代の享保年間に西洋から線遠近画法が伝えられると、絵解きを屋台の中に描き、外からのぞき穴を通して見る娯楽が生まれた。

のぞき穴にはのぞきレンズが付けてあった。最初は一枚の絵だったが、複数の絵が並べられ、順次移動し、ひとつのストーリー（芝居や浄瑠璃、犯罪事件など）が描かれるようになった。これを「のぞきからくり」と言う。明治時代になると、ランプや電灯などによって絵が立体化して見えるようになり、技術的に完成した。絵が「押し絵」となり、顔の表情として布を入れて膨らませたり、目はガラス玉を半分に割って彩色したりと工夫が凝らされた。この頃、姫路押し絵の第一人者の宮澤由吉も、「のぞきからくり」の絵を鮮やかな色で描いている。大正初めに絵を押し絵画家に描いてもらうには、当時の金額で三百円かかった。大正時代に全国へ広まり、この頃にはのぞきレンズが拡大鏡となって、実際の光景が浮かび上がり臨場感が出た。屋台の左右に口上師が二人ついて歌を歌いながらストーリーを語る。それぞれ口上には独特の節回しもあり、地域性があったため、関東節、名古屋節、関西節と呼ばれた。口上師も専業というよりは、農業をしながら副業で行う場合が多かった。

祭りなどでは「のぞきからくり」はよく登場した。絵六枚で一回の上映時間は三、四分、一日十二、三回ほど行う。口上師は、八時間通して語り続ける日もあった。昭和になっても戦前までは大衆にとっての娯楽作品で縁日の花形だった。だが、活動写真や紙芝居が登場すると、「のぞきからくり」の出番はなくなり、縁日などで見られるにとどまった。

現在は大阪府豊中市、北九州市などで「のぞきからくり」の屋台が保管され、新潟市では後世に残し、伝えてゆくために、口上師と組立技術者の育成講習会を行っている。新潟市巻郷土資料館にある屋台は、高さ三・三メートル、幅が三・五メートル、レンズは二十四個あり、日本で唯一実演できるものである。

data

【料金】5銭（大正末期から昭和初期）、10銭（昭和戦前）

*昭和初期、紙芝居の料金は1銭（1銭の飴を買うと無料）だった

のぞき始めたら夢中

◆ のぞきからくりの有名な演題

『幽霊の継子いじめ』『八百屋お七』忠臣蔵の『萱野三平物語』『空海物語』などが有名である。〈娑婆から落ちてくる亡者めが閻魔の前で手をついて　お通しくだされ閻魔さん　頼めど閻魔は聞き入れず　泥棒をした人は両張鏡に照らされて　地獄の向かいは火の車〉（『地獄・極楽』の口上の一部）

【参考文献】：「越後民俗芸能管見　のぞきからくり」新潟県立大学板垣研究室ホームページ　http://matuzoo.wafflecell.com/niigata/　平成 27 年2月17 日／『日本の放浪芸』小沢昭一著　岩波文庫　平成 18 年

パンパン

ぱんぱん

終戦直後、占領軍を商売相手に街頭に立った私娼。「パンパンガール」「パン助」などとも言う。特定の米兵だけを相手にした女性を「オンリー」と呼んで区別する。

終戦直後、銀座の地下構内で煙草の闇取り引きをやっていた女性たちが、米兵などの袖を引いて売春を行うようになった。地下鉄構内が立ち入り禁止になると、有楽町のガード下、新橋方面に移動し、やがて街頭に立つようになった。

有楽町から銀座にかけてある数寄屋橋には夕方になると、いつしかパンパンと呼ばれるようになった私娼たちが立ち並び、進駐軍の兵士たちはここを「パンパンブリッジ」と呼んだ。彼女たちの相手は占領軍の米兵が多く、戦後すぐは八万人の米兵がいたため、パンパンは増え続けた。彼女らが使う稚拙な英語は「パングリッシュ」と嘲笑された。また米兵と恋愛関係になる者も出て、特定の男性と愛人関係を結ぶパンパンを「オンリー」と呼んだ。逆に、毎日相手を選ばず、複数の客を取る者を「バタフライ」と言った。

彼女たちにとって飢えをしのぐ生計の手段でもあったし、戦争で夫を失い子供を育てるためという、やまれぬ理由もあった。

パンパンは米兵だけでなく、日本人男性も相手にした。彼女たちが身に纏《まと》う「ロングスカート」「いかり肩フレアコート」は西洋の最新のファッションで華やかであった。パンパンは戦後の荒廃した風俗の象徴でもあり、そのため映画や文学作品にも多く描かれた。彼女たちの悲哀の裏にある逞しさも描かれた。昭和二十二年に発表された田村泰次郎『肉体の門』に代表される。

林芙美子の『浮雲』でも、バラック屋根の並ぶ荒廃した時代に、タイピストから身を落としたパンパンが登場する（後に成瀬巳喜男によって映画化）。

パンパンもひとつの組織形態で、「ラク町お時《とき》」と呼ばれた西田時子は、当時ラク町と呼ばれた有楽町で二百人のパンパンを束ねた夜の女のリーダー格だった。

なお、米兵相手の女性だけでなく、一般に私娼と言われる人たちも「パンパン」と呼ばれることがあった。

data

【パンパンの人数】有楽町・銀座・新橋に約4万人（昭和22年）

◆フランス語？　それともインドネシア語？

パンパンの由来は諸説ある。米兵の客引きをするとき、手を「パンパン」と叩いて呼んだからとする説と、フランス語で優美で人目を引くという意味の「パンパン」、あるいはインドネシア語で女を指す「プロムパン」から転化したとする説がある。

幇間（太鼓持ち）

ほうかん（たいこもち）

宴会などではべって客の遊びを助ける人。「太鼓持ち」「男芸者」とも言う。宴席で客の機嫌を取り、笑わせ、心おきなく楽しませるのが仕事だが、後に遊廓に属するようになった。

職業として成立したのは、江戸時代の宝暦年間である。幇間とは、もともと「幇閑」と書き、客の閑を助けるという意味があった。「幇」は助ける、「間《ま》」は客と客、客と芸者の間、酒席で間ができたときに、芸を行って興ざめさせないという意味である。それが後に遊廓に属するようになった。とくに吉原の幇間が一流とされた。廓《くるわ》に行く前のお座敷遊びに幇間が出て、客の機嫌を取るのである。

幇間になった者は、札差、油問屋の主人、旗本の次男、三男坊などで、放蕩の果てに身を持ち崩した者が多かった。もともと良い家柄で教養があったため、茶の湯、発句、狂歌などにも通じており、客を楽しませることができたのだった。

彼らは師匠に入門して芸名を貰い、身の回りの世話をしながら、芸を覚え、五、六年かけて修業した。だが一人前になるには三十年かかるとも言われた。幇間は芸と同時に人情の機微を読むことも必要とされるので、他の芸とくらべ時間がかかったからだ。

「利口になれず、馬鹿で務まらないのが太鼓持ち稼業」

「芸をやらなくてもいけない。やりすぎてもいけない」

踊りや歌はあくまで芸者衆の仕事で、幇間は、踊りが一流であっても、あえて行わず、三味線の曲に合わせて即興の踊りや、パロディを行うことがよしとされた。初対面の客でも即座にその客の職業と趣味、自分に何を求めているかを見抜き、座を楽しませる工夫をした（直接客の素性を聞くのは下の下とされた）。客の話をうまく引き出すための、教養、文化、世間の動きに対する一通りの知識が求められたのである。

戦後になって豪華な芸者遊びも減って、幇間は少なくなった。師匠につかず芸もない幇間を「野太鼓」と呼んで、正式な幇間と区別した。

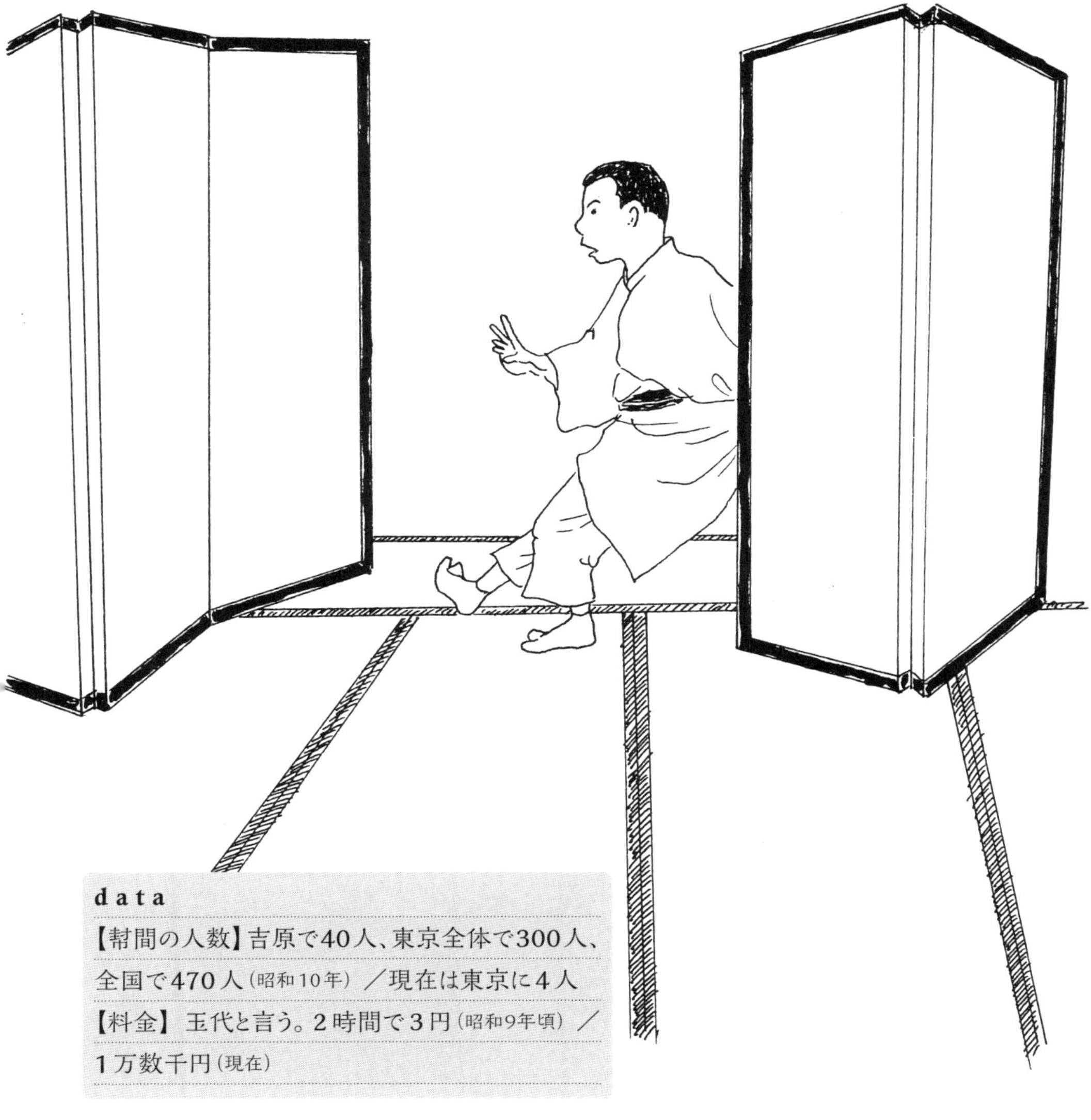

data

【幇間の人数】吉原で40人、東京全体で300人、全国で470人（昭和10年）／現在は東京に4人

【料金】玉代と言う。2時間で3円（昭和9年頃）／1万数千円（現在）

◆ 一流の幇間と粋《いき》な客

客もときに無理難題を言いつける。雪の日に、庭の池に飛びこませることもあった。しかも着物を着たまま飛びこめと言う。幇間はそのまま飛びこんで池の大鯉を掴んで、歌舞伎の『鯉つかみ』よろしく大見得を切る。だが着物は使い物にならない。呉服屋に行くと、客が用意してくれた着物一式が注文されていたという粋な話もあった。

【参考文献】：『たいこもち（幇間）の生活　生活史叢書 31』藤井宗哲著　雄山閣出版　昭和 57 年／『職業外伝』秋山真志著　ポプラ社　平成17年

水芸人

みずげいにん

水芸は、水を使った奇術で、演者の指先や、刀先、扇子から水を噴出させる芸。「水からくり」「噴水術」とも言う。江戸時代から行われ、明治時代の西洋奇術師松旭斎天一《しょうきょくさい》が水芸の技術をまとめ上げた。

水芸は江戸時代の初期、四代将軍のときに中国から伝わったとされている。曲独楽《ごま》師や手品師が演じていたが、その頃は「水仕掛け」「水からくり」「水の曲」と呼ばれていた。

明治の西洋奇術師の松旭斎天一がこれらの芸をまとめて芸術性を高め、「水芸」という呼称が定着した。彼は紙のパイプや聴診器の管を一寸に切って応用し、ゴムの管に替えた。その弟子の松旭斎天勝は女性の水芸人として十七歳で一座の中心となった。脚を露わにしたセクシーな衣装や美貌、テンポのよい派手な演出で、大正から、昭和の戦前に一世を風靡《ふうび》した。

水芸は夏の風物詩で、冷房装置のない戦前まで、納涼を味わわせてくれた芸でもある。戦後になっても五月から九月にかけては水芸人は大変忙しく、手品師とともに公演をして回ることが多かった。刀から水を出す場合は、事前に舞台で白紙を切って、まがいものではないことを客に見せてから、水を噴かせる。

とくに竜宮城を舞台にした芸は女性水芸人の魅力が最大に発揮される。フィナーレでは、大夫役の演者の左右に三人ずつの娘子が立って、扇子や羽子板の上に載せた盃から水を出し、空中を泳ぐ鯛やヒラメ、サンゴ樹からいっせいに水が噴きだすと、大きな歓声が上がった。

水芸は、とにかく舞台装置が大がかりである。かつては樽に水を入れていたが、戦後にはポリ容器を使った。水圧を利用し、刀や欄間、盃、手など水の出る場所にビニール管を通す。管が捻れれば水は高く飛ばない。左右に娘子を従えて水芸をしたとき、娘子の噴水が一メートルも上がったのに、大夫を演じた演者の水は三十センチしか上がらなかったという失敗もある。本来は大夫役が一番高く、両脇の娘子が低く、ピラミッドを描くようになる予定であった。

また裏方で水を送る側との呼吸も大事で、水を噴き上げる見せ場でずれてしまうこともあった。ときには裏方が大夫に嫉妬してわざと水を出さないというアクシデントもあった。従って水芸を生かすかどうかは裏方次第であった。

現在は水芸人は減ったが、マジシャンの藤山新太郎が演じている。

data

【1回の演目に使用する水量】40リットル

◆水芸を描いた作品

女水芸人の生き方を描いた作品に、泉鏡花の小説『義血侠血』がある。滝の白糸という登場人物が有名で、後に何度も映画化され、戦前には溝口健二監督による『瀧の白糸』がよく知られている。

【参考文献】:〈月刊ペン〉昭和53年9月号掲載「滅びの美学　最後の娘水芸人」藤井宗哲著／〈愛知江南短期大学紀要〉第39号所収「日本古典奇術『水芸』について」河合勝・斎藤修啓著　平成22年3月

伯楽

はくらく

馬専門の獣医のことで、民間療法を用いた。戦前まで馬は農耕、交通の手段として人々の生活に欠かせないもので、そのため馬の専門医である伯楽はどの村にも存在していた。

戦前の馬の治療は、針で血行をよくする方法が中心で、それを行う馬医を「伯楽」と言った。明治時代から西洋医学による獣医が存在したが、地方では伯楽による民間療法も行われていた。

馬は戦前から昭和三十年代にかけて人々の生活になくてはならぬ大事な役割を果たしていた。土木工事であれば、山から石や材木を運ぶとき馬が引っ張ってゆく。交通機関でも乗合馬車など馬が車両を引っ張った。農家では馬は田畑を耕すのに欠かせない動力だった。

馬の食欲が落ちたり、健康に不安があるとき、伯楽に見せて血取りを行った。

どの村にも血取りをするための「血取り場」という治療柵が原野に作られていた。血取りは毎年四月か五月に行われ、馬の喉の近くの頸静脈を親指で圧迫する。そこに針を刺すと、血が大きく噴き出す。これで疲れのたまった悪い血液が取れて、馬が元気になった。

その他に、蹄《ひづめ》の外に出た部分を蹄切り包丁で切る治療も行った。これは馬の足に無用な負担をかけずに歩きやすくするためだった。

上顎を焼くこともあった。馬の顎が高くなると草を噛めなくなるので、焼いて低くした。こうすることによって馬の食欲が増進した。

尻尾の先も焼く。これは血液の循環をよくするために行った。

地方によっては伯楽は蹄鉄師の仕事も兼ねながら、馬の検診、薬草の調合、産後の処理などを行ったが、これらの医療行為は民間療法で、病気の治療というより健康管理に近いものだった。彼らは血取りをはじめ、病気の種類、治療術、薬の調合など師匠について五年ほど学び、技術を習得した。

やがて生活の近代化とともに、馬の役割も終え、同時に西洋医学も充実したことで、民間療法の伯楽は見られなくなった。

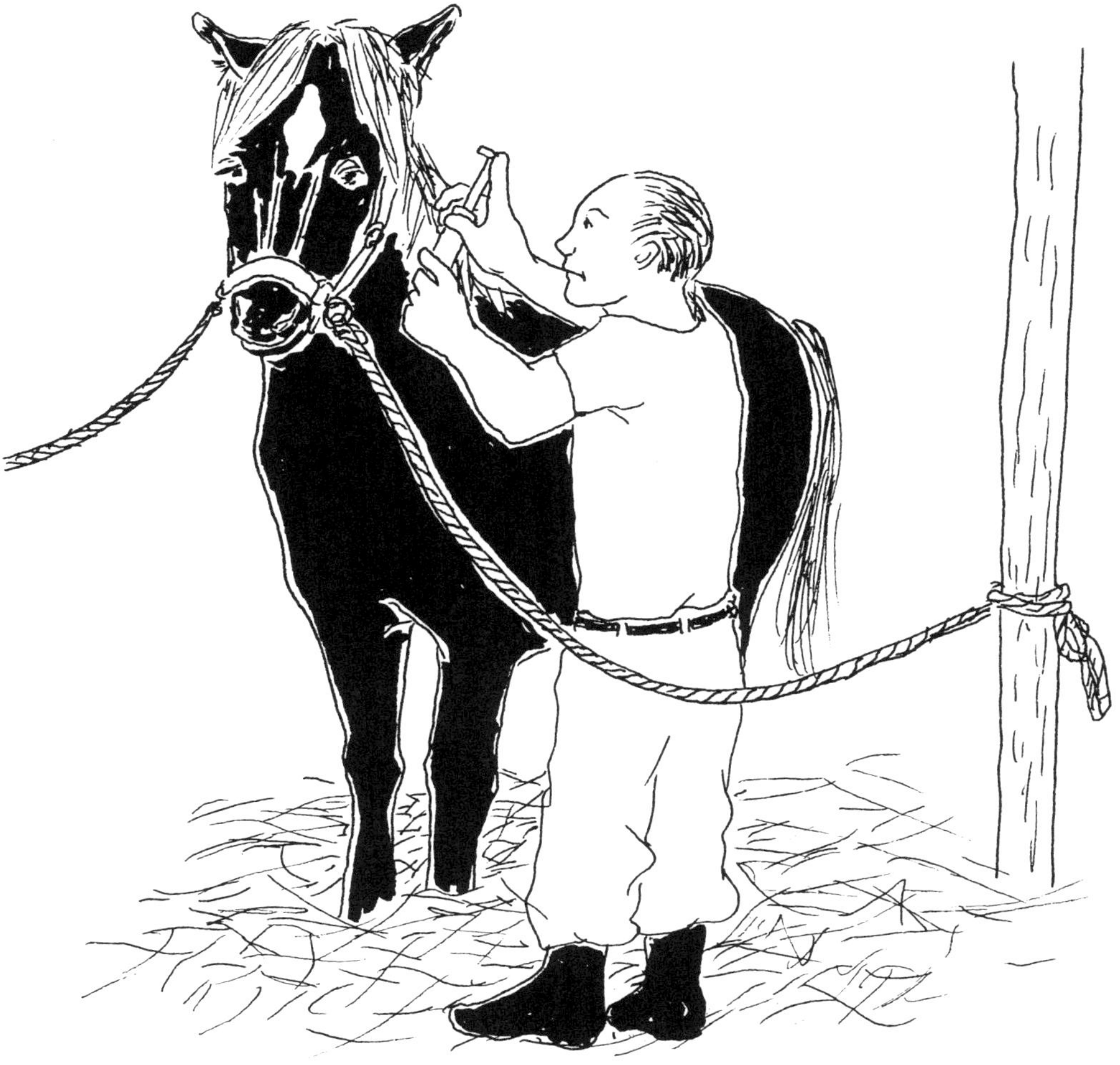

◆ 現在の名伯楽たち

伯楽は、馬の良しあしを見抜くという意味から転じて、人の能力を見抜き、伸ばす指導者を指す言葉になっている。スポーツの名指導者を「名伯楽」と呼ぶのは、ここに由来する。

【参考文献】:『日本民俗文化大系　第14巻　技術と民俗（下）都市・町・村の生活技術誌』森浩一著者代表　小学館　昭和61年／〈広報こもの No.613〉平成23年9月号掲載「馬の治療柵　歴史こばなし　第401回」三重県菰野町発行／『愛媛県史　社会経済1　農林水産』所収「五　獣医師制度とその変遷」愛媛県史編さん委員会編　昭和61年

オンボウ

おんぼう

死体の埋葬や火葬をする人、火葬場に従事する人のこと。隠坊、御坊、隠亡、陰亡、陰坊とも書く。オンボと呼ぶこともある。現在ではこの用語は使われない。

仕事の範囲は広く、火葬、土葬の死骸の処理だけでなく、墓地、火葬場の管理も行った。日本で火葬が始まったのは、八世紀前後で、貴族に広まったとされるが、庶民はほとんどが土葬であった。当初は葬送儀礼の実行だけだったが、死者の肉体の処理も行うようになると賤視された。明治時代になって神道の主張から、政府は火葬禁止令（明治六年）を出したが、衛生面と仏教側からの主張もあって、火葬禁止令を廃止した。しかし、火葬場など施設も整っておらず、昭和の初めまで土葬が見られた。

古代、守戸や陵戸の民は皇室の陵墓を守衛する賤民であった。このように死体を扱う仕事は古代からあったが、律令が乱れ、僧の制度が緩むと、賤民は俗法師（私度僧）となった。そのひとつ声聞師《しょうもじ》（金鼓を打ち経文を唱え、占いや曲舞を舞うなどして物乞いをした門付け芸人）、三昧聖《さんまいひじり》（墓所に居住して火葬、埋葬にあたった俗聖）、鉢屋・茶筅《ちゃせん》（オンボウは茶筅を作って盆暮れに各家に配ったためそう呼ばれた）などの半僧形者が、埋葬、火葬を行うので御坊と呼ばれた。

戸数が百戸を超える村では、オンボウを雇い、墓地の傍に住まわせた。

土葬の場合、埋葬する穴はオンボウが掘った。葬式の中でも忌がかりやすい役だと思われていたためである。火葬が行われる地域では、村はずれの火葬場で藁《わら》や薪でオンボウが一晩かけて焚き、翌日家族や親族が来て骨拾いを行った。収入として葬式のときの死者への供え物や、家々を回って秋の収穫時には米、正月には餅をもらった。火葬であれば、人を焼いたときの灰を灰屋に売った。灰は肥料になった。

大正・昭和初期になると、大きな市や町では民営の火葬場を公営にしたり、野焼場に火葬場を作り、そこで火葬を行う人を公務員、嘱託の公務員とするようになった。火葬場は地域によっては、辺鄙《へんぴ》な場所にあるので、火葬場職人は火葬場の近くに住まいも用意されて、そこで従事した。火葬炉の運転は、技術を要し、視覚と勘に頼ることも多かった。この光景は戦後に入っても見られた。

火葬場の施設も近代化され、いつしかオンボウと呼ぶことはなくなった。

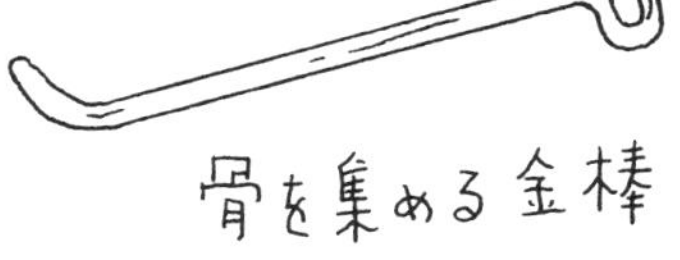

data

【葬送技師1人あたりの年間火葬数】
職員1人の火葬場：217体／職員8人以上の火葬場：684体（昭和49年）

【火葬料】特別最上等：9,105円、最上等：6,000円、上等4,000円（昭和35年・東京都）

【参考文献】：『近代日本職業事典』松田良一著　柏書房　平成5年／『縮刷版　日本民俗学事典』大塚民俗会編　弘文堂　平成6年／『民俗小事典　死と葬送』新谷尚紀・関沢まゆみ編　吉川弘文館　平成17年／『生業の歴史　日本民衆史6』宮本常一著　未来社　平成5年

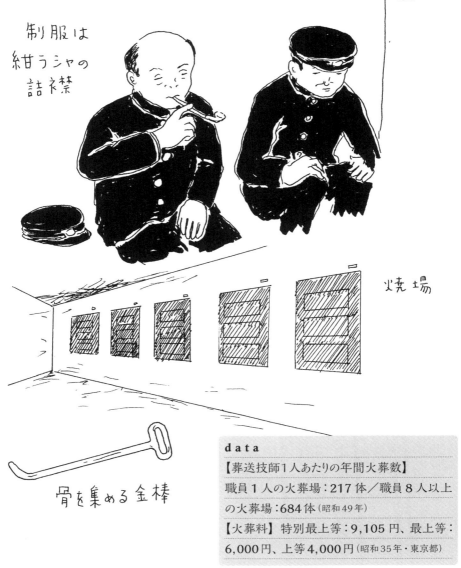

帯封屋（腰巻）

おびふうや（こしまき）

新刊書籍の帯（帯封、腰巻、腰帯とも言う）に、魅力的なコピー文章を書く人のこと。通常、大学教授や作家、ジャーナリストが兼業した。名文句をひねり出すことが肝で、帯の文章次第で売れ行きが左右された。

本のカバーに巻かれた紙を「帯」といい、広告文として、読者の興味を惹くメッセージやコピーが書かれている。昭和二十年代はジャーナリスト、学者、作家、文芸評論家がこれを書いていた。褒め言葉しか書かないので「馴れ合い書評屋」とも言われた。この帯が本の売れ行きを左右するので、出版社も力を入れ、帯封屋と呼ばれる専門家が生まれるようになった。

出版社が依頼するときは、学派や専門分野を考慮して、誰に頼むというふうに決めた。事前に本の原稿を見せる場合もあるが、なかには口頭で伝えられた簡単な内容だけで「万人必読書」「もう涙が止まらない感動の書」など、百字から二百字の殺し文句をひねり出す帯封屋もいたので、「帯封文学」と揶揄《やゆ》された。

作家の紀田順一郎氏によると、帯の始まりは大正三年四月刊の阿部次郎著『三太郎の日記』だと言われている。白い用紙に緑色の文字で「読め！」と書かれていた。戦後になって、帯に凝った宣伝コピーが書かれるようになったが、限られた字数で、読者にアピールする帯を作るのはかなりの労苦だった。

出版業界では、帯のことを俗称で「腰巻」と呼ぶ。人が身に着ける腰巻（和装下着）のように本の下部に付けるからそう呼ばれたとも言われる。現在では基本的に帯封は出版社の編集者が作るようになった。作品以上に編集者は頭を悩ませて、キャッチコピーをひねり出す。昭和四十八年に雑誌〈面白半分〉（昭和四十七～五十五年）で、優れた本の帯文を表彰する「日本腰巻文学大賞」が八年間行われ、コピーをひねり出した編集者が受賞した。年に数本受賞作を選び、年末の号で大賞を選ぶしくみになっていた。

現在は単行本だけでなく、新書、文庫まで凝った帯を付けるようになったが、書店によっては、帯を外して並べる店も増えつつある。破れやすく、破れたら見栄えがよくないなど理由は様々で、出版社がコスト削減のためにあえて帯を付けないこともある。出版不況に、帯というひとつの活字文化も左右されている。

data

【原稿料】

大手出版社：1冊3,000～1万円（昭和26年）

中小出版社：1冊3,000円に菓子折か、ウイスキー1本がつく（昭和26年）

◆腰巻文学

雑誌〈面白半分〉昭和48年12月号に発表された第1回「日本腰巻文学大賞」は山口瞳著『酒呑みの自己弁護』の帯で、編集者が受賞した。〈月曜　一日会社へ行って　火曜日　夜更けに九連宝燈　水曜　一晩小説書いて　木曜　三時の四間飛車　金曜　日暮れに庭木をいじり　土曜日　たそがれ馬券の吹雪　日曜　朝から愛妻家　月々火水木金々　酒を呑みます　サケなくて何で己れが　桜かな〉

【参考文献】：〈週刊朝日〉昭和26年6月24日号／「たかがオビ、されどオビ」紀田順一郎ホームページ
http://plus.harenet.ne.jp/~kida/topcontents/news/2010/111003/index.html

代書屋

だいしょや

履歴書など公的書類を専門に書く人。自動車運転免許証の交付場所や裁判所の付近で見かけることができた。履歴書の代書であれば、客が説明した言葉を的確にまとめ、構成する能力が求められた。

大正末期から昭和にかけて、東京神田橋の一角に「元祖の元祖」と看板を出して、代書を行う国松団三郎という老人がいた。明治法律学校中退のインテリである。明治二十七年からこの仕事を始めていた。

仕事の内容は印鑑証明がもっとも多く、次に婚姻出産関係が多い。明治の頃は手紙の代筆も多く、妾《めかけ》に出す手紙もあった。だが教育が普及し、字を書ける人も増えたので手紙の依頼は減った。ときどき離婚請求の手紙を頼みに来る男がいるが、国松は人の道を説き、説教する。彼は反古紙に「一字千金」とよく書いた。

戦後間もなくは、よく大学の傍に代書屋がいた。学生が就職試験を受けるにも、現在のような定型の履歴書はない。学生が履歴とともに、アピールする部分を話し、それを代書屋がまとめてくれた。企業も、履歴書に書かれた墨字筆跡で人間性、注意力、誠実さを判断していた。〈字ハ人ナリ〉であった。なので字がうまく、白紙に要点をまとめる代書屋は貴重だった。

やがて文房具店に履歴書標準式が登場し、万年筆で書けるようになったので、履歴書代筆は消えた。

ユニークなところでは、似たような代筆の仕事として、渋谷の恋文横丁で「ラブレター」の代筆を行った菅谷篤二がいる。元陸軍中佐で、陸軍士官学校、外語大学卒のインテリ。戦時中は外交官として中国、ソ連、仏印、タイと特務機関で働いた変わり種だ。そのため終戦直後は、米兵と恋に落ちた日本人女性が、帰国した恋人に切々たる思いの恋文を送りたいとき、菅谷が翻訳して英文にした。その後、バーのホステス、ＯＬ、女性実業家と依頼主も増えた。昭和五十年になると、女子大生が主流になり、卒業論文のフランス語訳を依頼してくるようにもなった。このとき彼は六十五歳。学問は自分でやることと説教しながら、相談に乗り、「菅谷大学」と呼ばれた。

恋文横丁は、もともと米兵のオンリーと呼ばれた女性たちの恋文を代筆する店が集まっていたので、そう呼ばれた。

data

【料金】海外の米兵への手紙の翻訳：
原稿用紙１枚につき1,000円

【客数】１日10人ほど（昭和20年代）

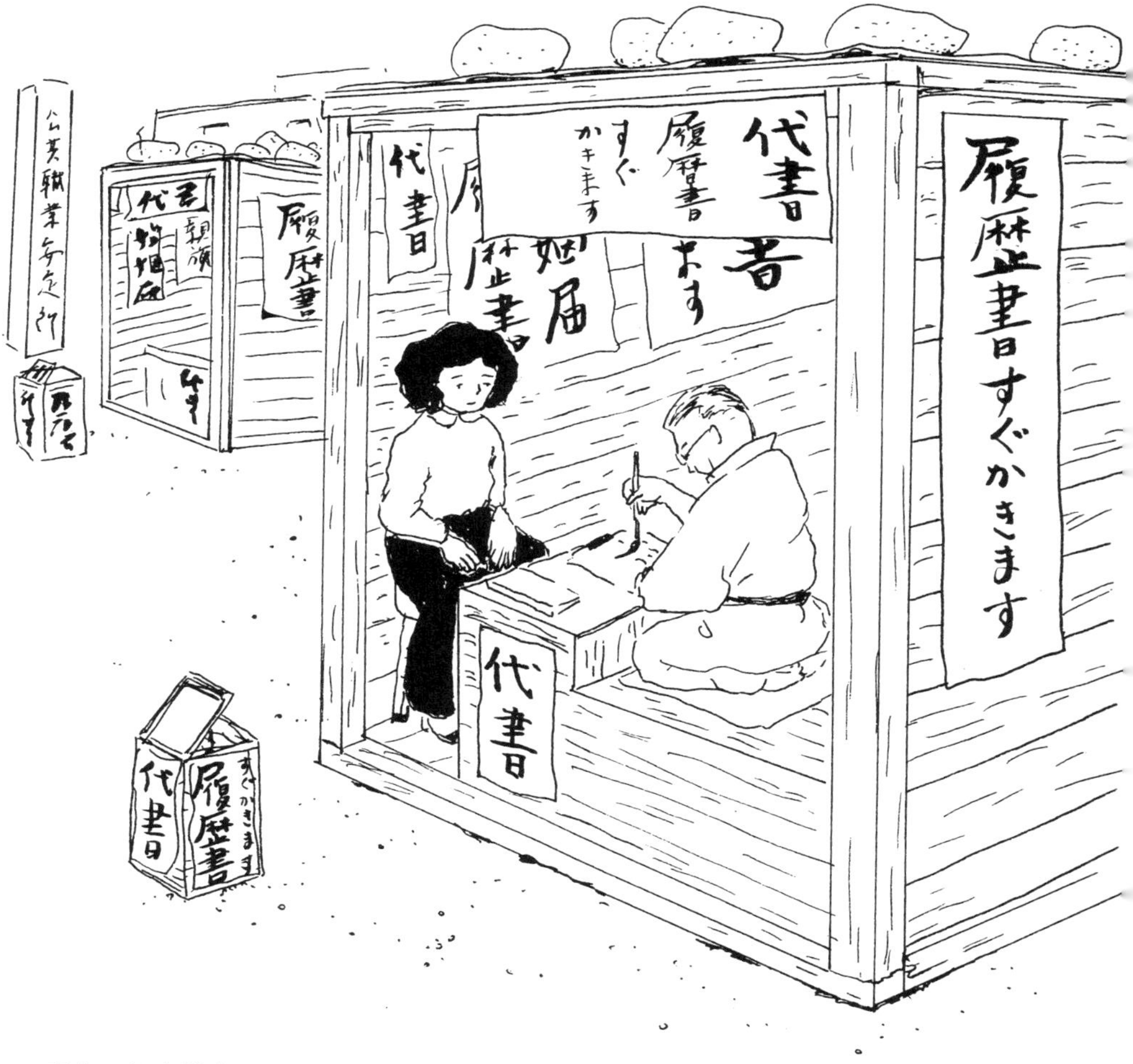

◆ 現代の行政書士

代書屋は行政書士の旧称で、自動車の運転免許証の交付場所、裁判所の近くにあった。客が話したことを的確にまとめ、構成する。当時は定型の履歴書もなかったので、まとめるのに専門的な技量が必要とされた。

【参考文献】：『近代庶民生活誌　第7巻』所収「カメラ社会相」南博編集代表　三一書房　昭和62年／〈週刊大衆〉昭和50年1月30日号掲載「代筆一代――戦後『ラブレター』、いま『卒論』の菅谷篤二」

トップ屋

とっぷや

「週刊誌」などで注目されるトップ記事を狙って書くフリーの記者。ニュース性の高い記事は雑誌の巻頭を飾るので、トップ屋と称された。通常、五、六人でチームを組み、記事を雑誌社に売りこむ。

昭和三十五年から五十年代にかけて雑誌は出版界の花形で、次々と新しい雑誌が創刊された。そのなかで、政治、芸能、金、男女関係などの事件性のある内容を五、六人のフリーのルポライターがチームを組んで取材を行い、雑誌の巻頭に掲載されるようなニュース性の高い記事を書く。これをトップ屋と呼ぶ。彼らは出版社などに属さず、リーダーのもとで、取材活動を続けた。

トップ屋は、取材を行い、資料を集める「データマン」と、取材資料から執筆する「アンカーマン」に分けられる。集団で仕事をするため「トップ屋集団」とも呼ばれた。ある雑誌に四ページものの企画を載せるとすれば、アンカーマンが、三、四人のデータマンに誰に取材をするか割り振りを決める。データマンは担当の相手に取材し、彼らの話したことを文章にする。それぞれのデータマンから上がってきた取材原稿を、文章のプロのアンカーマンがまとめてひとつの記事にする。人数が少ない場合は、アンカーマンが取材することもある。

このような取材・執筆システムを最初に確立したのは、作家の梶山季之である。彼は『黒の試走車』など産業スパイ小説で流行作家になったが、それ以前は〈週刊文春〉に記事を書くトップ屋であった。データマンとアンカーマンの分業制度を作り、「梶山軍団」とも呼ばれた。トップ屋は実績を積むと独立して作家になることが多く、大下英治、評論家の草柳大蔵などがいた。ノンフィクション作家の岩川隆も、独立する前は十一人のトップ屋をまとめ、〈週刊文春〉などで特集記事を書いた。

トップ屋の記事は雑誌の巻頭を飾る目玉となった。政治家を辞職に追いこんだり、社会的影響力も大きかった。雑誌創刊が相次いだ時代は、出版社自体が取材網を持っていなかったので、トップ屋が活躍した。しかし雑誌編集部内で取材網が確立しトップ記事が賄えるようになると、トップ屋はルポライター、ノンフィクションライターなどに姿を変えた。

◆トップ屋の語源

〈週刊朝日〉の編集長であった扇谷正造が、新宿の飲み屋にいるとき、そこに現れた梶山季之に「トップ屋」と声を掛けたのが始まりと言われている。

【参考文献】:『増補・新装版　トップ屋魂　首輪のない猟犬』大下英治著　イースト・プレス　平成24年

貸本屋
かしほんや

江戸時代がルーツで、草双紙などの読み物を有料で貸していた。明治に本の流通が拡大し誰でも本を買えるようになると姿を消したが、第二次世界大戦後に再び、大衆雑誌や小説、漫画などが貸本の主体となった。

貸本屋は江戸時代の元禄期には見られ、文化・文政期には流行を極めた。当時は草双紙、読本、洒落本など庶民向けの出版文化も栄えたが、製本した本は高額で庶民には手に入りにくかった。そのため、廉価で貸し出すことで娯楽として流行った。明治から昭和の初期まで、貸本屋の多くは古本屋と兼業する形で全国に広がった。自転車に本を積んで行商のように回る貸本屋もいた。

昭和の仕事として回顧される貸本は、戦後になって、貸本屋向けに出版された「貸本漫画」である。昭和二十三年に神戸市で開業した「ろまん文庫」は、保証金による制度を改めて、身分証明書（通勤証、米の配給用の米穀通帳）などで居住地を確認できれば、誰にでも貸し出した。これを信用貸出制と呼ぶ。この方法で「ろまん文庫」は繁盛し、全国の貸本屋がこれに倣った。

本は子供向けの漫画、冒険物語を中心に、大人向けの大衆雑誌、大衆小説が主体で、翻訳や純文学は少ない。昭和二十年代半ばを過ぎると、貸本漫画が爆発的なブームになった。一般の書店で購入することはできず、作者は元紙芝居の画家、商業雑誌に描けない漫画家たちで、貸本漫画家という名称も生まれた。利用者の半分以上は子供だった。

昭和三十年代になると、〈少年マガジン〉〈少年サンデー〉など週刊漫画雑誌が続々と刊行されて少年たちの興味は移り、貸本漫画は廃れた。ただ一方では、まだ貧しく小遣いの少ない子供たちにとって週刊誌を毎号買うことは不可能だったので、雑誌を貸し出す店も出てきた。その多くは、プラモデルなどのおもちゃ屋、駄菓子屋と兼ねて営業し、安い金額で人気漫画を読めることは、子供たちにとって魅力的であった。地方によっては、昭和五十年代前半まで貸本屋を見ることができた。

景気がよくなり、経済的に豊かになってゆくと子供たちにも雑誌が買えるようになったので、貸本屋はなくなっていった。

貸本屋は、現在見られるレンタルビデオ、レンタルＣＤなどに先行する、娯楽物貸し出しの先駆的な存在だった。

data

【料金】漫画は1泊2日5円、小説本は1泊2日10円（昭和30年代前半）

【貸本屋の軒数】東京都400～500軒、全国で約5万6,000軒（昭和30年）

◆天才作家を生み出した貸本漫画

貸本漫画の描き手には、無名時代の水木しげる、白土三平、つげ義春ら後のプロの漫画家が多くいた。水木は貸本漫画で『ゲゲゲの鬼太郎』の前身となる『墓場鬼太郎』を描いている。

【参考文献】：『近代日本職業事典』松田良一著　柏書房　平成5年／〈日本図書新聞〉昭和30年2月26日付

損料屋

そんりょうや

今日で言うレンタル業。江戸時代からすでに見られ、第二次世界大戦後間もなくまで続いた。衣類や器の貸し出しから始まった。貸本屋も損料屋のひとつ。

江戸時代の前期から出現した物貸業のこと。衣類、夜具、蒲団、蚊帳《かや》などを、一日の損料（賃貸料）と盗難防止のための保証料を決めて貸し出していた。やがて衣装や道具などを専門に扱う貸付業者が生まれていった。この商売を当時は「貸物屋」「損料貸し」と呼んだ。

江戸時代に生活の都市化が進み、物貸の需要が多く人口が集中する京、大坂、東北の酒田でも損料という記載が当時の文献に見られる。損料屋は個人事業主で、数日間の貸し出し以外にも、日中だけ貸し出す「昼貸し」、夕方から朝まで貸し出す「夜貸し」という区分があった。戦後流行した貸本屋のルーツも江戸時代に見られている。

大正時代までは生活用品の貸し出しが主流だった。都内では子供を貸す店もあった。子供を借りて道や橋に立たせて、たわしやマッチを売らせる。同情を引いて銭を貰うために使った。子供の貸し出しは明治二十年で一日五銭から八銭だった。

昭和に入ると、産業も増えて取り扱う品物の種類が多くなる。昭和初期にはガスレンジの損料貸しが見られたり、IBMの代理店が計算機を企業に貸し出したりした。生活用品も依然として貸し出され、衣類の他に自転車なども見られたが、多くは日雇い人夫など貧民と呼ばれる人が借りた。とくに蒲団は江戸時代からの主要な貸し出し商品で、宿、遊廓、寺社などで使われ、戦前は鉄道工事などの宿舎に貸した。庶民の喪服や、家計が苦しい下級官吏のためにフロックコート、モーニングの貸し出しも行われた。

戦後になると、ダム工事、高速道路、新幹線工事の宿舎などで生活用品が貸し出された。

昭和三十年代は品物なら何でも借りられるようになり、テレビなど家電が一般家庭に貸し出された。貸洗濯機屋では主婦が汚れた衣類を持ちこみ、現在のコインランドリーのようにその場で洗濯した。

昭和五十年代からは、レコード、CD、ビデオなど娯楽物のレンタル専門業者が増えた。損料屋が手掛けていた最低限の生活必需品の貸し出しはいまでは見られなくなった。

data

【個人営業者数】983人（昭和2年）／1,405人（昭和15年）＊大蔵省「主税局年報」各年度調べ

【レンタル料金】モノクロテレビ：保証金2万円と1か月3,000円（昭和30年）

【年間蒲団貸出枚数】最大手の貸蒲団会社の場合:5万枚以上（昭和16年）／48万枚（昭和47年）

貸テレビ屋。テレビは昭和30年代における損料屋のヒット商品のひとつ。テレビ時代の幕開けにひと役買った。

◆ 生活用品から馬車まで

明治時代には遊興用として貸自転車が生まれたり、華族が宮中に参内するための貸馬車もあった。1頭付きの馬車が3日間で3～4円の損料だった。

【参考文献】：〈立教経済学研究〉第58巻第2号所収「物品賃貸業の歴史的研究――第二次世界大戦前」水谷謙治著　平成16年10月10日／〈立教経済学研究〉第60巻第4号所収「物品賃貸業の歴史的研究（下）――第二次世界大戦以降」水谷謙治著　平成19年3月10日／『近代日本職業事典』松田良一著　柏書房　平成5年

電報配達

でんぽうはいたつ

電話が十分に普及しておらず、回線も整備されていなかった時代、緊急の用件を伝えるのは電報だった。限られた文字数による伝達のため、しばしば後世に残る名文・珍文も生まれた。

明治二年一月東京—横浜間に有線電信が開通し、電報が一般に使われるようになった。以後、各地の道路に電信柱が立てられ、明治八年には北海道から九州まで届くようになり、ほぼ全国を網羅した。

この間、長崎から上海、長崎からウラジオストクの国際電報も可能になった。明治時代は工部省、後に逓信省の管轄となり、電報を送りたい人は郵便局に行って、用紙にカタカナで文字を書いて提出していた。明治二十三年になって、電話による電報申し込みが可能になった。

当初はモールス信号をカタカナに変換して印刷し、配達する方法だった。電報局員はトンツートンツーと音で文字を聞き分けていた。この時代は電話も少なく、緊急な要件を伝えるのは電報だった。そのために明治二十五年には当時は珍しかった自転車を電報配達に採用した。配達人は、紺の帽子、制服に身を包み、颯爽と自転車に乗って配達した。

ただ電報は重要な伝達を行うため、危険を冒してでも届ける必要があった。大正七年には北海道真狩郵便局の局長が、電報配達の途中、猛吹雪の中で殉職する事故も起こっている。電報は親族の不幸なども扱うから、電報配達人が戸を何度も叩き「電報、電報」と呼び出されたとき、多くの人は何事だろうと肝を冷やした。

昭和二十年代に電報業務は、日本電電公社（現ＮＴＴ）に移管された。電報の目的は急ぎの要件を相手に伝えることだが、電話と違って文字が残るという特性がある。カタカナゆえに誤読もあり「カネオクレタノム（金送れ頼む）」を「金をくれた飲む」と解釈する珍事もあった。

そこで昭和三十年に朝日新聞社が、漢字、カナ、数字、英字などをおりまぜた文字で送信することを可能にする漢字電信機の開発に成功した（漢字の電報サービス開始は平成に入ってから）。

ただ昭和六十年代になるとファックスが普及し、平成になって電子メールが主流となると、電報の出番は少なくなった。しかし、現在でも結婚式の祝電、葬式の弔電などで使われ、相手方への思いを伝える電報はまだ活躍の場がありそうだ。

data

【年間電報取扱件数】約9,600通（昭和40年）／約4,800通（昭和50年）うち60%が慶弔電報

【電報料】65円（昭和31年）

◆ 電報文学

電報には文学者の名文が多い。石川啄木が友人に金の無心をするときに書いた一文。
〈ヒイチニチト　クルシクナリヌ　アタマイタシ　キミノタスケヲ　マツミトナリヌ〉
これは短歌形式の文面で、電報ゆえの短文の妙味がある。

【参考文献】：〈平凡パンチ〉昭和50年2月17日号掲載「電報　喜びも悲しみも文字が語る　この忘れられた楽しさ」／〈週刊朝日〉昭和30年5月15日号掲載「電報文学」／〈週刊朝日〉昭和30年8月28日号掲載「カナ電報から解放　漢字電信機の生まれるまで」／『日本風俗事典』日本風俗史学会編　弘文堂　昭和54年

髪結い

かみゆい

髪を結う仕事のこと。男性の髪を結うのを髪結《かみゆ》い床《どこ》と言い、女性の髪を結うのは女髪結いと呼んだ。髪型の洋風化に伴いその数は減少し、今日は理容師や美容師として続いている。

現在で言う、理容師、美容師の仕事に当たる。髪を結う仕事は、男性の場合は江戸時代の髪結い床がルーツで、月代《さかやき》を剃り、髪を結うのが仕事だった。一方で女性の場合も、江戸時代は華やかな日本髪で、役者や遊女の髪を結った。これが女髪結いの起源である。

男性の場合、明治時代になると「断髪令」が出て、ザンギリ頭など髪型も西洋化し、剪髪《せんぱつ》師、散髪師などと言うようになり、髪を結うことから切ることへ転換が起こった。

ここから髪を切るのは男性の仕事となり、女性の髪を結うのは女性の仕事として定着した。

髪結いについては規制はなく、徒弟制度で五年から十年かけて技術を磨き、一人前になると店の暖簾《のれん》分けが許された。大正から昭和初期にかけて、髪結いの中に近代美容の技術も入ってくるようになり、美容組合も作られるようになった。昭和初期でも美容をする者は「髪結い」「理髪美容師」などと呼ばれた。

髪結いは得意先の家に行って仕事をした。お師匠とすき手が組んで髪を結い、まず、すき手が髪の癖や下すきを行ってから、結った。丸髷《まるまげ》、銀杏返し、櫛巻き、カチューシャ、ハイカラ、おさげ、二百三高地、蝶々など結い方にもいろいろな髪型があった。髪結いが使う櫛には、鬢《びん》をとく中櫛、鬢をふくらませる深歯、髷をとくスジ立などがあり、最後の仕上げにスジ通しという櫛を使った。髪の毛が硬いときは、油を多くつけた。島田を結うのに約一時間かかり、芸者は三、四日ごとに結い直した。

昭和二十年代はパーマネント・ウエーブが流行っていたが、まだ芸子や遊女、さらには一般の女性も正月には日本髪に結う者が多く、髪結いの活躍の場はあった。

戦後、洋風化の波が押し寄せ、髪結いは男性、女性ともに廃れ、昭和二十二年に理容師法が制定され、二十六年に理容師・美容師法となり、三十二年に独立した美容師法が制定された。ここで理容師、美容師の区分が行われ、呼称も定着した。

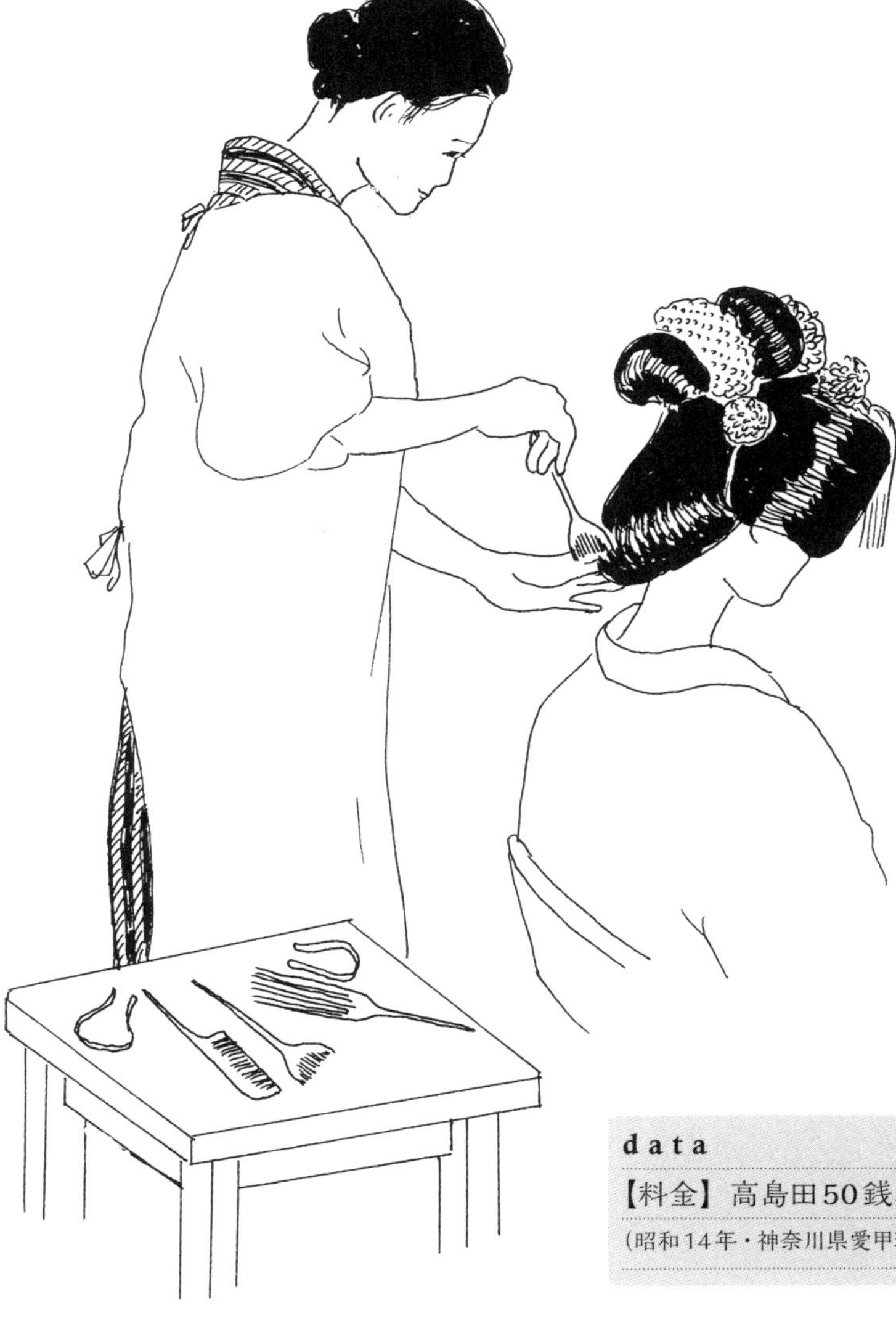

data

【料金】高島田50銭、丸髷35銭

（昭和14年・神奈川県愛甲理容組合）

◆女性職としての髪結い

「髪結いの亭主」というのは、女性の稼ぎで食わせてもらい楽をしている亭主のことだが、江戸時代の女性の専門職として髪結いは代表格だった。

【参考文献】：『函館市史　通説編3』第5編2章7節「都市の生活と新しい文化」函館市　平成9年／〈厚木市郷土資料館NEWS〉172掲載「厚木女性の髪型《華山の証言》」平成25年6月／『東郷町誌』東郷町　昭和55年／〈商大ビジネスレビュー〉第4巻 第1号「理美容業界の規制緩和の必要性について ――理容師法・美容師法の法的解釈の問題点」千田啓互著　兵庫県立大学大学院　平成26年9月

口入屋

くにゅうや

職業紹介、斡旋をする業者。職業紹介事業は昭和十三年に国営化されたが、それまで民間の口入屋が斡旋を行った。悪徳業者も多かった。

明治時代、公共の職業機関が整備されていなかったので、縁故のない者の多くは奉公市に立つか、職業の紹介・斡旋をする個人業者の口入屋を頼った。関東では桂庵《けいあん》（慶安）と呼んだ。また人宿、人置き、請宿、他人宿、受入宿、肝煎所とも呼び、異名も多い。

その求人先は肉体労働、年季奉公、出稼ぎなど厳しい働き口が多かった。大正、昭和になると公共職業紹介所もできたが、対象は旧制中学以上の学歴のある者で、庶民は相手にされなかったため、口入屋の需要は続いた。

口入屋は町の大通りには店を出せず、少し外れた裏通りにあった。口入屋の黒い布の暖簾《のれん》（後に入り口はガラス戸になって「職業紹介所」と書かれた看板を出すようになった）をくぐると、土間の奥に番頭がいて、壁には求人票が貼られてあった。

本物の求人と呼ばれるものは「店員」「外交」「雑役」で、これを「実物御三家」と言う。「店員」は丁稚小僧、「外交」は営業、「雑役」は短期の肉体労働者、料理店の残飯集め、工場では重い廃材を車に積んで捨てる作業だった。

雇用条件は口入屋の番頭が口頭でのみ説明するため、実際に就職すると条件が違うと問題になることが多かった。なぜなら、より多くの求人先に就かせて手数料を貰うのが口入屋の仕事なので、いい話だけして就職させる必要があったのである。インチキな求人も多く、女中希望の女性を巧みに騙して、妾や風俗店に就職させて荒稼ぎもした。

なかには口入屋がなじみの女中を二、三十人抱え、つねにたらい回しにして斡旋料を稼ぐ場合もあった。

昭和十三年に国営の職業紹介所が増えると、口入屋は衰退した。

なお、口入屋を「クチイレヤ」と読む場合もある。

data

【雇用名簿閲覧料】50銭～1円（昭和初年）

【女中の斡旋料】3円：内訳として雇い主から2円10銭、女中から90銭（昭和10年）

ところ狭しと張り出された求人票

【参考文献】：『夜這いの民俗学・夜這いの性愛論』赤松啓介著　筑摩書房　平成16年／『日本風俗史事典』日本風俗史学会編　弘文堂　昭和54年

女衒
ぜげん

遊廓など性的産業に人を売る人買いのこと。江戸時代になって貧農の娘たちを遊廓、女郎屋などに専門に売る「女見《じょけん》」が現れたが、後に女衒《ぜげん》に変化した。

売春を専門に娘を女郎屋に売る仕事。古代から戦争の勝者が敗れた国から奴隷として人身売買を行うことはあったが、遊廓、女郎屋に売る人買いを女衒《ぜげん》と言った。もともとは女見《じょけん》と呼んだが、その呼び名が変化したものである。

明治の終わり頃まで東北地方のとくに貧しい家では、八歳から十歳過ぎの子供を女衒に売った。東北で女衒を行うのは五十歳前後の、当時で言えば老女であった。買い取った子供の腰に縄をつけて数珠つなぎにして関東まで連れて行った。その根幹は貧しさにあり、親としてもよくよくの思いでした行為であった。

関西では年季奉公の形で娘を借りたが、世話する老女を人博労《ひとばくろう》と言った。その前借の金は親に渡った。

女衒として海外で荒稼ぎをしたのが村岡伊平次（一八六七ー一九四三）である。村岡は明治二十二年、シンガポールで日本から渡航して逃げた前科者を集めて、日本から娘を誘拐することを命じた。村岡の集団は、シンガポールだけでなく、クアラルンプール、カルカッタ、サイパン、オーストラリア、南アフリカに女性を送りこんだ。

女衒は日中戦争、第二次世界大戦の時期は、兵隊の慰安のために、娘たちを日本軍の占領地に運んだ。東南アジアに売られた女性を「からゆきさん」と呼ぶ。九州の離島の娘には、西洋の店に勤めれば品物の包装だけで月給千円は貰えると女衒に騙されて、奉公先を飛び出したが、行った先はサイゴンの女郎屋だったという話もある。

戦後も女衒は見られ、東北の山中で十五、六歳くらいの娘を売買していた。

昭和三十三年に売春防止法が施行され、女衒も遊廓も消えたが、現在も姿、形を変えて海外も含め、男、女を含め人買いの風習は地下に潜っており、消滅したとは言い難く、大きな問題を孕《はら》む。

data

【公娼の数】1万417人、遊廓3,165軒（戦後間もなく）

【娘1人の買取価格】前金1万5,000円（東北地方・戦後間もなく）

◆ 女衒の蔑称

女衒は江戸時代に「亡八」とも呼ばれた。儒教の徳目の仁義礼智忠信孝悌を忘れた人という意味で、まさにその本質を突いている。

【参考文献】：『生業の歴史　日本民衆史6』宮本常一著　未来社　平成5年／『女の民俗誌』宮本常一著　岩波書店　平成13年／『日本残酷物語〈1〉　貧しき人々のむれ』宮本常一・山本周五郎・楫西光速・山代巴監修　平凡社　平成7年／『秋元松代全集　第二巻』所収「村岡伊平次伝」秋元松代著　筑摩書房　平成14年／〈歴史の中の遊女・被差別民　謎と真相　別冊歴史読本45〉第31巻第19号掲載「廓の男　妓夫太郎と女衒その光と影」朝倉喬司著　平成18年9月

奉公市

ほうこういち

主家に住みこみで従事することを奉公と言う。貧しい農村から少年や少女が一定の金額で主家へ売られ、決まった期間を勤めあげた。奉公に出された人を一か所に集めて主家が選ぶ奉公市は、戦後まで続いていた。

主家に奉公する仕組みは古代にも見られ、朝廷に奉公することを意味した。中世になって武家社会になると主人に「御恩」と「奉公」の関係で仕える武士が増えた。一般に家庭に入って稼業や家事など日常の仕事を行うようになったのは、江戸時代になってからである。戦前までは貧しい農村、漁村などで一定の支度金を貰うことで、少年や少女を奉公に出していた。長い年数の奉公もあれば、「年季奉公」と呼ばれる一年契約、「半季奉公」と呼ばれる半年契約、季節ごとの契約などさまざまな形があった。その多くは無給である。戦前の貧しい時期には、奉公に出される人も多かったので、奉公市で主家に渡す人市《ひといち》が行われた。

　とくに二月二日は「出替わり」といって、年季奉公の奉公人の交代する日であった。半年契約の場合は、八月二日が出替わりになった。この日に奉公市が各地で行われた。昭和に入っても続いた人市には、山口県豊浦郡滝部村の奉公市、福岡県宗像郡田島村の女中市（あるいは娘市）、秋田県横手市の若勢市《わかぜいち》などがある。若勢市では若い男性労働者がミノ、ケラを着て、背には夜具、寝具を背負って市に立ち、買い手がつくまで六日も七日も立っていた。若勢とは、作男のことで、若勢市は秋田県の南部では昔から行われており、横手市では昭和二十八年まで行われていた。

　豊浦郡滝部村の奉公市は戦前では、集落の路上で行われた。市に立つのは海岸地帯や島に住む十六歳頃の少女たち、少年たちだった。彼女たちは幼いときから、いずれ奉公に出されることを知って育った。雇い人は、少女たちを見定め、話しかけながら契約するか決めた。支度金は米（恩米と言う）か金（恩金と言う）で、この金額が町で働くよりもはるかに家計を助けた。契約時に半額を前金で貰い、契約が切れるときに半額を貰うシステムが多かった。仕事は農業の手伝い、女中、下男下女、子守で、一年間勤めることが多かった。

　これらの市は雇う者、雇われる者の秘め事であまり公にされなかった。時代も下ると、奉公人の数が少なくなったので半季奉公が増えた。昭和三十年代まで九州の離島などでも年季奉公は見られた。

data

【価格】

半年雇い〈女性の場合〉恩米2俵、恩金45～60円(昭和9年)

1年雇い〈男性の場合〉5,000～1万円(昭和30年・福岡)

きれいに洗った野良着や蓑笠を身につけ、雇われるために市に立つ若勢たち。雇主はその蓑の出来具合や体格を見て、契約するかどうかを判断した。朝市に来た女性たちに見られるのが恥ずかしくて頬被りをしていた。

◆ 奉公して一人前に

奉公に行くと、そこではきっちりと礼儀作法も教えられ、少女たちは「ねいや」「姉」と呼ばれ、女主人を「ごしんぞ」と呼んだ。当時は奉公を勤めあげることで一人前の女性と認められた。

【参考文献】:『あきなう　写真でみる日本生活図引③』須藤功編　弘文堂　昭和63年／〈農業総合研究〉8巻3号所収「離村と農家の階層間移動――福岡県遠賀郡岡垣村吉木部落の実態調査――」松尾幹之著　農林水産政策研究所　昭和29年7月／〈週刊サンケイ〉昭和28年11月22日号掲載「〝ホゴ〟のごとく売られゆく子等」

タイピスト

たいぴすと

タイプライターを打つ仕事。美容師、百貨店の店員、女優、バスガールとともに女性の花形の仕事で、タイピングという特殊技術が、憧れの目で見られた。

タイピストが注目を浴びたのは、大正時代になってモダンガールの進出とともに女性の社会進出が目覚ましくなった頃だった。タイピングの技術習得は、理解力、知力を必要とし、誰もができる仕事ではなく、一種のエリート職であった。当時は女性が希望する人気職種で、音楽家、保母に次いで三位にランクされた。

大正九年には全国タイピスト協会が結成されており、職業婦人としての意識の高さも見られた。

技術はタイピスト学校（またはタイプライター養成所）で学び、和文タイプだと四か月、英文タイプだと六か月の習得を必要とした。目のよさも必要条件だった。その後、今日で言う商社などに就職して、洋風のオフィスで働いた。社員が手書きの書類をタイピストに渡し、それをタイピングした。

タイピストには、和文、英文、カナの三種類があり、和文は官公庁に勤め、英文は商社、銀行、保険会社、カナは証券、保険会社、銀行などに勤めた。和文タイプは大正四年に開発されたが、一分間に八十文字を打てれば一流で、タイピストとしてだけではなく、事務も兼ねて勤務した。

とくに英文タイプができる女性は希少価値でかなりのインテリジェンスであった。彼女たちは外資系で月収百円以上で働いた。イタリアのオリベッティのタイプライターを指先の感覚で叩くブラインドタッチで素早く打っていくさまは、神業のようでもあった。ただし、手書きの和文を訳すわけではなく、英文をそのままタイプに打ちこむので、英語ができなくてもよかった。和文タイプの場合は、キーボードがなく、文字の配列盤から字を探して打った。

なお、タイピストは各会社の需要も多く、昭和に入ると日本の領地下にあった上海、南京など中国の商社へ派遣されることもあった。職業婦人の代表とも言える彼女たちは、戦前から仕事として海を渡った女性たちの先駆者でもあった。

タイピストも能力差があったため、同じタイピストでも収入に大きな開きがあった。

data

【月収】平均35円　最高で450円、最低で20円の人もいた（昭和10年）

◆ 従軍タイピストの活躍

戦時中は従軍タイピストとして陸軍航空本部などに所属し、ボルネオ、クアラルンプールなど戦地に赴くこともあった。ただし階級は軍属で、最下層の地位であった。

【参考文献】：『軍装のタイピスト――あの時代を駈けぬけた17歳の記録』澤田愛子著　鶴書院　平成5年／『近代日本職業事典』松田良一著　柏書房　平成5年／〈相談〉昭和9年2月号掲載「オール職業婦人　世相座談会」／『大東京物語――経済生活篇』倉繁義信著　昭和5年／『近代庶民生活誌　第7巻』南博編者代表　三一書房　昭和62年

ドックかんかん虫

どっくかんかんむし

船舶（鉄製）の錆《さび》を落としたり、修繕したりする工員。ハンマーで鉄をかんかんと叩く音と、船虫のようにへばりついて仕事をする姿から、その名がついた。

主に横浜港などで、ドック（船渠《せんきょ》・船の修理所）入りした鉄製の船の錆を落とすため、ハンマーで叩く工員のこと。主に自由労働者であった。いつもかんかんと叩き、船に虫のようにへばりついて仕事をすることから、かんかん虫と呼ばれるようになった。煙突やボイラーの錆落としをする者もかんかん虫と言ったが、船を叩く者を区別して「ドックかんかん虫」と呼んだ。

船底に塗られている防錆塗料は、海水でこすられて剝げてしまい、錆ができやすくなる。海水に当たらない上部も潮水からの風に当たって酸化してひどく錆る。錆は瘡蓋《かさぶた》のように膨らみ、強固な塊になっているので、熊手などでは取れず、ハンマーで叩かないと取れない。船体に穴を空けないよう、鉄より柔らかい木製の金槌で叩くことが多かった。

錆を落とし、またペンキを塗る。ドックかんかん虫はこの作業をひたすら続ける。

主に七千トンクラスの船腹船底の表面に虫のようにへばりついて叩き続けるので、半日も作業すれば、目も鼻も耳の穴も金錆と蠟燭《ろうそく》で真っ黒になった。大きな船だとロープにぶら下がって叩く。造船所などの組織で働くかんかん虫は「船具部」など最下級の雑役をする部署で、体さえ丈夫であれば採用された。かんかん虫は臨時雇いで、十四、五歳の少年から腰の曲がった老婆まで年代がいた。港に行けば、ドック入りした船から「かんかん」とハンマーの鳴り響く音がした。彼らは菜っ葉色の作業着を着て、腰に弁当を下げて仕事をした。

単純労働であるが、剝がすコツもあり、かなり根気を要する仕事だった。昭和十五、六年まで彼らの姿は見られたが、戦争で兵隊に取られると、若者が勤労動員で代わりに行った。やがてモーターや電気式や金属製タワシなどもできて、人手による錆落としは行われなくなった。

踏み板の上でハンマーで叩き、錆を落とすかんかん虫。熟練者になると、狭い足場の上でも体がほとんど動かず、安定して作業できた。しかし一日中ハンマーを叩くのは重労働だった。

◆ あの有名人もドックかんかん虫

ドックかんかん虫の経験者に『宮本武蔵』などの作品で知られる吉川英治がいる。彼は横浜を舞台にかんかん虫の日常を描いた自伝風の『かんかん虫は唄う』という作品を残している。

鋳掛屋

いかけや

鍋や釜など銅や鉄でできた容器の漏れに、白鑞《しろめ》（錫《すず》と鉛の合金）を溶かして入れて、穴をふさぐ仕事。ふいごを持ち歩き、行商のようにその場で直すことも多かった。

「鋳掛」は、鍋、薬缶、釜などの鉄器、銅器に穴が空いたりしたとき修理をする仕事のこと。鋳掛師とも言う。鋳掛屋は鋳掛師と同じ仕事を行うが、厳密に言えば、鋳掛屋は町を歩いて仕事をし、鋳掛師は自宅を兼ねた工場にいて、客が修理をお願いしに行っていた。いずれも十七世紀に鋳物師から分化し、修理に特化した職人である。

釜などの破損した部分にハンダを溶かして流しこみ、接合した。彼らはふいご（風を通す道具）や小火炉などを天秤やリヤカーに載せて「いかけ〜、いかけ〜」と言いながら、町を歩いた。天秤棒だと長さは約二・三メートルで、ふつうの天秤棒よりも五十センチ長い。これは江戸幕府の時代に軒下七尺五寸（約二・三メートル）以内の場所で火をおこすことが禁じられていたため、天秤棒でその長さを測るためだった。

呼び声を聞いた家庭の主婦が壊れた鍋や釜を持ってきて、その場で修理してもらった。注文が多い地域では公園の木の下で客を待ち、次々と修理を行った。地面に穴を掘って鍛冶場を作り、火をおこす。その火でハンダを溶かした。遊んでいる子供たちが、鋳掛屋の技を取り囲むように見ている光景もあった。

鋳掛屋は江戸時代から見られたが、昭和に入っても見ることができた。鍋や釜は鋳鉄製だったが、戦後に入ってもまだ品質が悪いため壊れやすく、ひび割れによって穴がよく空いた。買い換えるには高額なので、壊れれば何度も修理して使ったのである。

戦後になってアルミで作られた金物が流通すると、鋳掛屋の技術では修理できなくなった。またアルミ製の金物は値段も安くなったので、傷がつけば新しく買い換えることも可能になった。昭和三十年代までは鋳掛屋の姿を見ることができたが、次第に姿を消していった。

客が持ってきた壊れた釜を公園で修理する鋳掛屋。遊んでいる子供たちが取り囲んでその様子を見ていた。

【参考文献】：『時代小説職業事典～大江戸職業往来～』歴史群像編集部編　学研教育出版　平成21年11月

下駄の歯入れ

げたのはいれ

下駄の歯の修理や差し替えを行う職人。履くうちに裏側の下駄の歯がすり切れるので、歯を修理して使った。行商のように歩き回り、その場で修理をした。

明治時代になって西洋化の波が押し寄せると靴を履く人も出てきたが、庶民の中では依然として下駄を履く人が多かった。下駄は木で作られており、履けば履くほど裏側の歯がすり減るため、新しい歯に入れ替える必要があった。歯は通常、前後に二本あるが、人の歩き方の癖によって前か後ろ、あるいは左右に削れるなどの特徴があった。

その歯の修理をする人が「下駄の歯入れ」である。明治時代は「下駄～、歯入れ～」と声を掛けながら、都会と言わず、地方と言わず歩きながら回った。明治時代後半から大正、昭和になると、作業道具の入った箱車の取っ手に小鼓をつけて、これを鳴らして到着を知らせるようになった。

下駄にはいくつかの種類があるが、もっとも使われたのが台と歯を別々に作って組み合わせた差し歯下駄であった。台は桐でできているが、歯に樫の木などを使い、歯を台に差しこんで作られた。この差し歯を入れ替えることを「歯入れ」と言った。歯入れの材料には、樫の他に、ブナ、ホオ、イチョウなどが使われたが、樫がもっとも上等で、薄い歯には樫が使われ、厚い歯にはホオ、イチョウの木が使われた。彼らは下駄の歯を、神田や材木町の問屋から買った。大工道具の鑿《のみ》や鉋《かんな》、材料の歯を買えば、誰もが始めることのできる商売ゆえに、丁寧な仕事をする者ほど客の信頼を得た。

一本の木から台と歯を作る下駄を連歯下駄と言うが、これは歯のすげ替えができないので、木を糊で継ぎ足して欠けた部分を補った。

修理の声が掛かると、歯入れは鋸《のこぎり》で客の歯の寸法に合わせて材料を切り、すり減った歯を抜き取った。差し歯の溝を鋸で引いて（ミゾヒキと言う）、新しい歯を鎚を叩きながら溝に入れる。最後にはみ出した部分があれば、鉋で削って、作業は終了である。鼻緒の直しも行った。

戦後も都会の道路で、鼓を鳴らしながら車を引く歯入れの姿があった。

高度経済成長期になると、一部の地方をのぞいて、下駄を日常的に履くこともなくなり、歯入れは見られなくなった。

data

【日収】

不況のとき：1円50～60銭

好況のとき：6円（いずれも昭和初期）

【歯入れの人数】約300人

（大正末期・東京深川）

【下駄の歯入れ代】70円（昭和27年）

◆夫婦で稼ぐ下駄修理

共働きのスタイルも見られ、山形地方では、妻が籠を背負って得意先を回って下駄の修理の注文を取り（外交方）、夫が家で歯入れ（作り方）を務めるという方法も見られた。

【参考文献】：『近代庶民生活誌　第7巻』所収「カメラ社会相」南博編集代表　三一書房　昭和62年／『第9回収蔵資料展　職人の道具――神奈川の職人の道具コレクションから――』厚木市郷土資料館編　厚木市教育委員会　平成12年／『明治物売図聚』三谷一馬著　立風書房　平成3年

こうもり傘修理業

こうもりがさしゅうりぎょう

こうもり傘（西洋傘）の修理を行う人。昭和三十年代まで、傘は貴重で高価なものだったため、壊れても修理して使った。修理人は行商の形で家々を回り、その場に筵《むしろ》を敷いて直してくれた。

傘直しは行商のひとつで、修理道具を抱えた男性が、「傘の直しはないですかあ」あるいは「こうもり直し〜」と言いながら回っていた。決まった場所へ年に何回か修理に訪れる者もあれば、各地を広く回る者もいた。縄張りがある場合もあった。鳥打帽にチョッキを着た普段着の恰好で仕事を行った。毎年同じ場所に行くと、お得意さんもできる。家庭では修理屋が来る時期を知っていて、それまでに壊れた傘を何本も保管していることもあった。

日本は戦前まで和傘を使うことが多く、まだこうもり傘が一般に普及していないこの頃、修理屋の活動の場はもっぱら都会だった。警視庁の行商許可証を貰い、修繕道具の入った箱車を押して街頭で商売した。直しだけでなく、傘の生地の張り替えも行った。生地は木綿、絹などの種類があり、値段も違った。

昭和三十年代になってこうもり傘（西洋傘）が普及するが、高価だったため、故障しても買い換えることはなく、辛抱強く修理して使った。

修理屋が住宅地に来ると、主婦は家の戸を開けて、壊れた傘を何本か持っていく。修理屋はすぐに空地や道端の隅に筵《むしろ》を広げて、道具箱を取り出し、金槌で叩いて修理を始めた。弁当箱より一回り大きい修理箱には金槌の他に裁鋏、金切鋏、糸を切る和鋏、何種類かのペンチ、留金が入っている。これらを器用に使いこなし、修繕してゆく。その光景を幼い子供たちが取り囲んで、いろいろと質問すると、修理屋はわかりやすく答えてくれた。

お得意さんになれば、ゴム長など、できる範囲で傘以外の修理もやってくれた。

昭和四十年代になると、こうもり傘自体が珍しいものではなくなり、廉価で手に入るようになった。そのため、修理して使う人は少なくなり、行商の修理屋は見かけなくなった。

data

【修理料】骨折10銭／生地破20銭以上／手元取替90銭以上種々／生地張替・木綿1円20銭、絹4、5円より（大正14年・東京）

◆「こうもり」か「洋傘」か

西洋傘と言わず、こうもり傘と呼ぶのには諸説がある。「傘をかぶる」が「こうむる」となったとする説がある。もうひとつは江戸時代末期にペリーが来航したとき、彼が黒い色の傘をさしていた。この姿を写生していた絵師が「こうもりに似ている」と言ったのでそう呼ぶようになったという説がある。

【参考文献】：『わざ　写真でみる日本生活図引⑧』須藤功編　弘文堂　平成5年／『近代庶民生活誌　第7巻』所収「カメラ社会相」南博編集代表　三一書房　昭和62年

箍屋

たがや

桶の箍《たが》を締める仕事。桶が木製だった頃、古くなると、縛っている箍が緩んだり、切れたりした。これを箍屋が新しい竹や針に替えて修理した。材料と道具を持って行商のように歩き、修理して回った。

木製の桶は、近世以前は檜《ひのき》の薄い板を円筒形に曲げ、底に板をつけて作られた。これを箍《たが》巻、曲桶といった。これらはお寺や神社の水桶、茶の湯の桶など小型の桶に限られ、箍は使わなかった。江戸時代になると大型の桶が作られるようになった。針葉樹林の板を縦にならべて箍を嵌《は》めて固定して、底板をつける。これを組立桶(桶結《ひのゆい》とも)と言う。これによって、洗い桶、漬物桶、湯桶など巨大な桶が出来上がり、重いもの、大きなものを入れることができるようになった。ただ箍が緩むと水が洩れてしまうので、きつく締めるのには技術を要した。また、箍は切れたり、古くなったりするので、修理したり、交換しなければならない。そこから箍屋が生まれた。

箍はもともと、竹を割いて編み、これを桶の外側に巻いて固く締めていた。箍屋は竹を割いて、紐状にするところから作り、修理も行った。箍の種類は竹以外にも、藤蔓、針金などがある。

木桶の大きさにもよるが、箍を八本締める場合は、上の箍から鉢巻《はちまき》、口輪《くちのわ》、大中《おおなか》、小中《こなか》、三番《さんばん》、底持、二番《にばん》、尻輪《なきわ》と呼び、それぞれ大きさも役割も異なる。醤油、味噌などの木桶は人の背よりも高いので、数人がかりで箍を嵌める。

竹で箍を作る場合は、真竹を見分け、箍を編む技術が必要とされる。水桶、漬物桶、味噌桶など日用品の桶には、桶の上部と下部に二本の箍を、盥《たらい》だと中央部に一本の箍が締められた。明治以降になると針金、銅製が多くなり、日用品の箍は針金製が多かったが、海辺、漁村では竹製が重宝された。針金は潮に当たって錆びやすいが、竹は錆びないうえに厚く縫って作られているから、手を掛けるのにも便利であった。また大きな桶や樽には頑丈な竹製の箍が用いられた。

木桶は昭和に入っても、ブリキ、アルマイト、アルミの桶と競合して使用されていた。昭和三十年代からポリエチレン、ステンレス製の桶が主流となり、姿を消してゆくが、現在は酒、醤油、味噌など微生物で作られたものの保存には、木桶が適していることもあって、箍の技術と共に残してゆこうとする運動が見られている。専門の箍屋もいたが、桶屋が仕事の一環として、兼ねる場合もある。

◆「箍が緩む」「箍が外れる」

箍はことわざにもよく使われる。「箍が緩む」とは、桶を巻く竹の紐が緩むことから、人の精神や規律が緩んでしまうこと。「箍が外れる」とは、同じように精神が緩み、羽目を外して緊張感がなくなること。

【参考文献】：『とる・はこぶ　写真でみる日本生活図引②』須藤功編　弘文堂　昭和 63 年／『あきなう　写真でみる日本生活図引③』須藤功編　弘文堂　昭和 63 年

羅宇屋

らうや

羅宇《らう》とは刻み煙草の喫煙用道具である「煙管《キセル》の煙道（竹筒）」のこと。竹で作られていたので、割れたり、ヤニが溜まると羅宇屋が分解して掃除したり、取り替えたりした。いわばキセルの修繕屋である。ラオ屋とも呼ぶ。

煙草が日本に伝えられたのは安土桃山時代から江戸時代にかけての慶長年間（一五九六―一六一五）と言われている。乾いた葉を刻んで、紙で巻いて吸っていたが、後に煙管が使われるようになった。明治、大正を経て昭和に入っても、刻み煙草は愛用された。刻み煙草を入れる煙草箱、吸殻を落とす灰吹き、炭火を入れる金属製の火入れ、煙管も添えられた煙草盆が広まった。

やがて羅宇と呼ばれる金属製の火皿と吸口とをつなぐ竹の管が作られた。ラオス産の黒斑竹を使ったことが由来である。

煙管の構造は、先が曲がって上を向く雁首、穴があり、刻み煙草を盛って火を点ける火皿、煙草を吸うところを吸口と言った。雁首と吸口は真鍮《しんちゅう》、銅、鉄、銀で作られ、雁首と吸口を繋ぐのが羅宇である。羅宇は、煙を吸口に伝えるトンネルでもあるが、ここを通る間に煙は冷却され、喫煙に適した温度になる。同時にフィルターの役割もあり、ヤニが羅宇の内側に付着することで、タールの少ない煙を吸口に流すことができた。

竹で作られた羅宇はときに割れたり、古くなったりする。羅宇を修理し、ひどければすげ替えるのが、羅宇屋の仕事である。またヤニが詰まりすぎれば吸いにくくなるので、掃除もし、ときには煙管の金具を交換することもあった。

羅宇屋はたちまちに煙管を分解し、客の用途に応えた。

すでに羅宇屋は江戸時代に誕生し、ヤニで汚れた羅宇の交換作業を行っていた。「すげ替え」とも呼び、彼らは新しい羅宇や掃除道具を持って町中を歩き、「ラオヤー、キセル」と声をかけて回った。江戸では道具を入れた箱を背負い、大坂では道具箱を二つに分けて天秤のように担ぐスタイルだった。明治に入ると、羅宇車と呼ばれる道具を入れた車を引いて商売を始めるようになった。ガラス張りのショーケースには新品の煙管が並び、販売されていた。

紙巻煙草が普及するようになって、煙管を使用する人も少なくなり、昭和三十年代後半は都内でも数軒に減った。平成十二年に最後の羅宇屋が廃業したが、近年数人が都内で復活させている。

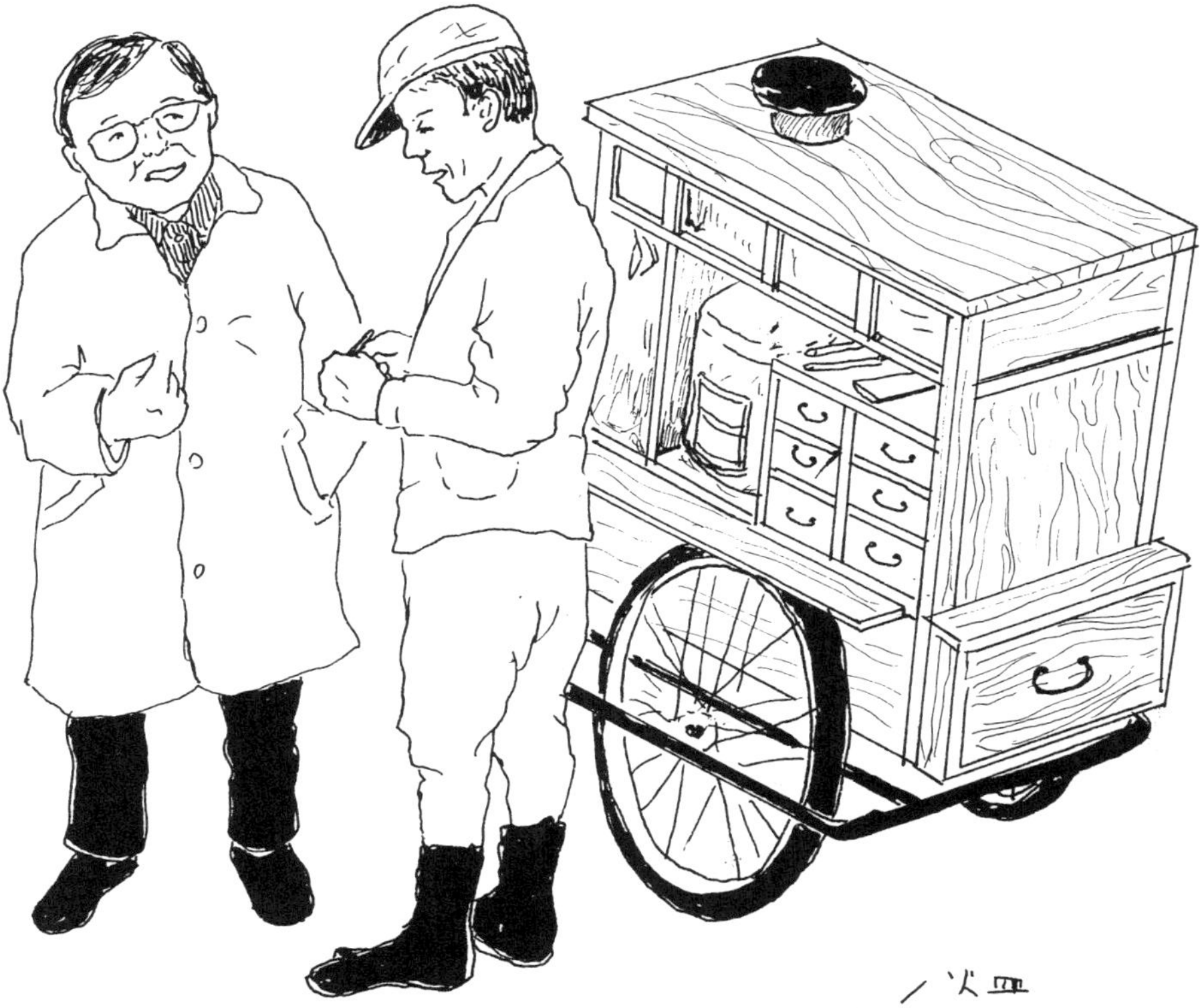

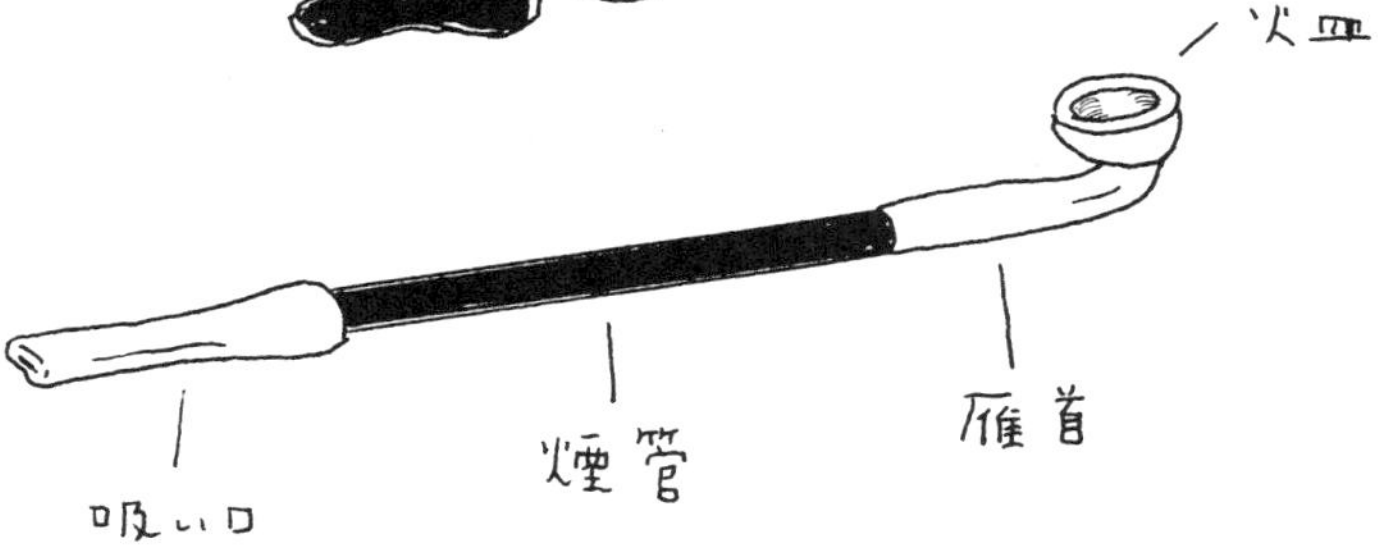

◆その名の語源は？

羅宇屋は、インドシナ半島のラオス産黒斑竹を使用したことからその名がある。ラオス産の竹は煙管に向いていた。国産では、箱根山周辺に自生する箱根竹（東根笹《あずまねざさ》という種の変種）が使われた。ともに細く、中空の部分が広いため、煙管に使われた。ラオスという言葉から「ラオ屋」と呼ぶ人もいる。

【参考文献】：「たばこワールド　羅宇」平成 21 年 7 月 15 日　JT ホームページ http://www.jti.co.jp/tobacco-world/journal/chronicle/2009/07/01.html ／『江戸東京職業図典』槌田満文著　東京堂出版　平成 15 年

洗い張り屋

あらいはりや

呉服を新品同様の色合いにするために独自に修理、洗濯する呉服のクリーニング店のこと。とくに戦後間もなくまでは和服の縫い目が粗かったので、洗うときに糊をつけて乾かしていた。

洗い張りは、まず呉服（和服・着物）の糸をすべてほどいて、反物の状態に戻してから反物を呉服専用の洗剤で洗い、ついていた古い糊も落とす。洗剤が普及する前は水洗いであった。これを「解洗《ときあら》い」と言う。その後、反物の両端から伸子《しんし》と言う針のついた竹ひごで強く張って、板に立てかける。その上から木炭のアイロン（昭和初期のアイロンは中に木炭を入れて温めていた）を掛け、糊付けを行った。

細長い木製の板に丁寧に張って、日光で乾かし、縫い直して着る。これを一般的には二、三年に一度は行っていた。

新しく糊を引くと、呉服は新品のときの色合い、光沢を取り戻すことができた。この工程を「張《はり》」と言う。この独自の洗濯法は『宇津保物語』に「張物」を行う人物が登場しているため、十世紀末には行われていたと言える。室町時代には、染物屋が兼業で行っていた。また十五世紀末には張物を専門に行う職人も文献に登場する。

洗い張りの長所は、着物の縫い目に汚れが溜まるので、ほどくことできれいにできる点である。一方で職人は、生地を傷つけないように縫い目をほどく技術が必要とされた。

洗い張りを専門に行う業者もいる一方で、明治になると家庭の主婦も行っていた。この時代は皆日常着に和服を着ていたから、普段着は自分でできたのである。高級な和服は専門の業者に頼んでいた。第二次世界大戦後になると洋服を着る女性が増え、和服は普段着ではなくなったので、洗い張りを家庭でできる女性は減った。そのためほとんどが外注化された。

現在では晴れ着など、高級な着物を対象に、洗い張りを行う業者が見られるのみである。

洗い張りの対極の洗い方は「丸洗い」で、糸を抜かずに丸ごと洗濯する方法である。

ほどいた着物を洗って、伸子張りをする洗い張り屋。水仕事なので、多少濡れてもよいような服装で作業する。洗い張り屋は部分的な染み抜きも行った。

靴磨き
くつみがき

洋靴やブーツなどを磨く仕事。すり減った踵《かかと》や簡単な修理も行う。もともとは露天商として駅の構内、路上で行う人が多かったが、最近は専門のチェーン店が進出して、個人で行うスタイルは減っている。

東京駅構内に靴磨きが誕生したのは、大正十四年であった。大きな駅で靴磨きする人たちは昭和の初めにも見られたが、とくに戦後になると、繁華街のビル街やガード下で、戦争孤児や貧しい人々が集まって靴を磨くようになった。日本人の習慣として、靴は自分で磨くものだったが、専門職として繁盛したのは進駐軍の米兵が多くいたからである。

靴磨きは警察署から道路使用の許可を貰って、行う。場所は移動できず、日よけなどの設置も許されなかった。作業手順は、客のズボンの裾を折り返す。濡れたタオルで靴のホコリを取り払う。刷毛《はけ》で泥を拭うときもある。靴に詰まった泥もブラシで払う。靴の底、甲に靴墨を塗る。これを念入りに三、四回塗ってすりこむ。剝げていれば、さらに何度もすりこむ。さらにブラシで全体に広がるようにする。タオルでまたこする。最後に乾いたタオルでから拭きする。近年もJR大阪環状線野田駅で靴磨きを行う西田典子は、最後の仕上げに「パンスト」を使って靴を拭く。きめの細かいパンストを裏返して磨くと、靴がよく光る。

戦後、この仕事は戦災孤児や家を失った少年たちの仕事であった。彼らは駅で足乗せ台を枕にして寝泊まりし、靴磨きを行った。親が健在の家庭でも、貧困から子供が家計が支えることもあった。

戦争で夫を亡くした女性の靴磨きも多く、死んだ子供の服を売って、靴墨など道具を買って始める人もいた。小さい子供がいれば、仕事場の傍で寝かせることもあった。仕事ぶりが丁寧であると、わざわざ遠回りをして、靴磨きを頼みにくる常連客も増えた。客の中には、集団就職などで上京した人たちもいた。年末になると一張羅の背広と革靴に身を包み、晴れ姿で帰郷する彼らは、靴磨きの前に列を作って並び、靴を磨いてもらった。

この仕事は天気にも左右される。急に雨が降ってくれば、客足は止まる。日曜、祝日も休まない。技術があれば、固定客も付くが、近年は大手チェーン店の進出が著しく、個人で行う靴磨きは減っている。

data

【料金】70円（昭和43年・東京）

【1日の客数】平均30人（昭和43年・東京）

◆ 靴磨きの始まり

関東大震災で駅構内にもタクシー業者が進出すると、それまで中心だった人力車組合が衰退した。失職した人力車組合の人々を救済するために、東京駅構内で靴磨きを許可したのが、靴磨きという仕事の始まりだった。

【参考文献】：〈週刊読売〉昭和43年3月22日号掲載「にっぽん体験　10　中村武志の銀座のクツみがき」

屎尿汲み取り人

しにょうくみとりにん

人の屎尿を汲み取る仕事（当時は汚《お》わい屋とも呼んだ）。すでに江戸時代には見られた。農家の人が、一軒一軒回って屎尿を汲み取り、自分の農作物の肥料に使った。肥料用としての汲み取りは昭和になっても続いた。

江戸時代、屎尿は肥料として農村に売買されていた。とくに大名、旗本屋敷、大きな店の厠《かわや》は人糞も大量なので、契約している農家が汲み取りに行った。糞尿を汲み、運搬する者を下掃除人《しもそうじにん》と呼んだ。糞尿は馬車、荷車、舟によって農村に運ばれた。

明治、大正時代に入ってもやり方は変わらなかったが、汲み取り業者が参入するようになった。地主と業者との間で契約が交わされ、代金は戸数や居住人数から算出した。汲み取った屎尿は、農家に販売された。その一方、農家にも自ら汲み取る人が存在した。

昭和に入ると人工肥料も出てきて、屎尿の肥料としての商品価値は以前ほどではなくなった。昭和九年、東京市では市が屎尿の汲み取りを行うようになった（同時に農家による汲み取りも併せて行われた）。昭和十九年九月、戦争で糞尿運搬する労働力が不足したため、東京都は、西武鉄道に電車輸送を頼んだ。専用貨車は「黄金電車」と呼ばれ、戦後も走った。昭和十一年から屎尿の処理は都の直営となり、都が農家に委託料（一石五十銭）を払っていた。農家は自分で汲み取り、自分の農地で使った。肥溜めに入れると熟成されよい肥料になった。

都内で戦後、屎尿処理に従事した高杉喜平は、農業の傍ら百軒ほどの便所を回っていた。便壺から取った屎尿を天秤棒の前と後ろにぶら下げて、リヤカーで運ぶ。高杉は二斗入りの肥桶を一人で手車に載せた。やがて荷馬車を購入し、一回で三十六本の肥桶を載せることができたが、馬が暴れて桶からこぼれそうになることもあった。昭和二十七年にオート三輪車を使い、昭和三十六年にバキュームカーを購入。まだゴム製の重いホースだったので、肩に担いで何本もホースをつないで家の便所に入った。やり方に慣れると一瞬にして屎尿を吸いこんでしまうので、作業は楽だった。汲み取り口の周りは石灰を撒いて消毒した。

「誰かがこの仕事をやらなければならない」という使命感があった。

だが化学肥料（当初は硫酸アンモニウム製）が普及し、下水道も完備すると、屎尿汲み取りの需要も減った。

data

【料金】農家の人が肥料用に汲み取っていたときは無料

戦後は肥桶1本汲み取りにつき5～10円の手数料（東京都）

◆ マッカーサーも顔をしかめる「ハニー・バケット」

戦後すぐに、皇居前で屎尿を入れた桶をリヤカーで運ぶ人がいたが、マッカーサーは臭さに顔をしかめた。進駐軍もこれをユーモアに転じ、「honey bucket（ハニー・バケット）」と呼び笑った。彼らは「honey bucket song」を作って歌った。

【参考文献】：〈市民がつくるごみ読本　C&G〉第11号掲載「し尿の汲取り業の話」
石井明男著　廃棄物学会　平成19年

屑屋

くずや

紙屑や古着、古銅、古鉄、古道具を家々から買い集め、それぞれ古着屋、古鉄屋、古道具屋に売って、金を貰う商売。似た職業にバタ師があるが、屑屋とは一線を画す。

屑屋はリヤカーを引きながら「くずぃー、おはらい」と声を上げながら町を歩く。

一軒一軒回って御用聞き（これを「ゴム」と言う）をしたり、家から声が掛かると、屑屋は勝手口に回ってボロ衣類、古新聞、金物、空缶、ガラスの破片を一貫目いくらで買い取る。いつも持ち歩いている竿秤で重さを量り、買い取った品を麻袋に入れた。この廃品の買い取りには戦前であれば鑑札を必要とし、誰でも行えるものではなく、彼らは籠に「鑑札」の木札をつけた。

同種の仕事に「バタ師」（拾い物屋とも呼ぶ）があるが、これは道に落ちている物を拾い、ごみ箱を漁る拾い屋で、鑑札を持つ屑屋とは一線が引かれていた。

屑屋はそれぞれの家から小銭で買った廃品を問屋の「仕切場」に持って行き、品を分類し、秤で量る。相場表と照合し、値段がつくと、帳場に持って行って金に換える。また、船の行き来する岸壁を専門にする屑屋もいて、彼らは船から出る紙屑やボロを買った。

彼らが売ったガラス屑はビー玉やおはじきの原料にされ、生のミカンの皮からは香料が取られた。

資金のない屑屋は「仕切場」から屑の回収費を前借りすることもあった。

一口に屑（廃品）と言っても、景気によって買い取り価格が左右される。紙屑だと、西洋紙より日本紙が上質で高い。戦争などで不景気になると品を高く買ってくれないので、屑屋は家庭の婦人に泣きついて、ただで屑を貰ってくることもあった。

屑はいったん捨てられるが、再生産されて市場に出回り、社会に役立つ。屑屋はそこに小さな誇りを持った。

昭和三十年代まではリヤカーで家を回る屑屋が見られたが、後に自動車で営業する古物業者、ちり紙交換屋に取って代わられた。

data

問屋から毎日5～6円の資本を借りて営業（新聞紙17銭、紙屑1銭5厘、ボロ18銭、鉄屑4銭）（昭和2年）

【人数】東京に約5万人（無届含む）（昭和32年）

【労働日数】月20日（昭和37年）

【収入】日収2,000円、月収4万円ほど（昭和37年）

◆ 意外な紙のリサイクル

「紙屑買い」と呼ばれるほど紙は屑屋にとって主たる収入源だった。放尿を拭いた紙は、再生して使えた。吉原など遊廓で使った房事後の体液のついた紙は、人形の顔を拭くと照りが出るので、人形師が高い値で買った。

【参考文献】：『あきなう　写真でみる日本生活図引③』須藤功編　弘文堂　平成5年／『明治物売図聚』三谷一馬著　立風書房　平成3年／『近代日本職業事典』松田良一著　柏書房　平成5年／〈新週刊〉昭和37年2月8日号掲載「まいまいつぶろ人生日記　くず屋もまた楽し　東虎次郎さん」／〈毎日グラフ〉昭和32年9月15日号掲載「クズ屋さんが組合結成」／『物価の世相　100年』岩崎爾郎著　読売新聞社　昭和57年

バタ師

ばたし

個人で行う拾い屋で、ごみ箱の中を漁ったり、路上の物を拾う。路上生活者の最後の生活手段である。彼らは背中に屑《くず》籠を背負って、町でボロ屑、金物を拾い集め、問屋に売った。屑屋よりも格下の職業。

同じ廃品収集商売でも、屑屋は一軒一軒得意先を回り、廃品を買って、問屋に売るという安定したルートがあった。そのため屑屋は「買い出し人」とも呼ばれたが、バタ師は単なる「拾集人」である。彼らは午前三時に起きて、提灯を下げて市内に繰り出す。ごみ箱、道などに落ちているボロ屑、金物を拾って歩く。一日に千五百ほどのごみ箱を漁り、十里から十五里を歩いた。朝の七時には自分たちの住まい（ほとんどが貧民窟か土手）に戻って、問屋に売る。籠を背負うと肩も痛み、品物分別で目も疲れるため、女性はほとんどいなかった。屑拾いにしても、鉄、ガラス、糸の屑、蜜柑の皮、包帯の屑なども範疇《はんちゅう》に入った。それぞれに専門分野があり、呼び名があった。

「ヨロク拾い」は電柱工事、水道鉄管敷設工事で、付近に散らかった銅線、鉛管、ハンダ、ゴムを拾う。これは値もよいが、滅多にありつけない。

「よなげ師」は、川や溝に落ちている金物類、石炭、ガラス、空き瓶を拾う。竿の先で上手くかけて拾った。彼らを関西では「河太郎《がたろう》」と呼んだ。

「火事場稼ぎ」は火事が起こって、人々が慌てているときに、火事場に行き半焼の衣類や金盥《かなだらい》、鍋、釜などを集める。

「ワタ拾い」は、市場や料理屋、宿屋の台所付近に落ちている残肴、魚の腸を拾って、食うに値するものは貧民窟に売り、形の崩れたものは農家の肥やし用として売る。「俵拾い」は家から空いた俵を貰って、芋屋に売ると、焼き芋十個が貰えた。「石炭拾い」は、石炭の荷揚場で石炭を拾う。

「馬糞拾い」は、兵営で馬の糞を拾い、川でふるいにかけ、糞から丸麦をとる。下痢した馬は丸麦がたくさんとれた。

自営業でもあるが、その多くは後に組織化。屑問屋をバタ屋と言い、そこからバタ師が出て活動し、拾った物品をバタ屋に納める決まりになっていた。バタ師は拾い子とも言う。親分であるバタ屋は、路上生活者を集めてバタ師にし、彼らから買った値段（仕切りと言う）の三倍で問屋に売りつけた。バタ師たちはバラック小屋に住まわされ、籠《かご》や竹鋏《たけばさみ》、車を有料で借りて仕事を行った。

data

【日収】多い者は1円以上、少ない者は10〜20銭程度（昭和6年）

バタ屋所属となると、車代、道具代、部屋代が差し引かれ、月収7円（昭和11年）。ただし雨天は仕事ができない

【人数】2,000人（昭和9年・足立区）

戦後の昭和20年代、東京都では家庭から出るごみを生ごみ（厨芥）とそれ以外のごみ（雑芥）にわけ、収集していた。雑芥は道端に設置された木製のごみ箱に入れ、これを都が回収するが、そのまえにバタ師が金になりそうな物を拾った。

◆ バタ屋とバッタ屋

道傍で物を拾うから、ごみ箱を「バタバタ」と漁るから、拾った古着や段ボールが風に吹かれて「バタバタ」音がするから、とバタ屋の由来にはさまざま説がある。格安の古物を売る商店を「バッタ屋」と言うが、バタ屋が語源である。どちらもいい品を扱わないという意味では通じている。

【参考文献】:〈日本評論〉昭和11年5月号掲載「転落群バタヤ」木本秀生著／〈中央公論〉昭和6年4月号掲載「ルンペン・バタヤの生活戦線」下村千秋著／『大正・昭和の風俗批評と社会探訪――村嶋歸之著作選集　第3巻　労働者の生活と「サボタージュ」』所収「バタ師の生活」津金澤聰廣・土屋礼子編　柏書房　平成16年

よなげ師（淘げ師）

よなげし

川や溝に入って泥をすくい、貴金属やガラスなど金目の物を拾って古物屋に売る商売。拾い屋の一種。戦後、朝鮮戦争で景気が良くなって物資が豊かになると、よなげ師も増えた。

よなげ師は、よなげやとも言う。川や溝に落ちている貴金属（宝石、地金）やガラス、空缶、石炭などを拾って、古物屋に売って金を稼ぐ。いわゆる拾い屋に属するが、溝や川専門の商売である。

大阪は東京よりも川が多いので、よなげ師も多かった。川では、長い竿を持って小舟に乗り、拾い物を探す。竿の先には熊手のように泥をかき分け、拾い上げやすいものを付けておく。小舟から水中に向かって竿を刺して、何度も川底を掬って、金目の物はないか探す。ときに場所を変えて、辛抱強く探す。

金の入った財布や金が見つかることもあるが、多くは前述したようなガラス、石炭などの類である。また工場の傍の川、川の荷揚げ場所には何かの拍子で品物が川に落ちることもあるので、よなげ師の狙い場所になった。

小さい川や溝だと自ら川に入って、脛《すね》のあたりまで浸かる。大きな笊《ざる》で泥を何度も掬《すく》って、水で洗い、笊に残ったものを選別する。服のボタン、簪《かんざし》などの飾り物、いろいろな品物が出てくる。これらを袋に入れて持ち帰り、種類ごとに分けて古物屋に買い取ってもらう。

これらは問屋を通して、再度工場で加工され、商品となって再び流通する。

よなげ師の活動範囲は川、溝であるが、後に焼け跡や空き地を掘り返して探すこともあった。これらは「ほりや」と呼ばれるようになった。

よなげ師は大正時代から見られていたが、昭和の初めになっても存在し、戦後になって物が大量に出回るようになるとさらに増えた。

昭和二十五年に朝鮮戦争が起こり、特需景気で好況になると、貴金属類など金目の物が増えた。これらを多く拾い、古物屋に高い金額で買ってもらった。だが戦後の復興が進み、川も整備されるようになると、よなげ師の活動の場はなくなった。

data

【収入】1日2円以上（大正時代中頃）

（図上）尖端が熊手のようになった長い竿を水中に入れて、金目の物が落ちていないか探す。工場に近い川や荷揚場所の周りには金物類や石炭などが多く落ちていた。

（図下）浅い川や溝では、自ら水の中に入って目当ての物を探す。

◆川で獲物を狙う河童たち

よなげの語源は、品物を選りなげる、という意味からきている。
関西では河童を意味する「河太郎《がたろう》」と呼んでいる。

【参考文献】：『日本残酷物語〈5〉 近代の暗黒』宮本常一・山本周五郎・楫西光速・山代巴監修 平凡社 平成7年／〈経済往来〉昭和6年6月号掲載「ルンブン・プロ商売」／『大正・昭和の風俗批評と社会探訪――村嶋歸之著作選集 第3巻 労働者の生活と「サボタージュ」』所収「バタ師の生活」津金澤聰廣・土屋礼子編 柏書房 平成16年

エンヤコラ

えんやこら

女性の日雇い労働者のこと。夫が亡くなったり、事情があって働けない家庭では主婦が日雇いの労働に出て一家を支えた。最低賃金で働くニコヨンの女性版。

最低賃金保障額の日当でニコヨンとして働く日雇い労働者には、女性も多かった。その女性をエンヤコラと呼ぶ。

昭和三十年頃は、戦争で夫を失ったり、戦地から未帰還の夫を待ち続ける女性や、着の身着のままに乳幼児を背負って大陸から引き揚げてきた女性、あるいは戦災で家を焼かれ、財産を失った女性も多かった。

この当時、よほどの学歴があるか手に職がないと女性は職に就けなかった。そこで多くの女性は子供を育てるためにニコヨンの道を選んだ。苦しい生活の救いとして、日記をつけたり、短歌、俳句などを詠む者も多かったという。

〈世はさかさ　昔は夫人　いま人夫〉

これは日雇いとして働く女性の詠んだ句で、人夫とは肉体労働に従事する人のことである。エンヤコラたちは朝六時に家を出て、近くの職業安定所に向かう。格好は足に地下足袋を履き、モンペを着る。不安は、今日も現場にありつけるかということである。すでに安定所には多くの日雇いが集まって仕事を待っている。もしありつけなければ、その日の収入はない。午前七時に登録番号順に並び、求職票を手にして、現場に行けるとわかったときがもっとも安心する。道路の補修工事であったり、草取り、焼け跡やグラウンドの整理、路面清掃などに従事した。昭和三十年代初頭は大道路の工事が多かった。道の両側の溝の舗装、道にまく小さな砕石を運ぶのが女性たちの仕事だった。仕事が終わると手と首には斑点ができ、ベンジンを浸した布で拭き取った。

一日の労働を終えて給金を貰うとき、これで明日一日も生きられるという安ど感に包まれた。帰り道に甘納豆など子供の好きなものを買って帰るのが楽しみだった。子供たちに食べさせるために、銭湯代を節約して食事代に回すときもある。

〈生活の最低線に生きる吾媚びることなくへつらうこと無く〉

女であることを武器にした水商売の道をあえて選ばず、真っ黒に日焼けしながら汗を流し、労働することを選んだことに誇りを持っていた。

data

【収入】ニコヨンの最低保障と同じ。女性は男性の賃金の7割というケースもあり

1日9時間労働、実働15日で月4,000〜5,000円（昭和31年・港湾労働の場合）

◆ ヨイトマケの唄

エンヤコラは丸山明宏（現 美輪明宏）が歌う『ヨイトマケの唄』で知られるようになった。エンヤコラをヨイトマケとも呼ぶ。家族のために働きぬいた女性労働者への賛歌である。

【参考文献】：〈毎日グラフ〉昭和29年12月22日号掲載「今年も生き抜いた！――ニコヨンの群像を描く」／〈週刊朝日〉昭和31年8月19日号掲載「生活の歌　沖仲仕」／〈サンデー毎日〉昭和31年4月15日号掲載「ニコヨンの歌　貧しく厳しい生活をうたえる」

ショバ屋

しょばや

人の集まる場所で、場所取りをして、それを後から来た人に高く売りつける商売。ショバとは隠語で場所のこと。ショバ屋は「並び屋」とも言う。

終戦間もない昭和二十年代前半は、闇市の買い入れ、復員兵や大陸からの引揚者で、国鉄、私鉄は連日大混雑の様相が続いた。当時は交通機関も少なく、主流は列車だったため、国鉄の座席取りに一日前から列を作って並ぶこともあった。その混乱に目をつけたのが、「ショバ屋」と言われる人たちである。

ショバ屋は、駅の改札口にできる電車に乗るための列に早朝から並ぶ。その後、長蛇の列になった頃合いを見計らって、列の後ろに並ぶ人たちに声をかけ、自分たちが確保しておいた先頭の方の順番(場所)を高額で売った。列の順番売りがショバ屋の仕事である。場所のことを隠語で「ショバ」と言う。

これらの光景は、乗客の多い、大阪駅や東京駅、上野駅などに見られた。とくに混雑する東海道線、北陸本線は相場が高く、親方と並び屋が売り上げを分ける。混雑具合によって相場も変わる。

なお、同類の職種に「プーバイ」がある。ダフ屋とも言うが、語源は「符売《ぷうばい》」から来ている。これは事前に寝台車、特急券などの切符を多く入手しておいて、買えなかった人たちに高額で売りつける商売である。

ショバ屋もプーバイも、戦争で身寄りを失い、駅の地下道で生活する人たちが始めた非合法の商売だが、やがて組織化された。縄張りがあり、リーダーの統制のもとで動くのが特色だった。駅の職員も、多くは見て見ぬふりをした。

やがて戦後の混乱も収まってくると列車の本数も増え、引揚者も見られなくなり、ショバ屋の姿は見られなくなった。

世の中が安定してくると、ショバ屋は歌謡ショーなどのコンサート、プロスポーツなどの観客席で、事前に席を買い占めて、客に高額で売ったりした。

data

【場所代】東海道線・北陸本線：50円

（そのうち20円が親方、30円が並び屋の収入）

※込み具合によって、30～100円の間を上下する

【収入】１晩で200円前後の稼ぎになる

（昭和22年・大阪）

◆「ショバ」は香具師の隠語

ショバとは、香具師の隠語で「場所」を意味し、ひっくり返すと「所場」になる。香具師の世界で店を出すと「ショバ代」として上納金を上層部に納める。それと同じ方法でショバ屋は商売を行った。宿は「ドヤ」、札を「ダフ」、盃は「ズキサカ」と反対に言うのが香具師の言葉の特徴である。

【参考文献】：『昭和——二万日の全記録　第8巻　占領下の民主主義』講談社　平成元年／〈週刊朝日〉昭和22年4月27日号

つぶ屋

つぶや

詐欺商売のひとつ。失業したサラリーマンを装い、本物のサラリーマン家庭から金を恵んでもらう。「会社が潰れた」と口にするその手口から、「つぶ屋」と呼ばれた。

昭和六年頃に登場した詐欺商売で、時代背景が大きな要因として考えられる。昭和四年十月にアメリカに端を発した世界恐慌は、日本にも波及し、深刻な経済不況を巻き起こした。これを昭和恐慌と言うが、そのために企業のリストラ、倒産、賃金引き下げ、人員整理が行われ、街には失業者が溢れた。

この時代、サラリーマンという職種はまだ少数派であり、かつインテリの趣があったため、憧れの目で見られていた。しかし、不況により大学卒業者の就職率は三割にまで落ちこみ、「失業」という言葉が流行った。

ここに目をつけたのが、「つぶ屋」たちである。

彼らは主人のいない昼間の時間帯を狙って、郊外のサラリーマン宅を訪ねる。背広にネクタイ姿でサラリーマンを装い、「失業して困っております」と丁寧にお辞儀し、やんわりと金銭を要求する。主婦はその丁寧な言葉遣いときちんとした身なりについ騙され、同類の悲惨な境遇に同情して、つい金を恵んだ。しかも当時のサラリーマンは知的階級でもあったから、つぶ屋はその家庭の教養に見合った話、用語を使う必要があった。いわゆる知的な詐欺である。

こんなふうにして一軒一軒回ると、かなりの収入になることから、次々と路上生活者が真似するようになった。だが一度騙された家庭は用心するので、長くは続かなかった。なお、同じような詐欺商売に「はりだし」がある。これもサラリーマンや役人の家に夫の留守を狙って訪れ、主婦に「財布を落としました」と泣きついて電車賃を恵んでもらったり、金を借りるという商売である。だが正体を見破られると居直り、一転して金銭を強要した。

双方とも失業者が多く巷にあふれる時代に出てきた商売である。時代の変化を敏感に読み取る詐欺師らしい手口だが、所詮は長く続かない点に、この種の商売の底の浅さがあった。

data

【収入】1回30〜40銭を恵んでもらう（昭和6年）

◆ もう1つの詐欺商売「はりだし」

家にいる主婦に「財布を落としました」と泣きついて金銭をせびる「はりだし」という詐欺商売は、家にいる人を口上で外に出す（はりだす）という意味からそう呼ばれた。

【参考文献】：〈経済往来〉昭和6年6月号掲載「ルンプン・プロ珍商売」

丁稚

でっち

店や職人の家に雇われた奉公人。とくに商家に奉公する者を「丁稚」と呼んだ。家の下男、女中であり、年季奉公人の最下層に位置し、住みこんで掃除など家の雑用を行う。

丁稚は住みこんで下働き、雑用をする商家の育成制度のひとつ。農家の年季奉公、工場の職人見習いなども丁稚と呼ぶが、本来は商家の奉公人（御店者《おたなもの》とも呼ぶ）を指す言葉である。

商家の丁稚は、関東で「小僧」、関西で「子供」「坊主」とも言った。彼らは小学校を卒業すると、手に職をつけるため、親類縁者、取引先からの紹介で、奉公先の店へ行く。とくに商家は金銭を扱うので、身許を重視した。主人が、店に相応しい人材かどうか一週間ほどかけて判断する。これを「お目見え」と言う。主人が気に入れば、子供の親、親戚が保証書（請状）を出して、丁稚となった。このとき店は給金の一部を前借として親に渡す。

丁稚は仕事見習いと人格を磨くために、店に住みこみで働き、休みは盆暮れのみで、給料はなく、着物や下駄を店から貰う程度だった。

奉公を始めて四、五年で手代の手伝いをする。この頃、名前の下に「松」「吉」をつけて呼ばれるようになる。

二十歳で手代となり、仕入、販売、帳簿、出納など役割が決まった。手代を経験して三十歳で番頭になる。大店では一番番頭、二番番頭と序列があった。その上の支配人になれば、主人の代行も務める。番頭になると家から通うことも許された（通い番頭）。丁稚から二十年ほど勤めると主人から金を貰い暖簾《のれん》分けも許される。

商家の多くは、跡取りが主人になるが、怠け者だったりすれば、娘に婿を取らせ、跡継ぎとした。このとき婿になるのは手代や番頭であった。ただ元使用人の亭主は、嫁よりも立場が弱かった。

昭和初期になると、手代や番頭は給与制となった。また、この頃になると旧制中学や実業学校から入社する雇用形態が生まれ、住みこみではなく通勤が認められた。これらキャリア組が幹部になり、丁稚からの叩き上げ組は昇進や待遇面で後れを取るようになった。そのため店自体の家族主義、奉公制度も弱まり、昭和十年代には丁稚という封建的な仕組みは減少し、戦後はほとんど見られなくなった。

data

【丁稚のシステム】 小学校卒（高等科卒）→丁稚（4～5年）→若衆（4～5年）→手代（10年ほど）→番頭（暖簾分けもあり）→支配人（主家に入り婿あり）

◆ 薬問屋の丁稚

丁稚を描いた作品は、商家の多い上方を舞台にしたものが多く、昭和34年からテレビ放映された『番頭はんと丁稚どん』（毎日放送・花《はな》登《と》筐《こばこ》）がある。これは大阪の船場にある薬問屋を舞台に、3人の丁稚と親方、周囲の人々の日常を描いた喜劇である。

【参考文献】：『なつかしの日本　ノスタルジック・ジャパン』所収「コラム　奉公となりわい」丸浜晃彦解説　心交社　平成6年／『生業の歴史　日本民衆史6』宮本常一著　未来社　平成5年

寺男

てらおとこ

お寺に雇われて、雑務や畑仕事をする人。境内や墓地の掃除、薪割りなど雑用を行い、寺からは衣食住を保証された。

寺男は寺院で、下働き、雑事をこなす人を指すが、その歴史は古い。奈良時代に貴族たちが寺院に奴婢を集めて、家人として住まわせたことに由来する。京都の東寺では、雑事を行う子供、鐘撞、湯沸し、畳刺、木工、瓦工などがいたことが記され、彼らによって寺の運営が助けられた。なかには僧兵という寺の私兵として武装する者も現れた。平安時代になると、荘園を拡大するため兵が強化され、僧兵の集団が編成されて朝廷に対して強訴し、戦国時代には大名と争った。信長、秀吉の時代になると、寺の焼き討ちなども行われ、僧兵は衰退し、還俗して寺の下男となった。

寺男は墓地の掃除、薪割り、水汲みなどを行い、寺から衣食住を保証された。また近隣の農村から寺男になる人も多く、親子代々で務めることもあった。

昭和に入ると、雇用としての関係が成立し、職員として庭掃除、草取り、参拝者の案内、その他もろもろの雑事をこなすようになった。現在でも住みこみで働き、寺の雑事をこなすが、これといった決まった仕事はなく、その業務範囲は広い。寺の面積は広く、建物も大きく、参拝者も多いので、維持管理の仕事量は膨大で寺男の存在は欠かせない。なかには造園を行う人もいるなど、職分はお寺によって異なる。

かつては僧侶になるためには、ある程度の寄付や仕送りがないと、なれなかったので、信心深い庶民が寺男になるケースもあった。現在は雑役も僧侶がこなすことが多いので、職業としての寺男はほとんど見られない。女性で雑事をこなす人を「寺女」と言うこともある。

現在も寺院によっては寺男、寺女の募集を行うところがあるが、年齢、性別、資格は不問で、給料は無給。交通費、食事代が支給されるが、僧侶としての修行も行い、僧侶を目指すための職種として募集することもある。

◆有名映画に登場する寺男

映画『男はつらいよ』に出てくる源公は、柴又帝釈天の寺男で、いつしか寺に住みついた、という設定になっている。勤務というより信心深い人が、寺に奉仕するという意味合いが強かった。

倒産屋

とうさんや

倒産した会社から在庫品を安く買い取って転売し、儲ける業者。わざとデマを流して会社を倒産に追いこむこともあった。昭和二十九年頃の不況時に出現した。

昭和二十九年頃に大阪で見られた悪徳な業者。この仕事は当時の時代背景があって生まれた。戦後混乱した経済状況は朝鮮戦争による特需で回復したが、戦争の休戦と世界的な景気後退の波に押され、昭和二十九年に日本は不況に陥っていた。デフレによってとくに中小企業は経営悪化が著しかった。そこに付け入ったのが倒産屋である。企業が破産宣告を受けた、あるいは倒産しそうだという情報をすぐに嗅ぎつけ、経営者から在庫品を安く買い取ると、それをよそに高く売って儲けた。

対象が靴屋であれば、在庫にある靴を半値以下で売れと倒産屋が脅迫し、三千円の靴を千円で買い取る。倒産間際の会社にとっては、在庫が一掃されるので、渡りに船と思わせる。だが買い取った後に、在庫整理を手伝ったのだからとさらに手数料を要求した。さらに買い取った靴は他の店に二千円で売るといった按配である。

彼らの手口はそれだけではない。倒産寸前で何とか経営している中小企業も標的にする。業界内や取引先にこの会社は危ないとデマを流すのだ。

デマ情報を書いたガリ版刷りの紙を周囲に配るのも彼らの常とう手段だった。会社の関係先はデマを本気で信じて、取引や融資に難色を示すようになるため、本当に倒産に至ってしまうことがあった。

倒産屋の手法は法律違反すれすれの悪どさで、懸命に生き残りをかける中小企業にとって心底恐ろしい相手だった。

だが、倒産屋が利益を上げたのは一時的なことだった。昭和三十年になると景気が回復し、神武景気が訪れ、日本は高度経済成長時代に突入する。中小企業も活気を取り戻すと、倒産屋の姿は見られなくなった。

しかし平成不況の今日、法の網をくぐり抜けるように、粉飾倒産屋、倒産整理屋、会社売買屋、住所貸し、電話代行業など、昭和時代よりも複雑な手口で企業を倒産に追いこむ業者が出ている。

data

【倒産させる確率】およそ3割（昭和20年代後半）

◆ またの名を「十三屋」

倒産屋がデマを流すと、10 社のうち3社は倒産したことから「十三屋」とも呼ばれた。倒産すれば、在庫品を安く買い取って手数料も奪い、品物を高く売って儲けるという図式が繰り返される。

【参考文献】：〈週刊朝日〉昭和 29 年6月 13 日号

ニコヨン

にこよん

日雇い労働者の通称。経営者が搾取しないよう、昭和二十四年に東京都が日当の最低保障額を二百四十円とし、それが百円札二枚と、十円札四枚だったことから「ニコヨン」と呼んだ。

戦後すぐの日本はインフレで、復員した兵士や大陸からの引揚者など、町には失業者が溢れていた。そのため政府は昭和二十一年に公共事業における失業者優先の原則を定め、翌年に職業安定法を実施した。しかし、あまり効果はなかったため、さらに緊急失業対策法を昭和二十四年五月二十日に公布・施行することになった。

このとき東京都は最低保障の日当を二百四十円とした。この賃金で働く人、いわゆる日雇い労働者を「ニコヨン」と呼ぶ。それまでは雇用側の搾取によって、五十円、百円など不当に安い額で、日雇い労働者はきつい労働を強いられることが多かったが、法整備により一日の最低賃金が確保されるようになった。その名の由来は、二百四十円という賃金が百円札二枚と十円札四枚。つまり「百円札二個」と「十円札四個」であることから「ニコヨン」と言われるようになった。やがて、日雇い労働者への蔑称となる。

最低保障額の賃金で働く労働者は全国で三十五万人を超えるときもあり、肉体労働の日雇いが多く、道路工事などに従事した。彼らの一日は朝六時頃に職業安定所に集まり、そこから現場へ行き実働七時間の労働が始まる。月の平均実働日数は二十日。日当から宿代と飯代を差し引かれると疲労しか残らず、雨が降ると仕事ができず絶望し、まさに底なし沼だった。

会社側もつねに日雇いを固定で雇い、二十日ほどで一旦解雇する。数日後再び日雇いで雇用するというシステムを作り、臨時工にも本工にもしようとしなかった。労基法すれすれの雇用方式だった。

政府の対策もむなしく、昭和二十九年には完全失業者が八十四万人に達した(過去最高)。

高度経済成長期に入ってもニコヨンは最下層に置かれたが、彼らは一年間で都内の延べ一万八千キロの道路を補修した。近代の都市整備を底辺で支えたのは、このニコヨンと呼ばれる人たちである。

やがて日本の労働市場も以前と比べて安定し、ニコヨンという言葉は聞かれなくなった。

data

【ニコヨンの人数】都内4万8,400人、うち女性が1万200人

【年齢別】41～50歳が30.7%、51～60歳が26.5%、31～40歳が22.6%

【日収】公共事業の場合は288～378円、民間の場合は500円、港湾は1,000円

*昭和31年3月・東京都労働局調べ

◆「ニコヨン」から「サンコ」へ

最低保障賃金額は、昭和28年に272円にさらにベースアップされ、昭和32年に300円に上がると、100円札が3枚なので「サンコ」と呼ばれた。

【参考文献】:〈知性〉昭和31年9月号掲載「ニコヨン生活白書」／〈毎日グラフ〉昭和29年12月22日号掲載「今年も生き抜いた！ — ニコヨンの群像を描く — 」／〈サンデー毎日〉昭和31年4月15日号掲載「ニコヨンの歌　貧しく厳しい生活をうたえる」

主な参考文献

＊職業ごとに主な参考文献を各ページ下に記しましたが、本書全体としては以下の資料を参考にいたしました。

『［縮刷版］日本風俗史事典』日本風俗史学会、弘文堂、平成六年
『［縮刷版］日本民俗事典』大塚民俗学会、弘文堂、平成六年
『熊本県民俗事典』丸山学、日本談義社、昭和四十年
『図説　民俗探訪事典』大島暁雄ほか、山川出版社、昭和五十八年
『新版　民俗調査ハンドブック』上野和男ほか、吉川弘文館、昭和六十二年
『近代日本職業事典』松田良一、柏書房、平成五年
『江戸東京職業図典』槌田満文、東京堂出版、平成十五年
『明治物売図聚』三谷一馬、立風書房、平成三年
『江戸と東京　風俗野史』伊藤晴雨、国書刊行会、平成十三年
『［縮刷版］大衆文化事典』石川弘義他、弘文堂、平成六年
『日本職人辞典』鈴木棠三、東京堂出版、昭和六十年
『時代小説職業事典〜大江戸職業往来〜』歴史群像編集部、学研教育出版、平成二十一年
『近代庶民生活誌　第一巻』南博、三一書房、昭和六十年
『家計簿の中の昭和』（文庫）澤地久枝、文藝春秋、平成二十一年
『物価の世相１００年』岩崎爾郎、読売新聞社、昭和五十七年

『昭和の仕事』澤宮優、弦書房、平成二十二年
『【写真ものがたり】昭和の暮らし2　山村』須藤功、農山漁村文化協会、平成十六年
『【写真ものがたり】昭和の暮らし4　都市と町』須藤功、農山漁村文化協会、平成十七年
『【写真ものがたり】昭和の暮らし9　技と知恵』須藤功、農山漁村文化協会、平成十九年
『たがやす　写真でみる日本生活図引①』須藤功、弘文堂、昭和六十四年
『とる・はこぶ　写真でみる日本生活図引②』須藤功、弘文堂、昭和六十三年
『あきなう　写真でみる日本生活図引③』須藤功、弘文堂、昭和六十三年
『すまう　写真でみる日本生活図引④』須藤功、弘文堂、昭和六十三年
『つどう　写真でみる日本生活図引⑤』須藤功、弘文堂、昭和六十四年
『まち　写真でみる日本生活図引⑦』須藤功、弘文堂、平成五年
『わざ　写真でみる日本生活図引⑧』須藤功、弘文堂、平成五年
『[写真叢書]　葬式　あの世への民俗』須藤功、青弓社、平成八年
『忘れられた日本人』（文庫）宮本常一、岩波書店、昭和五十九年
『宮本常一が撮った昭和の情景　上巻』宮本常一、毎日新聞社、平成二十一年
『宮本常一が撮った昭和の情景　下巻』宮本常一、毎日新聞社、平成二十一年
『山に生きる人びと』（文庫）宮本常一、河出書房新社、平成二十三年
『生きていく民俗　生業の推移』（文庫）宮本常一、河出書房新社、平成二十四年
『宮本常一とあるいた昭和の日本　6　中国四国3』田村善次郎ほか、農山漁村文化協会、平成二十三年
『宮本常一の写真に読む　失われた昭和』佐野眞一、平凡社、平成十六年
『有佐村郷土史』永松豊三、有佐村役場、昭和三十年
『宮原の民俗』宮原町文化財保護委員会、宮原町公民館、昭和五十七年

『グラフィック・レポート　痛恨の昭和』石川光陽、岩波書店、昭和六十三年
『昭和の東京　あのころの街と風俗』（文庫）石川光陽、朝日新聞社、平成五年
『40年前の東京　昭和38年から昭和41年　春日昌昭のトウキョウ』写真＝春日昌昭　文＝佐藤嘉尚、生活情報センター、平成十八年
『東京――忘却の昭和三〇年代』金子桂三、河出書房新社、平成十九年
『昭和恋々　あのころ、こんな暮らしがあった』山本夏彦ほか、清流出版、平成十年
『東京の戦後　田沼武能写真集』田沼武能、筑摩書房、平成五年
『東京下町の昭和史　明治・大正・昭和一〇〇年の記録』毎日出版企画社、毎日新聞社、昭和五十八年
『昭和　失われた風景・人情』秋山真志、ポプラ社、平成二十年
『[新装版]東京　消えた街角』加藤嶺夫、河出書房新社、平成十一年
『加藤嶺夫写真全集　昭和の東京3　千代田区』加藤嶺夫、デコ、平成二十五年
『薗部澄写真集　追憶の街　東京　昭和22年～37年』薗部澄、アーカイブス出版、平成十九年
『東京のちょっと昔　30年前の下町風景』若目田幸平、平凡社、平成十九年
『東京慕情　昭和30年代の風景』田中哲男、東京新聞出版局、平成二十年
『土門拳の昭和［1］風貌』土門拳、小学館、平成七年
『岩波写真文庫アーカイヴス　立ち上がるヒロシマ1952』岩波書店編集部、岩波書店、平成二十五年
『昭和を生きた道具たち』イラスト＝中林啓治、文＝岩井宏實、河出書房新社、平成十七年
『いまも百舟百千舟』田代昌史ほか、横浜港振興協会、平成二十一年
『横浜港物語みなとびとの記』横浜開港150周年記念図書刊行委員会、平成二十一年
『昭和30年代の神奈川写真帖　横浜・川崎・横須賀・鎌倉・藤沢・逗子・三崎』西潟正人ほか、アーカイブス出版、平成十九年
『写真アルバム　横浜市の昭和』いき出版、平成二十四年
『企画展　歌・映画・小説のなかの横浜港』横浜みなと博物館、平成二十二年

『都電が走った昭和の東京』荻原二郎、生活情報センター、平成十八年
『1960年代　路面電車散歩～日本の電車道　東京オリンピックの頃～』諸河久、メディアパル、平成二十三年
『バス車掌の時代』正木鞆彦、現代書館、平成四年
『日本地下水考』蔵田延男、地下水技術センター、昭和五十六年
『伝書鳩の飼育と訓練』土田春夫、青鳥社、昭和三十五年
『朝日新聞社史　昭和戦後編』朝日新聞百年史編修委員会、朝日新聞社、平成六年
『民俗資料選集2　木地師の習俗』文化庁文化財保護部、国土地理協会、昭和四十九年
『手塚治虫漫画全集　紙の砦』手塚治虫、講談社、昭和五十八年
『越後　毒消し売りの女たち――角海浜消えた美人村を追う旅』桑野淳一、彩流社、平成二十年
『ハブの棲む島　伝説のハブ捕り名人と奄美の森の物語』西野嘉憲、ポプラ社、平成十七年
『琥珀色の記憶［時代を彩った喫茶店］』奥原哲志、河出書房新社、平成十四年
『港区　私と町の物語　上巻』港区　産業・地域振興支援部地域振興課、平成十九年
『東京銭湯三國志』笠原五夫、文芸社、平成二十二年
『活動大写真始末記』わかこうじ、彩流社、平成九年
『同時代ライブラリー21　活辯時代』御園京平、岩波書店、平成二年
『日本の放浪芸　オリジナル版』（文庫）小沢昭一、岩波書店、平成十八年
『写真集　昭和の肖像〈町〉』小沢昭一、筑摩書房、平成二十五年
『写真集　昭和の肖像〈芸〉』小沢昭一、筑摩書房、平成二十六年
『旅芸人のいた風景　遍歴・流浪・渡世』（新書）沖浦和光、文藝春秋、平成十九年
『日本のサーカス』尾崎宏次、三芽書房、昭和三十三年
『日本の唱歌（上）明治篇』金田一春彦ほか、講談社、昭和五十二年

『サーカスの歴史——見世物小屋から近代サーカスへ——』阿久根巌、西田書店、昭和五十二年
『戦歿軍馬鎮魂録』戦歿軍馬慰霊祭連絡協議会、偕行社、平成四年
〈新青年〉第十五巻　第六号掲載「おんぼう・たんぼう」博文館、昭和九年五月
『昭和マンガ風俗史——杉浦幸雄漫画でたどる五十年』杉浦幸雄ほか、文藝春秋、昭和五十九年
『OL誕生物語——タイピストたちの憂愁』原克、講談社、平成二十六年
『写真・絵画集成　日本の女たち　第5巻　仕事をひらく』早川紀代、日本図書センター、平成八年
『写真図説　船と船渠』竹田明、船と船渠社、昭和十六年
『横浜港ものがたり——文学にみる港の姿——』志澤政勝、有隣堂、平成二十七年
『吉川英治全集10　あるぷす大将　青空士官　かんかん虫は唄う　他』吉川英治、講談社、昭和五十八年
『私は河原乞食・考』小沢昭一、三一書房、昭和四十四年

そのほか資料収集にあたり、昭和館、土木学会附属土木図書館、郵政博物館、横浜市中央図書館の方々にお世話になりました。
ありがとうございました。

（編集部）

索引

※太字は立項職業名

◆ **澤宮優（さわみや・ゆう）**
ノンフィクション作家。書評家、エッセイスト。熊本県八代市出身。青山学院大学文学部、早稲田大学第二文学部卒。主に影の世界で懸命に生きる人物に光を当てることをテーマに、スポーツから歴史、文学、映画、教育まで幅広く執筆。戦死した巨人の名捕手吉原正喜の生涯を描いた『巨人軍最強の捕手』（晶文社）で第14回ミズノスポーツライター賞優秀賞を受賞。主な著書に『昭和の仕事』（弦書房）、『戦国廃城紀行』（河出書房新社）、『打撃投手　天才バッターの恋人と呼ばれた男たち』（講談社）、『「あぶさん」になった男』（角川書店）などがある。

◆ **平野恵理子（ひらの・えりこ）**
イラストレーター、エッセイスト。静岡県生まれ、横浜育ち。山歩きや旅、暮らしについてのイラストとエッセイの作品が多数。主な著書に『にっぽんの歳時記ずかん』（幻冬舎エデュケーション）、『私の東京散歩術』『今日から暦暮らし』（山と渓谷社）、『平野恵理子の身辺雑貨』『平野恵理子の身辺雑貨2』（中央公論新社）など。絵本･児童書に『ごはん』『料理図鑑』『生活図鑑』『たたんでむすんでぬのあそび』（福音館書店）、『和菓子の絵本―和菓子っておいしい！』（あすなろ書房）などがある。

イラストで見《み》る　昭和《しょうわ》の消《き》えた仕事図鑑《しごとずかん》

●

2016年4月10日　第1刷
2016年6月11日　第3刷

著者 ……………………… 澤宮優《さわみやゆう》（文）
平野恵理子《ひらのえりこ》（イラスト）
ブックデザイン ……… 松山はるみ
発行者 …………………… 成瀬雅人
発行所 …………………… 株式会社原書房
〒160-0022 東京都新宿区新宿 1-25-13
電話・代表　03（3354）0685
http://www.harashobo.co.jp/
振替・00150-6-151594
印刷・製本 …………… 図書印刷株式会社

ISBN 978-4-562-05298-1 Printed in Japan